Python 网络消费行为分析

陆永耕　编著

西北工业大学出版社

西　安

【内容简介】 本书主要基于 Python 3.7 开发平台，通过大量案例与实例，由浅入深，系统性地阐述了 Python 程序设计语言的基础知识和实际开发应用。本书从基本原理和技术角度，循序渐进地讲解编程理念，展示并带领读者理解 Python 编程思维过程，兼顾不同行业与兴趣的编程需求。本书具体内容包括 Python 语言架构、Python 语言基础、序列数据结构、字符串与正则表达式、网络消费行为数据分析等。

本书可作为本科生、研究生相关课程的教材，也可供广大程序开发人员参考。

图书在版编目（CIP）数据

Python 网络消费行为分析 / 陆永耕编著．—西安：西北工业大学出版社，2023.5

ISBN 978-7-5612-8400-1

Ⅰ．① P… Ⅱ．①陆… Ⅲ．①软件工具 – 程序设计 – 应用 – 网上购物 – 消费者 – 行为分析 – 研究 Ⅳ．① F713.365.2

中国版本图书馆 CIP 数据核字（2022）第 170774 号

Python WANGLUO XIAOFEI XINGWEI FENXI

Python网络消费行为分析

陆永耕 编著

责任编辑：胡莉巾 吕颐佳 **装帧设计：**华 森

责任校对：高茸茸

出版发行：西北工业大学出版社

通信地址：西安市友谊西路127号 邮编：710072

电 话：（029）88491757，88493844

网 址：www.nwpup.com

印 刷 者：三河市祥达印刷包装有限公司

开 本：710 mm×1 000 mm 1/16

印 张：15

字 数：269千字

版 次：2023年5月第1版 2023年5月第1次印刷

书 号：ISBN 978-7-5612-8400-1

定 价：79.00元

如有印装问题请与出版社联系调换

前　言

计算机语言，顾名思义，是计算机的语言。计算机语言伴随着计算机同步发展，至今已有80余年历史，从当初简单的二进制代码到后来各种各样的高级语言，“面向过程、面向对象”等语言有数十种。这些语言都是为了在编写好程序以后告诉计算机，如何执行这些指令，并完成哪些功能。而Python语言反其道而行之，是一种为了完成人们想要做什么而与人进行沟通的语言，再将其翻译成机器语言执行操作，从而实现功能。

Python语言紧紧围绕人的功能需求应用展开，完成人的所思所想，程序员可以腾出更多的精力，开拓想象力去思考要做什么，而其中具体细节的功能程序工作交给计算机第三方平台来完成。因此，Python语言是“零基础就可以进行操作学习的语言”，具有了实现各种各样功能的强大平台作用，真正成为以人为核心的“面向人的语言”。读者只需要编写简单、明了、直白、人人都可以理解的Python语言程序，告诉计算机“我想要做什么”，剩下的就由计算机去完成。

Python语言是一种解释型、面向对象、动态数据类型，且最接近人工智能的高级程序设计语言，广泛应用于网络程序与页面开发、科学计算与分析、图像处理与游戏、数据挖掘与机器学习等。作为一门新的程序设计语言，Python广受业内人士喜爱，是目前最流行的编程语言之一，Python编程者也成为目前市场非常急缺的IT技术人员。其免费开放开源的“语言共享”功能，带来了更多人员和资源，Python让困难的事情变得容易，因此，程序员可以专注于算法和数据结构的设计，而不用处理底层的细节。

目前市面上有关Python和消费行为的图书很多，但鲜有将两者结合起来应用的书。

本书以网络行为数据为基础，以消费行为与数据为主体，分析消费心理和网络行为关系数据，了解消费者在网络行为过程中心理活动对消费行为的影响，如情感、价格、评分、群体、文化等因素。

如果说经济学是研究人类动机的手段，那么统计学就是研究人类有了动机后会如何反应的工具。通过大数据搜集挖掘数据信息，已成为专业数据分析领域的重要手段。这里选取网络课程、舆情社会事件、热点人物关联、用户消费与评价、用电行为等多个具有代表性的网络消费行为，围绕大数据背景下数据的采集、分析和可视化等方面，实现网络消费数据中挖掘其数据背后的价值方法。

本书讲述 Python 在网络数据分析中的实际应用，共 14 章，分为三部分。第一部分为基础篇；第二部分为基础应用，第三部分为案例应用。全书主要是结合 Python 数据分析工具与统计学知识的实践操作，包括认识 Python、Python 语言基础、三种基本控制结构、列表和元组（有序序列）、字典和集合（无序序列）、字符串和正则表达式、函数与模块、文件操作与异常处理、数据统计分析与建模、网络数据爬取与可视化、案例数据化运营等，将网络消费行为与数据分析技术有效结合，实用、可操作。

本书遵循从浅到深、循序渐进的学习规律，内容宽泛合理，衔接紧密有序，以 Python 数据分析相关内容为主，还涉及数据分析背后的数学思维，即使读者没有扎实的编程基础和深厚的数理统计功底，依然可以通过学习本书，对数据分析技术产生浓厚的兴趣。

在本书的编写和整理过程中，刘佳华、石志康、张科、倪晨和汪乐军等人参与了案例部分工作，在此一并表示衷心感谢。在编写本书的过程中，笔者参考了大量资料，在此向这些作者表示感谢。

由于水平有限，书中不足之处在所难免，恳请广大读者给予宝贵意见，不胜感激。

编著者

2022 年 7 月

目 录

第一部分 基础篇

第二部分 应用基础

第三部分 案例应用

第一部分　基础篇

第1章　Python 语言架构

1.1　Python 语言简介

Python 由荷兰阿姆斯特丹的 Guido van Rossum（吉多·范·罗苏姆）于 1989 年正式提出，1991 年发布 Python 的第一个正式版本 V0.9.Python。秉承开放、自由的思想，Python 是一种解释型、面向对象、动态数据类型的高级程序设计语言。它支持命令式编程、函数式编程，完全支持面向对象程序设计，拥有大量扩展库，遍及各个领域。Python 不仅可用于通用编程，其免费开源的语言和环境，使得它在数据分析与处理领域也有巨大的潜力。

近年来，随着大数据和人工智能需求的上升，Python 受到了越来越多的关注，被誉为人工智能和大数据的专用语言。因此，学好 Python 对未来适应新一代信息技术产业的发展，具有重要的意义。

本章介绍 Python 的特点、安装、程序的运行、扩展库的安装。通过本章的学习，读者可以对 Python 语言有一个初步的认识。

1. Python 的发展历史

Guido van Rossum 参与设计的 ABC 语言，是一种专门为非专业程序员设计的教学语言，其语言优美、功能强大，具备良好的可读性和易用性，但它没成为流行语言。Guido 认为 ABC 语言未获得成功主要是其非开放性造成的，决定开发 Python 避免这一错误，实现在 ABC 语言中未曾实现的一些功能。

1989 年圣诞节期间，Guido 在阿姆斯特丹为了打发圣诞节假期，开发了一个使用 C 语言实现的新脚本解释程序 Python，主要受到了 Modula–3（一种相当优美且强大的语言，为小型团体所设计）的影响，并且结合了 Unix shell 和 C 语言的特点：易学好用、功能全面、可以扩展。

1991 年，第一个 Python 解释器诞生，可以调用 C 语言编写的库文件，拥有列表、字典和元组等基本数据类型，支持命令式编程、函数式编程和面向对象编程，支持异常和多线程等概念。最初的 Python 完全由 Guido 一个人开发，随着越来越多的同事使用这门语言，他们不断反馈使用意见，并参与 Python 的开发与改进，随后构成了 Python 的核心团队。

Python 将机器层面的细节隐藏起来，交给解释器来处理，程序员在使用 Python 时可以将更多的时间用于程序逻辑思考，而不是具体细节的实现。由于 Python 语言的简洁性、易读性及可扩展性，加之扩展库日益增多，因此，Python 的使用率呈线性增长，已经成为最受欢迎的程序设计语言之一。在 2018 年度编程语言排行榜上，Python 雄踞第一，在综合指数、用户增速、就业优势和开源语言等单项中稳居榜首。

随着物联网、云计算、大数据和人工智能的兴起，Python 在这些领域的应用与日俱增。国内外越来越多的研究机构使用 Python 语言进行科学计算，许多大学增加了 Python 程序设计课程。Python 不但标准库功能强大，而且众多开源的第三方库都提供了 Python 的调用接口，如著名的计算机视觉库 OpenCV、三维可视化库 VTK、医学图像处理库 ITK、经典的科学计算扩展库 Numpy、Scipy、Matplotlib、Pandas 和 Scikit-learn。 Python 现在已经成为编程新手和软件架构师们偏爱的一门高级编程语言。

2. Python 的特点与应用

Python 是一门开源、跨平台、解释型的高级动态编程语言，具有 Shell 脚本的交互式操作和 C 语言的强大功能，语法精简，支持函数和类编程，拥有大量的扩展库，可以像“胶水”一样，将多种语言编写的程序融合到一起实现无缝拼接。

（1）Python 的特点。

1）面向对象。Python 除提供像 C 语言一样的函数之外，还提供了像 Java 语言一样的类。面向对象编程的主要特征也在 Python 的类模块中得到了很好的支持。

2）动态语言。Python 变量使用前不需要明确声明类型，直接赋值就可以使用变量，而且变量的类型可以动态改变。

3）语法简洁。Python 语法简洁、代码易读，抛弃了其他语言中的大括号、begin 和 end 等标记，不需要使用分号，代码使用空格或水平制表符来分隔，支持使用循环语句和条件语句进行数据结构的初始化。这些设计使得 Python 程序短小、精悍，并且具有很高的可读性。

4）功能强大。Python 语言既具有脚本语言的简单、易用特点，也具有高级程序设计语言的强大功能和丰富的第三方扩展库。异常处理机制有利于提高程序的开发质量。

5）可移植、易扩展。Python 是开源的，Python 脚本通过解释器来解释运行，各种平台下都有非常完善的 Python 解释器，可以轻松地将其移植到各种不同平台上。Python 脚本等同于可执行的代码。

（2）Python 的应用。作为一门优秀的高级程序设计语言，Python 被广泛应用于如下领域：

1）数值运算和科学计算。Python 提供了数值计算库 NumPy、科学计算函数库 SciPy、数学符号运算扩展库 SymPy、数据分析和操作扩展库 Pandas 等。相比于著名的科学计算商业软件 MATLAB，Python 完全免费，而且是一门更容易学、更加严谨的程序设计语言。

2）网络爬虫。在爬虫领域，Python 几乎处于霸主地位，提供了 Scrapy、Requests 和 BS 等工具库，可以对网页数据进行采集和处理。

3）系统管理。Python 可以访问操作系统的应用程序界面（Application Program Interface，API），标准库集成了可移植操作系统接口（Portable Operating System Interface，POS2X）和其他常见操作系统工具，通过这些可以方便地编写系统维护和管理工具。

4）数据库编程。Python 提供了访问各种主流数据库的 API，包括 SQLite、Access、MySQL、SQL Server 和 Oracle 等。

5）GUI 编程。Python 的 GUI 工具集除标准库 Tkinter 之外，还有功能强大的 wxPython、PyQt 和 PySide 等，可以非常简单、快捷地实现 GUI 程序的开发。

6）人工智能。Python 被称为人工智能的专用语言，Python 下众多的开源框架对人工智能应用领域提供了强大的支持，如计算机视觉库 OpenCV、机器学习框架 TensorFlow 等。

7）多媒体设计。通过 Python 的 Pygame 扩展库可以开发图形和游戏的应用，而 PIL、PyOpenGL 和 Maya 等扩展库则提供了 3D 应用的开发接口。

8）Web 服务开发。Python 可以通过套接字进行网络通信，生成、解析和分析 XML 文件，处理 E-mail，通过 URL 获取网页内容，对网页进行解析。借助于 Django Web2py 等框架，可以快速开发网站应用程序。

1.2　Python 的安装

Python 支持众多软件平台，如 Windows、Linux/Unix 和 Mac OS X 等，Python

编写的程序可以跨平台运行，但是在不同平台上 Python 的安装方法不同。安装前要了解 Python 的版本，目前 Python 有两个系列的版本：一个是 2.x 版，一个是 3.x 版。这两个版本互不兼容。在 3.x 版中，一些语法、内置函数和对象的方法有所调整，3.x 版越来越普及，因此，本书将以最新的 Python 3.7 版本为基础进行讲解。

最简单的安装方法是从 Python 的官网（http://www.python.org/）上下载安装程序。

1. Windows 系统安装 Python

以 Windows 下的 Python 安装为例进行讲解。

（1）打开 http://www.python.org/，在【Downloads】菜单下选择 Windows 平台下的安装包，下载文件 python-3.7.8.exe，如图 1–1 所示。

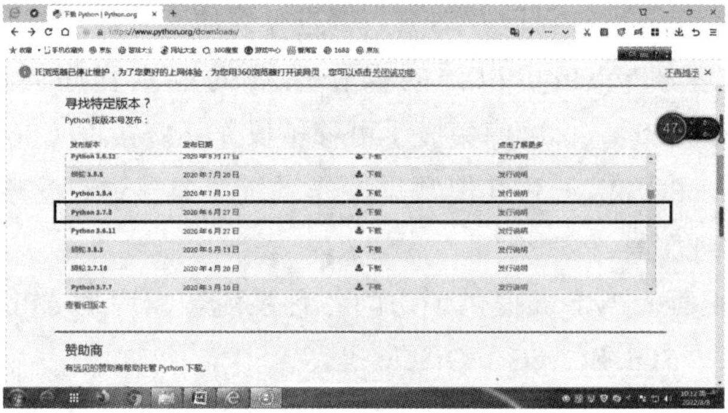

图 1–1　Python 文件下载界面

（2）双击 python-3.7.8.exe 进入 Python 安装界面，如图 1–2 所示。注意安装界面底部的复选框，第一个默认自动勾选，第二个需要手动勾选。【Add Python 3.7 to PATH】可以将 Python 的安装路径添加到环境变量 Path 中，勾选后可以免去安装完成后的手工添加，建议在安装时勾选。

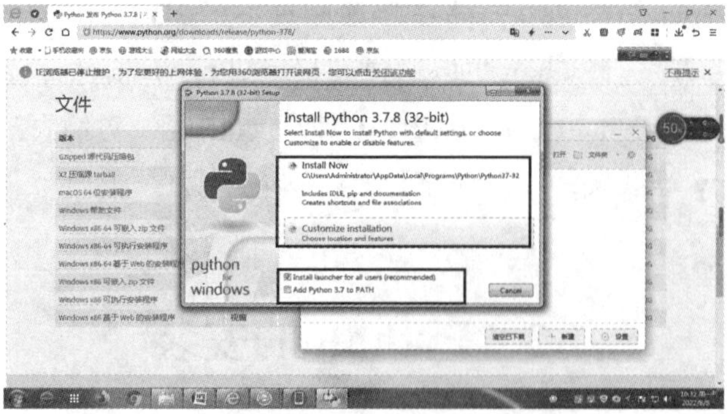

图 1–2　Python 安装界面

在图 1–2 中有两种安装模式：第一种是默认安装模式，所有的选项会按照默认值的方式进行自动设置；第二种是自定义安装模式，用户可以自定义安装路径等。这两种模式可以根据需要进行选择。本书以自定义安装为例进行讲解。

（3）单击【Customize installation】选项，接着单击【Next】按钮进入下一步。

（4）单击【Browse】按钮，指定安装路径。

（5）单击【Install】按钮进入安装界面，如图 1–3 所示，安装完成后，显示各个平台如图 1–4 所示。

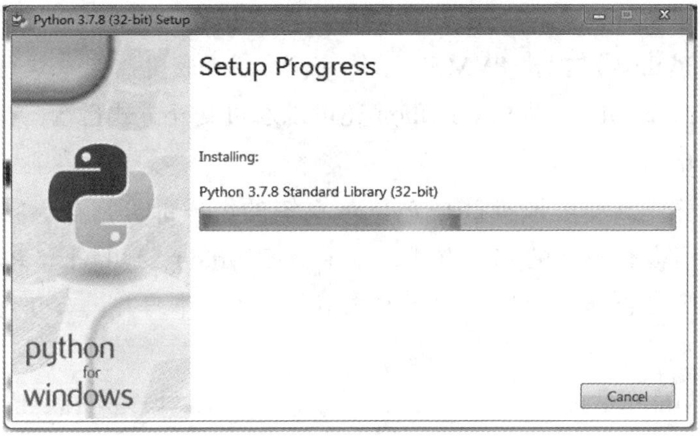

图 1–3　安装界面

图 1–4　安装完成后显示各个平台

安装完成后，还需要进一步检测安装是否成功。

单击【开始】按钮，在输入框中输入“cmd”，按 Enter 键打开命令提示符界面，输入“python”并回车。如果命令正常执行，就会显示 Python 的版本号和“>>>”提示符。

在 Mac OS 系统、Linux 操作系统安装 Python 的方法同上。

2. 环境变量的配置

在安装 Python 过程中如果没有勾选相关选项，如【Add Python 3.7 to PATH】选项（配置 Python 解释器的路径），后续使用中就会出现错误提示的情况，这时需要重新配置 Python 的环境变量。

3. Python 程序的运行方式

Python 程序的运行过程分为解释器解释和虚拟机运行两步。

当 Python 程序运行时，先由 Python 解释器将 py 文件中的源代码翻译成字节码，再由 Python 虚拟机 PVM 逐条将字节码翻译成机器指令执行，Python 的这种机制与 Java、.NET 类似。Python 还可以通过交互方式运行，在交互模式下直接输入 Python 语句即可。

Python 解释器和虚拟机都是 Python 系统的组成部分，在不同平台或系统中，Python 语言有不同的实现方式，主要有 CPython、Jython 和 PyPy。不同的实现方式只代表 Python 程序的执行方式不同，语言本身并没有变化，Python 源程序可以在不同的 Python 模式下运行。

（1）CPython 是标准的 Python 实现方式，是用可移植的 C 语言实现的解释器。它在多线程效能上表现不佳，不支持即时编译（Just-In-Time，JIT），导致执行速度不够快。

（2）Jython 是 Python 在 Java 环境下的实现方式，将 Python 源程序翻译成 Java 字节码，通过 JVM 来运行。

（3）PyPy 是使用 Python 实现的 Python 解释器，支持 JIT，执行速度较快。

Python 环境搭建好以后，在【开始】中会添加 Python 3.7 文件夹，其中有四个文件，分别是 IDLE、Python 3.7、Python 3.7 Manuals 和 Python 3.7 Manuals Docs。IDLE 是 Python 的集成开发和学习环境，Python 3.7 是 Python 的命令行工具，Python 3.7 Manuals 可以打开 chm 格式的帮助手册，Python 3.7 Manuals Docs 用于打开 HTML 版的 Python 参考文档。

IDLE 使用不同的颜色来表示关键字、常量、字符串等，以便用户进行区分。既可以在资源管理器中双击扩展名为“.py”或“.pyw”的 Python 程序文件直接运行，也可以在命令提示符环境下用“python 程序名”来运行程序，但是该方法可能会影响某些程序的正确运行。

在 Python 中，不同的扩展名文件具有不同的含义和用途，常见扩展名有以下几种：

（1）.py：Python 源文件，由 Python 解释器负责解释执行。

（2）.pyw:Python 源文件，用于图形界面程序文件，由 Python 解释器解释执行。

（3）.pyc：Python 字节码文件，可用于隐藏 Python 源代码和提高运行速度。

1.3　Python 库的使用

Python 既提供了丰富的标准库，还支持大量的第三方扩展库，它们数量众多、功能强大，涉及面广、使用方便，受到各行业工程师的青睐。因此，熟练使用 Python 扩展库会起到事半功倍的效果，提高软件的开发速度。库有时也称作包、模块，库和模块一般不做区分。

1.3.1　扩展库的管理

Python 语言使用 pip 工具来管理扩展库，默认情况下，Python 3.x 自动安装 pip 工具。使用前请使用如下命令升级 pip 工具（Windows 操作系统）：

```
python -m pip install -upgrade pip
```

pip 命令不仅可以实时查看本机已经安装的扩展库列表，而且支持扩展库的安装、升级、卸载等操作。如果某个模块无法使用 pip 安装，那么很可能是因为该模块依赖于某些动态链接库文件，此时，需要登录该模块官方网站下载并单独安装。常用的 pip 命令使用方法见表 1–1。

表 1–1　常用 pip 命令的使用方法

pip 命令示例	说　明
pip install Package	安装 Package 模块文件
pip list	列出当前已安装的所有模块文件
pip install ––upgrade Package	升级 Package 模块文件
pip uninstall Package	卸载 Package 模块文件
pip install Package.whl	使用轮子文件 whl 直接安装 Package

用 pip 命令管理 Python 扩展库需要在命令提示符环境中进行，并且需要切换至 pip 所在目录。先进入 Python 安装文件夹中的 scripts 文件夹，然后按住

Shift 键，再右击窗口空白处，选择【在此处打开命令窗口】，可以直接进入命令提示符。

1.3.2 模块的导入与使用

Python 默认安装仅仅包含部分基本或核心的模块，用户可以很方便地使用 pip 命令安装大量的其他扩展模块。Python 启动时，仅仅加载了很少一部分模块，需要时由程序员显示加载模块（有些模块需要先安装），这样做可以减小程序运行时的压力，并且具有很强的可扩展性。可以使用“sys.modules.items()”语句来显示所有预加载的模块信息。

1. import 模块名 [as 别名]

使用这种方式导入模块以后，需要在使用的对象之前添加“模块名 .”，也就是以“模块名 . 对象名”的方式来使用对象。也可以为导入的模块设置一个别名，然后以“别名 . 对象名”方式来访问其中的对象。示例如下：

```
>>>import random              # 导入 random 随机函数模块
>>>random.randint(1，10)       # 通过模块名方式访问模块中的 randint() 函数
>>>import numpy as np         # 导入模块 numpy 中的所有对象并设置别名 np
>>>a=np.arange(1，10，2)       # 通过别名方式访问模块中的 arange() 函数
>>>a
array([1，3，5，7，9])
```

2. from 模块名 import 对象名 [as 别名]

使用这种方式仅仅导入明确指定的对象，并且可以为导入的对象起一个别名。这种导入方式可以减少查询次数，提高访问速度，同时也减少了程序员需要输入的代码量。例如：

```
>>>from random import randint as rt       # 导入 random 模块中的 randint 对象，并设置别名 rt
>>>rt(1，10)                               # 通过别名使用 randint() 函数
>>>from os import path as ph              # 导入 os 模块中的 path 对象，并设置别名 ph
>>>ph.exists("d:/programdata")            # 通过别名 ph 使用 exists() 函数
```

一种比较极端的情况是一次导入模块中的所有对象，示例如下：

```
from random import *
```

使用这种方式虽然简单、省事，但不推荐使用，一旦多个模块中存在同名的对象，这种方式就将会导致混乱发生。

Python 在导入模块时，先在当前目录下查找需要导入的模块文件，如果没

有找到，就从 sys 模块的 path 变量所指定的目录树中查找，如果还没有找到模块文件，就提示模块不存在。在导入模块时，会优先导入相应的“.pyc”文件，如果不存在“.pyc”文件，就导入“.py”文件，并重新将该模块文件编译为“.pyc”文件。

程序中导入模块时，建议按照以下顺序依次导入：

（1）导入 Python 标准库模块。

（2）导入第三方扩展库。

（3）导入自己编写的本地模块。

每个 Python 脚本在运行时都有一个 name 属性。如果脚本作为模块被导入，那么其 _name_ 属性的值被自动设置为模块名。如果脚本独立运行，那么其 _name_ 属性的值被自动设置为 _main_。

利用 name 属性可以控制 Python 程序的运行方式。例如，编写一个包含大量函数的模块，若不希望该模块被直接运行，则可以在脚本文件中添加以下代码：

```
if _name_=="_main_":
print（" 请以模块方式运行 "）
```

这样当程序直接执行时，就会显示提示信息“请以模块方式运行”，而使用 import 语句导入该模块后，就可以使用其中的函数。

3. 第三方扩展库的安装

打开 PyCharm 软件，依次选择【File】→【Settings】→【Project 项目名】→【Project Interpreter】，单击右侧的【+】按钮，在搜索框中输入要安装的第三方扩展库的名称，系统会自动联网搜寻，列出符合要求的库。选中要安装的库，单击左下端的【Install Package】按钮，就可以自动安装第三方库了。库安装完成后，需要在项目中进行测试。可以在项目文件中输入“import 库名”，如果能够使用，就说明安装好了，若无法使用，则需要查找原因，重新安装。

1.3.3 Python学习过程

Python 是时下比较流行、用途比较广泛的编程语言。同时，其语法简洁而清晰，类库丰富而强大，非常适合快速原型开发。

（1）学好 Python 的第一步，就是在 Python 网站上下载一个 Python 版本。建议初学者不要下载具有 IDE 功能的集成开发环境，如 Eclipse 插件等。

（2）在学习过程中可以下载一些 Python 的学习文档或观看网上学习内容，掌握 Python 中的关键字语法、函数语法和数学表达式等。

（3）通过交互平台操练各种应用案例。

（4）通过以上三个步骤的学习后，就大致掌握了 Python 的常用方法、关键字用法，以及函数语法，然后再学习常用模块的使用，如 os、os.path、sys 和 string 模块等。遇到问题时可以参考 Python 安装后自带的 chm 帮助文件。

（5）尝试用 Python 语言解决实际项目中遇到的一些问题，如果项目不是用 Python 开发的，可以尝试能不能用 Python 制作一些项目组可以使用的辅助工具，提高工作效率。

（6）经过以上初步学习，适当关注面向对象的概念——类与结构等，进一步掌握网络和数据库知识和开源框架，如 twisted、peak、django 和 xml 等。在此阶段中，重要的是学习抽象的思想，通过熟练使用它们，达到快速、高效开发的目的。

Python 语言可以做的事非常多，如科学计算与数据分析、日常任务管理、备份 MP3；可以做网站，很多著名的网站如知乎、YouTube 就是用 Python 写的；也可以做网络游戏的后台，很多在线游戏的后台也是 Python 开发的。

本章小结

Python 语言是一门跨平台的高级解释型语言。本章回顾了 Python 的发展历史、特点和应用，以及与其他语言的区别，介绍了 Python 扩展库管理和程序的基本组成、运行方式。选择合适的 Python 版本安装应用。通过本章的学习，读者对 Python 语言有了一个初步认识，为后面的学习奠定了基础。

第 2 章　Python 语言基础

本章介绍 Python 变量的特点和使用、基础规则、数据类型与数据结构、标准数据类型、运算符、表达式、常用内置函数，以及程序的输入、输出。掌握本章内容对后续学习非常重要。

2.1　变量、常数与数据类型

2.1.1　标识符与关键字

1. 标识符

标识符用来标识某个实体的符号，是编程语言中允许作为名字的有效字符串集合。

在命名标识符的时候，遵循如下命名规则：

（1）标识符的第一个字符必须是字母或下画线。

（2）标识符可以由字母、下画线或数字组成。

（3）标识符的语法基于 Unicode standard annex UAX-31，可以使用中文字符作为标识符。

（4）标识符区分大小写。

（5）空格、跳格、换页等字符被用来分隔标识符。

（6）标识符的长度不限。建议标识符不宜太长，否则不利于程序的编写。

（7）禁止使用 Python 关键字（保留字）作为一般标识符。

（8）标识符可以被用作变量名、函数名、类名和模块名等的命名。

建议使用有意义的名字作为标识符，能够体现其作用。

不建议使用系统内置的模块名、类型名或函数名，以及已导入的模块名及其成员名作为变量名，这会改变其类型和含义。可以通过 dir(_built in s_) 语句查看所有内置模块、类型和函数，除关键字之外，以下画线开始的标识符在使用时表示类的特殊成员。需要特别注意：

（1）_ _*_ _（双下画线）表示系统定义的特殊成员，如 _ _name_ _。

（2）_*_（单下画线）表示类的保护成员，不能使用“from module import*”

导入，只有类对象和子类对象才能访问这些成员。

（3）__*（双下画线）表示类的私有成员，只有类对象自己能够访问。

有效标识符名称的例子有 i、_my_name、name_23、_、a1b2_c3、日期和年。

无效标识符名称的例子有 2thingns this is spaced out 和 $my name。

2. 关键字

关键字是 Python 语言本身保留的特定标识符，每个关键字都有特殊的含义，如果被用来作为标识符，就会导致语法错误。Python 3.7 中的关键字见表 2–1。

表 2–1　Python 中的关键字

False	True	None	and	or
not	as	with	from	import
while	for	in	continue	break
try	raise	finally	class	def
if	else	elif	pass	return
lambda	async	assert	await	break

2.1.2　数据类型与比较

1. 四种数据类型

数据类型不仅决定了对象在内存中的存储方式，而且决定了可以在对象上附加的操作。基于不同的数据类型，程序可以实现复杂的功能。Python 中常见的数据类型见表 2–2。

表 2–2　Python 的数据类型

对象类型	名　称	示　例	对象类型	名　称	示　例
数　字	int、float、complex	326，3.141 5，4+3j	集　合	set	{"a"，"b"，"c"}
字符串	str	"hello"，'12'，"语"	元　组	tuple	(5，4，3)
字节串	bytes	b'\xd5\xd0\xb6\xfa'	文　件		fn=open（"test，txt"，'r'）
列　表	list	[1，2，3]，["a"，"b"，"c"]	布尔型	bool	True、False
字　典	dict	{1："a"，2："b"}	空类型	NoneType	None
其他可迭代对象	生成器对象、range 对象、zip 对象、enumerate 对象、map 对象、filter 对象	zip('abcab'，22412) map(st，range(50))、 enumerate(abcab)、 range(1，20，3)		×××××	×××××

续表

对象类型	名　称	示　例	对象类型	名　称	示　例

编程单元	def、class、module	def parseText():
		class MyClass:
		import my_module
			异常	Exception 等	raise TypeError

其中，数字（包括布尔型）、字符串和空类型称为原子（标量）类型，每次只能存储单个对象类型。列表、元组、字典和集合是 Python 中的内置容器类型，容器是用来存放基本对象或其他容器对象的一种类型，可以容纳多个对象类型。不同容器类型之间的区别是单个元素的访问方式，以及运算符定义方式上的不同。

Python 提供了对多种数据类型的强大支持，其中数字、字符串、列表、元组、字典、集合等称为标准数据类型，其他的类型称为内建类型。本节主要介绍标准数据类型中的数字。

Python 支持四种基本数字类型，分别是整型、布尔型、浮点型、复数型，其中前两种是整型类型。Python 中的数字是无符号的，所有的数字不包括负号（-），负号被看作一元运算符。浮点数由于表示方式的限制，因此，在进行运算时很少返回精确的预期结果。

数字属于 Python 的不可变对象，修改整型变量值时，并不是真正修改变量的值，而是修改变量使其指向新值所在的内存地址。

下面是一些数字常量的例子：

```
7      214748569   0o177   0b1010110   7894561230123456789   0x987abcdef
-237   True   False   3.141 5   6+1.5j   -1.609E-19
100 000_000   0b11010101   .34
```

为了增强数字的可读性，可以在数字中间位置使用单下画线作为分隔。

在 Python 中，数字类型变量所表示的范围可以无穷大，只要内存空间足够即可。和其他语言一样，Python 也可以对数据类型进行等价转换，代码示例如下：

```
>>>a=100
>>>b=-100        # 注意 "-" 为一元运算符
>>>c= 8888_ 888 _888_ 888 _888_ 888       # 使用 "_" 提高可读性
>>>d=c**5
>>>print(d)
```

```
    5549289573066436346697827228234178394769902961946857694401652864570102795985771816
6268
    692103168

>>> type(d)
<class 'int' >
>>>type(2+10J)
<class 'complex' >
>>>f=True
>>>type(f)
<class 'bool'>
>>>g= 12310E-6
>>>type(g)
<class 'float'>
>>>isinstance(True , int)   # 测试 True 是否为 int 的实例
True
>>> True == 1   #True 等价于整数 1
True
>>> False == 0   #False 等价于整数 0
True
>>>i= True+2
>>>i
3
>>> int('1f', 16)   # 十六进制转换成十进制
31
>>> int('11', 8)   # 八进制转换成十进制
9
>>>bin(8)     # 内置函数 bin() 将整数转换为对应的二进制字符串
'0b1000'
>>> 0ct(8)    # 内置函数 oct() 将整数转换为对应的八进制字符串
'0o10'
>>>0.4-0.3    # 浮点数运算时，由于舍入误差而会略微偏离
0.100000000000
```

布尔型是特殊的整型，尽管布尔值由常量 True 和 False 来表示。如果将布尔值放到一个数值上下文的环境中，True 就会被当成整型值 1，而 False 则会被当成整型值 0。

2. 四种数据类型的比较

了解了 Python 数据分析中常用的四种数据结构：列表、字典、序列和数据框后，可以总结出它们之间的特点与区别，见表 2–3。

表 2-3　四种数据结构的特点与区别

项　目	列　表	字　典	序　列	数据框
模　块	Python 自带	Python 自带	Pandas	Pandas
数据类型限制	无限制	Key 唯一无限制	无限制	无限制
数据统计函数	无	无	有	有
数据处理函数	无	无	有	有
特　点	有序列表	快速访问	带索引的列表	序列的组合

列表是 Python 自带的数据结构，可以表示多个数据，是组织数据的最简单方式，直接使用中括号，把用逗号分隔开的数据括起来即可，然后就可以使用位置索引操作数据。字典也是 Python 自带的数据结构，字典的优点是可以根据 key 值快速访问字典中的值。

但是仅有这些操作数据对数据分析来说是远远不够的，具体体现在数据处理、计算方面的不足。例如，在需要对列表中的数据进行求和、均值、标准差或更复杂的计算时，列表自带的函数是无法满足这些计算要求的；在需要对列表中的数据进行数据匹配、抽取、转换等数据处理时，列表自带的函数也无法满足这些数据处理需求。因此，Pandas 就在 Python 自带列表的基础上，定义了新的数据结构——序列。序列比列表多了一个索引列，这个索引列除支持默认位置索引之外，还支持自定义索引。Pandas 在序列中提供丰富的数据统计函数，如求和、均值和标准差等数理统计函数。序列中的数据如果是字符型数据，那么直接调用 pandas.Series.str 模块，即可轻松处理字符型数据计算问题。序列中的数据如果是时间型数据，那么直接调用 pandas.Serics.dt 模块，即可轻松处理时间型数据计算问题。

数据框由多个序列组成，每个序列在数据框中都有自己的一个名字，那就是列名，可以通过列名在数据框中获取对应列的数据。这一列数据其实就是一个序列。

数据框提供多种计算类的函数，如计算多个列的相关系数（pandas.DataFrame.co）函数、匹配组合多个列数据（pandas.DataFrame.merge）函数、对多个列进行交叉分析（pandas DataFrame.pivot table）函数等。

综上所述，序列、数据框是数据分析中最常用的数据结构，但并不代表不需要了解列表、字典，恰恰相反，对列表、字典相关知识有一定的了解，在 Python 中才能更好地使用序列与数据框进行数据处理、分析操作。

2.1.3 变量

由于 Python 语言在变量使用前不需要声明，因此，在任何时候误拼了变量名称，都会被当成是另外启用了一个新的变量而造成程序执行的错误，需特别注意。

变量的名字取得长短没有关系，因为许多好的程序代码编辑器在输入变量的时候会提示前面曾经输入过的变量名，反而在变量名取得太过于精简（太短或缩写）、过于模糊或是容易拼错的英文单词（复数时），只要出现字母大小写不同，都会被当成另外一个变量。

1. 变量的命名规则

为了统一变量命名的原则与程序编写的规范，在 Python 的官网上（http://www.python.org/dev/peps/pep-0008/）有一份非常完整的程序编写规范。如果是多人共同协作项目或是大型的程序开发项目，那么建议以此规范来编写程序，这样写出来的程序易于多人合作及日后维护。

变量名的命名规则如下：

（1）由 *a*~*z*、*A*~*Z*、数字、_ 组成，首位不能为数字、_。

（2）大小写敏感，变量 *a* 和变量 *A* 是不同的变量。

（3）变量名不能为 Python 中的保留字。

保留字是指 Python 中用于编程语法的单词，在程序中已经有了特殊的作用，因此，不能再作为变量名使用。Python 中的保留字见表 2–4。

表 2–4 Python 保留字

保留字	说　明	保留字	说　明	保留字	说　明
import	包导入	from	包导入	class	类定义
def	函数定义	lambda	函数简化	return	函数返回值
try	异常捕捉	except	异常处理	finally	异常必然执行
global	全局变量	with	上下文处理	assert	断　言
while	循　环	for	循　环	raise	抛出异常
if	逻辑判断	elif	逻辑判断	else	逻辑判断
and	并　且	or	或　者	not	取　反
break	跳出循环	pass	继续执行	continue	继续执行
del	删除变量	in	成员判断	is	身份判断
exec	从字符串中执行	yield	迭代生成器	print	控制台输出

Python 中一些常见的正确变量命名以及错误变量命名，见表 2–5。

表 2–5　Python 变量名

正确命名	说　明	错误命名	说　明
x	符合变量命名规则	_x	首位不能是下画线
x_1	符合变量命名规则	1x	首位不能为数字
x1	符合变量命名规则	True	True 是 Python 中的保留字
student	符合变量命名规则	class	class 是 Python 中的保留字

变量名的命名规则无须死记硬背，正所谓熟能生巧，代码写多了就记住了。

2. 变量的操作

对象通常存放在变量中，变量是指向某个对象的名字，是对象的命名。

Python 语言中的变量不同于 C、C++ 和 Java 等语言中的变量，Python 是一种动态类型语言，不需要事先声明变量的类型，直接赋值即可创建各种类型的变量。解释器会根据所赋值的类型自动推断变量类型，而且变量的类型是可以随时变化的。Python 语言还是一种强类型语言，在运算过程中不会自动进行数据类型转换（除 int、float、bool 和 complex 类型之外）。

赋值是指将数据传递给变量的过程，而变量就是数据赋值的对象。在 Python 中进行数据分析主要是通过变量对数据进行操作和计算。

在 Python 中使用等号进行赋值，赋值可以将得到的计算结果进行保存。这样，可以避免重复计算，方便多次调用。

变量只有被创建或赋值后才能使用。如果变量出现在赋值运算符（=）或复合赋值运算符（+=、*= 等）的左边，就表示创建变量或赋值，否则就表示引用该变量的值，示例如下：

```
>>>a=2   # 整型赋值
>>> type(a)
<class  'int' >
>>>b="Python"   # 字符串赋值
>>>c=a*3   # 整型乘法赋值
>>> a= "hello"+b   # 字符串连接赋值
>>>type(a)
<class  'str' >
```

赋值语句 a=2 的执行过程如下：

（1）创建表示整数 2 的对象。检查变量 a 是否存在，如果不存在，就创建它；如果存在，就直接使用。

（2）建立变量 a 到对象 2 之间的引用，而不是复制整数 2。在内存中，引用的就是内存地址，与 C 语言中的指针类似。

在 Python 中使用变量时，要理解下面几点：

（1）变量在第 1 次赋值时被创建，再次出现时直接使用。

（2）变量没有数据类型的概念。数据类型属于对象，类型决定了对象在内存中的存储方式和能够进行的操作。例如，int 类型可以进行四则运算。

（3）变量引用了对象。当在表达式中使用变量时，变量被其引用的对象替代。

（4）变量在使用前，必须赋初值。

在 Python 中，允许多个变量指向同一个对象，当其中一个变量指向的对象被修改后，其内存地址将会变化，但并不影响另一个变量。

为了增加程序的运行效率，Python 3 以后的解释器中实现了小数字和字符串缓存的机制，小数字的缓冲范围是 [–5, 256]，其代码如下：

```
>>>a=100
>>>b=100
>>>id(a)    # 内置函数 id() 可以获取变量的内存地址
1471867200
>>> id(b)

1471867200
>>>a=300
>>>id(a)
42603696
>>>a=-6
>>>id(a)
1471865696
>>>b=-6
>>>id(b)
42602992
>>>a=b=-6
>>>id(a) = id(b)
True
```

Python 中各种变量存储的不是值，而是值的引用。

每种类型支持的运算不尽相同，因此，在使用变量时，需要根据其所存储的对象来确定运算是否合适，以免出现异常或错误的结果。同一个运算符对不同类型对象操作的含义也不尽相同，后面将会介绍。

3. 变量的删除

Python 具有自动内存管理功能，会跟踪所有的变量，并自动删除不再有指向值的变量。因此，Python 程序员一般情况下不需要太多考虑内存的管理问题。

通过显式使用 del 命令可以删除不需要的变量或显式关闭不再需要访问的资源。代码示例如下：

```
>>>a=10
>>> del a      # 删除变量 a
>>> print(a)
NameError: name 'a' is not defined
```

4. 常数与字面量

先看一些常量的例子，5 和 1.23 是数值，'Hello' 是字符串，True 和 False 代表真和假。这些数据可以直接从字面了解它们的含义。在常规的场景中，数字 2 总是表示它约定俗成的含义，所以它就是一个常量。常量的值和含义不会被改变。根据其书写的格式，常量被 Python 自动判定为相应数据类型的对象，统一进行管理。

Python 中有一个特殊的常量 None，用于表示无数据。None 不是 False、0 或空字符串，它和任何其他数据类型的值比较时，永远返回 False。None 有自己的数据类型 NoneType，而 NoneType 数据类型仅有 None 这唯一的数据。

掌握常数和变量的概念在程序设计时非常重要。前面的章节曾经简单说明了一个概念，即任何一个程序通常都是为了要处理某些目标数据对象而存在的，而这些目标数据在被处理前都以一些特定的方式存放在计算机内存中的某一个位置，需要的时候再取出来进行处理。内存这个概念对大部分非信息类专业的人来说并不直观，因此，程序设计语言就给存放数据的内存位置命名，并把它称为变量（variable），即存放在这些内存位置中的数据是可以随着处理的需求和运算的过程被改变的。

相对于变量的概念，另外一种经过赋值之后就不能被改变的数据叫作常数（constant）。有些程序设计语言可以用类似于给变量命名的方式给常数命名。不过，在 Python 语言中并不直接支持常数，程序设计人员习惯用大写字母命名的变量来提醒自己：这个变量要以常数的方式来对待，千万不要在程序中更改它的内容。下面举例说明如何定义变量和常数，以及给变量和常数赋值。

所有编程语言都必须有一些字面量表示，但基本都局限在数字类型、字符串、布尔类型，以及 null 之类的基础类型中。为了方便使用，Python 给一些常用的内置类型提供了字面量表示法，等号的左边都是变量（*a*、*b*、*c*、*d*），而右边的都是字面量（100、JavaScript、……），也就是说，字面量是在程序源码中直接写出来的值，即字面上的值。

2.2 Python 运算表达式

运算符是对操作数进行运算的符号。Python 中的运算符按照功能划分为算术运算符、关系运算符、逻辑运算符、位运算符、身份测试运算符、成员测试运算符、矩阵相乘运算符和赋值运算符，按照操作数的个数分为单目运算符和双目运算符。

1. 算术运算符

算术运算符用于对操作数进行算术运算。Python 中的算术运算符见表 2-6。

表 2-6　算术运算符

运算符	含　义	举　例	运算符	含　义	举　例
+、-	加法、减法（集合差集）	2+3，10-5	幂运算	**	2**3
-	相反数	-6	/	除法（真除法）	4/3
*	乘法	2*3	//	求整商（向下取整）	4// 3
%	求余数、指定字符串格式	5% 2			

算术运算符代码如下：

```
>>>3/5
0.6
>>>4//3
1
>>>3.0/5
0.6
>>>3//5
0
>>>3.1%2
1.1
>>> 6.3 %2.1
2.09999999999996   # 浮点数按照 IEEE754 规范存储，有一定精度
```

```
>>>3*2
6
>>>3**2
9
>>> (4+3j)* 2
8+6j
```

注意：Python 不支持 C 语言中的自增（++）和自减（– –），Python 会将 --n 解释为 –（–n），即 n；同样地，将 ++n 解释成 +（+n）从而得到 n。

不同数据类型在一起进行算术运算时，按照下面的原则进行隐式类型转换：

（1）当有一个操作数的类型是复数时，其他数据都自动转换成复数类型。

（2）当有一个操作数的类型是小数时，其他数据都自动转换成小数类型。

（3）不支持数字和字符之间的隐式转换。

还可以使用内置函数进行显式转换，转换时要保证类型兼容。显式转换会丢失原数的精度，代码如下：

```
>>>a=3
>>>type(a)
<class 'int' >
>>>a=a+2.4
>>>type(a)
<class  'float' >
>>>a=a+(10+2J)
>>>type(a)
<class  'complex' >
>>>b=True
>>>c=int(b)
>>>type(c)
<class  'int' >
>>>d=10+20j
>>>int(d)
Traceback (most recent call last):
TypeError: can’t convert complex to int
>>>c=2.3
>>>int(c)
2
>>>x=1+int( '2' )
>>>x
3
>>>x=1+ord( 'a' )
>>>x
```

```
98
>>>float( '98.6' )
98.6
```

2. 逻辑运算符

逻辑运算符用来对布尔值进行与、或、非等逻辑运算，运算最终结果是布尔值 True 或 False。其中，“非”是单目运算符，逻辑“与”和“或”为双目运算符。逻辑运算符的操作数都应该为布尔值，如果是其他类型的值，就应该转换为布尔值后才能运算。

Python 中的逻辑运算符见表 2–7。

表 2–7 逻辑运算符

运算符	含 义	举 例
and	逻辑与	True and True
or	逻辑或	True or False
not	逻辑非	not True

注意： and 和 or 运算符不一定总是生成布尔值 True 和 False，代码如下：

```
>>>10 and "a"
'a'
>>>"a" and " "
" "
>>>" " or 10
10
```

3. 关系运算符

关系运算符包括值比较符（<、<=、>、>=、!=、==）、身份比较符（is、is not）和成员测试符（in、not in）。

值比较符比较两个操作数的大小，并返回一个布尔值（True、False），操作数可以是数字和字符串。当操作数是字符串时，按照字符串从左到右逐个字符比较 ASCII 码，直到遇到不同的字符或字符串才结束。

身份比较符用于比较两个对象的内存位置是否相同，使用 id() 函数来确定。成员测试符用于查找对象是否在列表、元组、字符串、集合和字典等序列数据中。Python 中的关系运算符见表 2–8。

表 2-8　关系运算符

运算符	含　义	举　例	运算符	含义	举例
<、<=	大小比较	5<=6	==	相等值比较	6== 6
>、>=	大小比较	6>= 5	!=	不等值比较	6!= 5
is	如果操作数指向同一对象，就返回 True	i=20 j=20 i is j	is not	如果操作数指向不同对象，就返回 True，否则返回 False	a=4.0　b=2.5 a is not b 返回 True
in	当在指定的序列中找到值时，返回 True	"3"　in "4，5，6，3"	not in	在指定的序列中没有找到值时，返回 True，否则返回 False	"3"　not in "4，5，6，3" 返回 False

Python 语言支持链式关系表达式，相当于多个表达式之间的逻辑与关系，代码如下：

```
>>>1<=2<=3   # 等价于 1<=2  and 2<=3
True
>>>2>=1>10   # 等价于 2>=1 and  1>10
False
```

4. 位运算符

位运算符将数字转换成二进制数来进行运算，只能用于整型数据，不能用于浮点型数据。Python 中的位运算符见表 2-9。

表 2-9　位运算符

运算符	含　义	举　例	运算符	含　义	举　例
&	按位与、集合交集	5&6	|	按位或、集合并集	5 | 6
^	按位异或、对称差集	5^6	~	按位取反	~10
<<	按位左移	6<<2	>>	按位右移	6>>2

其代码如下：

```
>>>2&10     # 先转化成二进制数，然后右对齐，最后按位进行运算
>>>2 | 10
>>>2^2
>>>~2
-3
>>>8>>3
1
>>>8<<3
64
>>>{ ('a' , 'b' , 'c') & ('c' , 'd' , 'e' )}        # 集合交集
```

```
{'c' }
>>>{ ('a' , 'b' , 'c') | ('c' , 'd' , 'e' )}        # 集合并集，自动去掉重复元素
>>>{ 'c' , 'b' , 'e' , 'a' , 'd'}
{ 'a' , 'b' , 'c') ^ ('c' , 'd' , 'e' )}   # 对称差集
{ 'd' , 'b' , 'e' , 'a'}
>>>{ ( 'a' , 'b' , 'c' ) - ('c' , 'd' , 'e' )}        # 差集
{ ('b' , 'a'}
```

5. 矩阵相乘运算符

矩阵相乘运算符 @ 用于矩阵的乘法运算，代码如下：

```
>>>import numpy as np    # 导入 numpy 库
>>>x=np.array([123])   # 创建数组
>>>y= np.array([[4 , 5 , 6] , [7 , 8 , 9] , [10 , 11 , 12]])
>>>z=x@y    # 矩阵相乘
>>> z
array([48 , 54 , 60])
```

6. 赋值运算符

赋值运算符分为简单赋值运算符和增量赋值运算符。简单赋值运算符是指“=”，而增量赋值运算符是指算术运算符、逻辑运算符、位运算符中的双目运算符后面再加上“=”。

Python 支持多重赋值和多元赋值。多重赋值是指同一个引用可以同时被赋予多个变量；多元赋值是指赋值运算符“=”的两边都是多个对象。Python 常用的赋值运算符见表 2-10。

表 2-10　赋值运算符

运算符	含　义	举　例
+=、-=、/=、//=、*=、**=、%=	算术增量赋值符，xop=y 相等于 x=x opy	x=10，x+=5，x/=5，x%=6
<<=、>>=、&=、|=、^=	位移位赋值符，xop=y 相等于 x=x op y	x=6，x<<=1，x&=10
=	赋值运算符	x=2

赋值运算符代码如下：

```
>>>x=10
>>>x>>=2   # 等价于 x=x>>2
>>> print(x)
0
>>>x=y=z=10   # 多重赋值
>>> print(x , y , z)
```

```
101010
>>>y=20
>>>x, y, z=x+y, x+z, y+z   # 多元赋值
>>>print(x, y, z)
30 20 30
```

7. 表达式

表达式是变量、数字和运算符，函数、括号等构成的有意义组合体，表达式的返回值是一个单一的数字。

在一个表达式中，Python 会根据运算符的优先级从低到高进行运算。运算符的优先级见表 2–11，优先级由上到下依次递减，同一级则按照结性从左到右的顺序（幂运算是从右向左）。

表 2–11　运算符优先级

(expressions,...) [expressions,...] {key:value,...}, {expression,...}	元组 ()、列表 []、字典 {}、集合 {}
x[index]、x[start:end:step]、x(arguments,…)、x.attribute	下标、切片、函数调用、属性引用
**	幂运算
+x、–x、~x	正数、负数、按位取反
*、@、/、//、%	乘法、矩阵乘、除法、整除、取余
+、–	加、减
<<、>>	左移、右移
&、|、^	按位与、按位或、按位异或
in、not in, is、is not	成员、身份
and、or 、not	逻辑与、逻辑或、逻辑非
lambda	lambda 表达式

2.3　Python 程序语句

1. Python 变量

许多程序语言变量在使用前需要先声明，Python 对于变量，可以在需要时直接设置使用。有些程序语言在声明变量时需要设置变量的数据类型，Python 则不需要设置，会针对变量值的内容自行设置数据类型。

Python 程序由模块构成，模块中包含若干条语句，语句包含表达式。

Python 语法实质上是由语句和表达式组成的。表达式处理对象，并嵌套

在语句中。语句是对象生成的地方。有些语句会生成新的对象类型（函数、类等）。语句总是存在于模块中，而模块本身又是由语句来管理。

2. Python 脚本框架

编写 Python 代码有一定的框架样式。在 Python 代码的开始部分（起始行），告诉系统需要使用哪一个解释器，如“#!/usr/bin/env python”；然后通过“def main():”声明一个 main 函数，通过 main 函数调用其他函数。main 函数相当于程序的主入口，在命令行下执行 Python 代码时通常都从 main 函数开始执行的。Python 判断文件是被执行还是被调用（如通过 import 方式），依靠的是 _name_ 变量。代码最后两行有一个 if 判断的目的就在于此。

需要注意的是，Python 使用缩进来对齐和组织代码的执行，所有没有缩进的代码（非函数定义和类定义）都会在载入时自动执行。这些代码也可以认为是 Python 的 main 函数。

3. 语句缩进与注释

（1）语句缩进。在 Python 中，用不同的缩进表明代码块之间不同的层次关系，缩进默认采用 4 个空格，也可以由用户自己指定，但需保持同层代码块前的空格数量相同。缩进也可以使用 Tab 键，但不能是空格和 Tab 键混用。

逻辑行的行首空白用来决定逻辑行的缩进层次，从而确定语句的分组。这就要求同一层次的语句必须有相同的缩进。每一组这样的语句称为一个代码块。语句末尾的冒号“:”表示代码块的开始，这个冒号是必不可少的，错误的缩进会引发错误。

缩进通常在 if、for、while、函数和类等定义中使用。不能在代码块中随意使用缩进，也不允许不符合规定的缩进。其代码如下：

```
>>> if (a> 80):
if (a<=100):

print(" 你好呀 !")      # 同一代码块缩进相同
print(" 晋级成功 !")
else:
print(" 等待 ")    # 和第一个 if 在同一个层次
>>>a=1
>>>b=2
SyntaxError: unextpected indent
```

不要混合使用制表符和空格来缩进，这在跨平台的时候无法正常工作。建议在每个缩进层次使用单个制表符（四个空格）。

在 IDLE 开发环境中编写程序时，可对选中的代码块进行批量缩进和反缩进。

菜单操作：Format → Indent Region，Format → Dedent Regione。

键盘操作：Ctrl+]（批量缩进），Ctrl+[（反缩进）。

例如：

```
# 计算 1~100 所有整数的平方根之和
import math
n , sum , count=100 , 0 , 1
while count<=n:
sum=sum+math.sqrt(count)
 count+=1
print("1 到 %d 之间所有整数的平方根之和 :%d"(n,sum))

# 计算 1~100 所有偶数的平方根之和
imponrt math
n , sum , count=100 , 0 , 1
while count<=n:
        if count%2==0:
                sum=sum+math.sqrt(count)
        count+=1
print("1 到 %d 之间所有偶数的平方根之和 :%d"%(n , sum))
```

（2）语句注释。注释是对代码的解释，注释的存在与否不影响程序的功能，但建议在代码中增加适当的注释以提高程序的可读性。注释是指在代码中加入一行或多行信息，对语句、函数、代码块和程序等进行说明，提升程序的可读性。注释有两种方式：

1）单行注释。单行注释用于注释特定语句或行的信息，用 # 区隔。

2）多行注释。多行注释用于很多功能，尤其是模块化封装的功能，如函数。与单行注释的区别：多行注释使用 3 个单引号 ''' 空格 ''' 或 3 个双引号 """ 空格 """ 将多行语句的注释引起来，且不属于任何语句的内容将被解释器认为是注释。其代码如下：

```
    >>>''' 本程序从一个三位数中提取百位、十位和个位上的数字，使用内置函数 divmod() 函数来
返回商和余数 '''
    >>>x=153
    >>> a , b= divmod(x , 100)      # 返回商和余数
    >>>b , c=divmod(b , 10)
```

```
>>>s= "This is a statements,
but it is not comment"
```

注意：如果单行注释出现在 Python 程序的第一行或第二行，且具有如下格式：

```
#-*-coding:encoding-name -*-
```

那么它表示一种特殊的注释，用来声明编码格式，默认是 UTF-8。其代码如下：

```
#!/usr/bin/python
# 第一行告诉 Linux/Unix 系统使用的 Python 解释器，Windows 系统会忽略
#-*-coding:gbk-*-   # 第二行告诉 Python 解释器按照 gbk 编码格式读取文件内容
```

在 IDLE 窗口中按 Alt+3（批量注释）和 Alt+4（解除注释）快捷键，可以将当前行和所选代码块变为行末注释，或取消行末注释。

4. 长语句断行

长语句断行是指一条语句太长，人为地将其拆分为两行或多行，这样做的目的是提高程序的可读性。一般情况下，一行语句的最大长度是 79 个或 80 个字符。

Python 通常是一行写完一条语句。如果一行语句太长，可以在行尾加上反斜杠来续行分成多行语句。在列表（[]）、字典（{}）、元组（()）或三引号定义的字符串（' ' 或 ''' '''）中的多行语句，不用反斜杠。Python 通常需要增加空格与空行来提高代码的可读性。例如，运算符两侧、函数参数之间、逗号两侧建议使用空格分开；不同功能的代码块、不同的函数定义，以及不同的类定义之间则建议增加一个空行来增加可读性。

由于长语句原本是一条语句，因此，不能直接使用回车键断行。Python 中有两种续行方式：一种是使用“\”符号，但应注意在“\”符号后不能有任何其他符号，包括空格和注释。另外一种是在使用括号（包括 ()、[] 和 {}）时，括号中的内容可以分成多行书写，括号中的空白和换行符都会被忽略。其代码如下：

```
s= 'This is a string.\
This continues the string.'
>>>print(s)
This is a string. This continues the string.
>>>a=["this is the first column",
```

```
"this is the second column",
"this is the third column"]
>>> print(a)
```

输出：

['this is the first column' , 'this is the second column' , 'this is the third column']

通常使用空白行来分隔不同的函数和类。

通常建议每行只写一条语句，这样代码更加易读。如果想要在一个物理行中使用多条逻辑语句，那么需要使用分号“;”来特别地标明这种用法，分号表示一个逻辑语句的结束。例如：

```
>>>a=10 ; s= "Python"
```

2.4　常用函数

Python 中的函数分为内置函数、模块函数和用户自定义函数。

2.4.1　内置函数

内置函数（Built-In Functions，BIF）是 Python 内置对象类型之一，不需要导入任何模块即可使用的一类函数，内置在 Python 解释器中。执行 dir (_built in s_) 可以列出所有的内置函数，使用 help (函数名) 可以查看某个函数的用法。常用内置函数见表 2–12。

表 2–12　常用内置函数

函数名	说　明
abs(x)	返回数字 x 的绝对值或复数 x 的模
ascii(obj)	把对象转换为 ASCII 码表示形式，必要时使用转义字符来表示特定的字符
bin(x)	把整数 x 转换为二进制串表示形式
bool(x)	返回与 x 等价的布尔值 True 或 False
bytes(x)	把指定对象 x 转换为字节串的表示形式
float(x)	把整数或字符串 x 转换为浮点数
int(x[,d])	返回实数（float）、分数（Fraction）或高精度实数（Decimal）x 的整数部分，或把 d 进制的字符串 x 转换为十进制并返回，*d* 进制默认为十进制
hex(x)	把整数 x 转换为十六进制串

续表

函数名	说　明
oct(x)	把整数 x 转换为八进制串
chr(x)	返回 Unicode 编码为 x 的字符
ord(x)	返回字符 x 的 Unicode 编码
str(obj)	把对象 obj 直接转换为字符串
dir(obj)	返回指定对象或模块的成员列表，不带参数则返回当前作用域内所有标识符
isinstance(obj, type)	测试对象 obj 是否属于指定类型（有多个类型时，需要放到元组中）
type(obj)	返回对象 obj 的类型
max(x)、min(x)	返回可迭代对象 x 中的最大值、最小值，要求 x 中的所有元素之间可以比较大小，允许指定排序规则和 x 为空时返回的默认值
pow(x,y,z=None)	返回 x 的 y 次方，等价于 x^y 或 $(x^y)\%z$
round(x[小数位数])	对 x 进行四舍五入，若不指定小数位数，则返回整数
len(obj)	返回对象 obj 包含的元素个数
hash(x)	返回对象 x 的哈希值，如果 x 不可哈希，就抛出异常
help(obj)	返回对象 obj 的帮助信息
id(obj)	返回对象 obj 的标识（内存地址）
divmod(x,y)	返回包含整商和余数的元组
enumerate(iterable)	返回包含元素形式为 (0,iterable[0]),(1,iterable[1]) 的迭代器对象
eval(s[, globals[, locals]])	计算并返回字符串 s 中表达式的值
filter(func, seq)	返回 filter 对象，其中包含序列 seq 中使得单参数函数 func 返回值为 True 的那些元素，如果函数 func 为 None，就返回包含 seq 中等价于 True 的元素的 filter 对象
list(x)、set(x)、tuple(x)、dict(x)	把可迭代对象 x 转换为列表、集合、元组或字典并返回，或生成空列表、空集合、空元组、空字典
zip(seq1[, seq2 [.]])	返回 zip 对象，其中元素为（seq1[],seq2[]）形式的元组，最终结果中包含的元素个数取决于所有参数序列或可迭代对象中最短的那个
range([start,] end [,step])	返回 range 对象，其中包含左闭右开区间 [start,end] 内以 step 为步长的整数
map(func, *iterables)	返回包含若干函数值的 map 对象，函数 func 的参数分别来自于 iterables 指定的每个迭代对象
reversed(seq)	返回 seq（可以是列表、元组、字符串、range 以及其他可迭代对象）中所有元素逆序后的迭代器对象
sorted(iterable,key=None, reverse=False)	返回排序后的列表，其中 iterable 表示要排序的序列或迭代对象，key 用来指定排序规则或依据，reverse 用来指定升序或降序，该函数不改变 iterable 内任何元素的顺序

续表

函数名	说　明
sum(x, start=0)	返回序列 x 中所有元素之和
compile()	用于把 Python 代码编译成可被 exec() 或 eval() 函数执行的代码对象
complex(real, [imag])	返回复数
exec()	执行代码或代码对象 x
exit()	退出当前解释器环境

2.4.2　模块函数

Python 中所谓的模块实际上就是源代码文件。在模块中可以定义变量、函数和类等。通过导入其他模块，可以重用该模块具有的功能。

模块是包含变量、语句、函数或类的定义的程序文件，文件的名字就是模块名加上“.py”扩展名。Python 的模块可以是用户自定义的模块、内置模块或来自第三方的模块。导入模块使用 import 或 from 语句，其语法格式如下：

```
inport modulename [as alias]
from modulename import funl, fun2
```

导入模块时，模块会被自动执行，但只执行一次。执行模块中的赋值语句后会创建变量，执行 def 语句后会创建函数对象。导入模块，需要能查找到模块文件的路径。不能在 -import 或 from 语句中指定模块文件的路径，只能使用 Python 的搜索路径。标准模块 sys 的 path 属性用来查看当前搜索路径的设置。

使用模块的主要优点：

（1）提高代码的可重用性。保存在模块中的函数，能够被其他程序使用。

（2）避免变量名和函数名冲突。在模块中的变量名和函数名的作用域都具有局部性，不同模块中的同名变量不会发生冲突，但切记不要跟内置函数同名。

1. Python 的程序架构

简单程序只需要一个程序文件就可以实现，但是大多数功能复杂的 Python 程序都是由多个“*.py”程序文件共同组成的，包括一个主程序和多个模块。其中主程序是执行程序的启动文件，属于顶层文件。模块则属于子程序，一般包括很多自定义函数。

假设一个程序有 a.py、b.py 和 c.py 三个程序文件，其中 a.py 是主程序，b.py 和 c.py 是两个模块，不能直接执行。程序必须从 a.py 开始执行，当需要用到

b.py 和 c.py 中的函数时，通过导入 b、c 模块，才能使用其中的函数。

b.py 中的内容如下：

```
inport math
def area(r)
    print(math.pi*r *r )
def input b():
    print("I am B module")
```

c.py 中的内容如下：

```
def input_c():
    print("I am C module")
```

a.py 中的内容如下：

```
import b,c
    b.input_b()
    c.input_c()
```

运行 a.py 程序，输出如下：

```
I am B module
I am C module
```

从以上代码可以看出，主程序 a.py 导入 b、c 模块后就可以调用这些模块中的函数，非主程序的模块也可以导入其他的模块，包括标准模块、第三方模块和自定义模块。

2. 模块搜索路径

前面描述的这三个文件，如果它们存放在同一个文件夹中，那么运行主程序时是能够正常执行的，但是如果这几个文件不在同一个文件夹中，就会在运行时产生错误，抛出异常。这是因为 Python 解释器对模块文件有一个查找过程。

在多数情况下，模块的搜索路径是自动确定的。概括地说，Python 的模块搜索路径：先在当前路径中查找模块，若找不到，则接着在内置的 built-in 模块中查找；若仍找不到，则按 sys.path 给定的路径查找对应的模块文件。

想知道 sys.path 中究竟设置有哪些路径，可以通过以下命令查看 sys path 属性，获得当前搜索路径的配置。

```
>>> import  sys
>>> sys. path
```

如果要导入的模块不在已设定的搜索路径下，就可以用 sys. path.append（要导入的绝对路径）添加搜索路径。例如：

```
>>>sys. path. append("C:\\")
```

上述语句就是添加 C 盘的根目录为搜索路径，这样存放在 C 盘根目录中的模块就能访问了。

3. 模块的有条件执行

每一个 Python 程序文件都既可以作为一段可以直接运行的程序，又可以让别的模块导入和调用。有时为了控制主程序中的代码只在作为主程序时才能运行，而在被其他模块加载时不能执行，需要使用系统变量 name（前、后各有两条下画线）来区分模块的运行情况，“_name_”是一个全局变量，用于标识模块名称。如果当前模块是主模块，也就是作为调用其他模块的模块，那么此时“_name_”的值就是“_main_”。如果当前模块是被其他模块通过 import 导入的，那么“_name_”的值为模块文件名（不加后面的 .py）。通过判断是否为“_main_”就可以区分哪些是主程序，哪些是被导入的模块，以决定是否进入主函数执行。

例如，假设有一个模块 test.py，里面有一个函数 test()。要控制主程序中的 main() 函数只在作为主程序时才能运行，而不能在被其他模块导入时调用。主程序中的示例代码如下：

```
def main():
print(_name_)
if name==a"main'_main_ ()
import  test
     test. test()
```

程序的运行结果如下：

```
_main_
test
```

从这个程序可以看出，在主程序中输出的“_name_”是字符串“_main_”，而在被调用模块中输出的“_name_”是模块名 test。

2.4.3　内置模块函数

除内置函数之外，Python 还提供了内置模块函数。内置模块函数是指定义在 Python 模块中的函数，使用前需要先导入所在的模块，调用方法为“模块名，函数名 ()”。本节简单介绍常用的 math 模块和 random 模块中的部分函数。

1. math 模块

math 模块提供了众多功能强大的数学函数，可以有效地提高编程效率，math 模块的部分函数见表 2–13。使用这些函数时，需要使用 import math 导入 math 模块。

表 2–13　math 模块提供的部分函数

函数名	说　明	实　例
fabs(x)	以小数类型返回 x 的绝对值	math.fabs(–3) 结果是 3.0
ceil(x)	返回 x 向上取整的结果	math.ceil(2.2) 结果是 3
floor(x)	返回 x 向下取整的结果	math.floor(3.6) 结果是 3
factorial(x)	返回 x 的阶乘	math.factorial(3) 结果是 6
exp(x)	返回 e 的 x 次方	math.exp(1) 结果是 2.718 281 828 459 045
log(x[,base])	返回以 base 为底的对数，省略 base 参数，则返回 x 的自然对数 ln *r*	math.log 省略 base 参数，math.log(2) 结果是 1
pow(x,y)	返回 x、y 的结果	math.pow(3,2) 结果是 9.0
hypot(x,y)	返回欧几里得范数 $(x^2+y^2)^{/2}$	math.hypot(1.1,2.2) 结果是 2.459 674 775 249 769
sin(x)、cos(x)、tan(x)	返回 x 的正弦值、余弦值、正切值，x 以弧度表示	math.sin(math.pi/2) 结果是 1.0、math.cos(math.pi) 结果是 –1.0、math.tan(math.pi/4) 结果是 0.9999999999999999
asin(x)、acos(x)、atan(x)	返回 x 的 arcsin、arccos、arctan 的以弧度表示的值	math.asin(1)/math.pi 返回 0.5、math.acos(–1.0)/math.pi 返回 1.0、math.atan(1.0)/math.pi 返回 0.25
degrees(x)	将 x 从弧度值转换为角度值	math.degrees(math.pi) 返回 180.0
radians(x)	将 x 从角度值转换为弧度值	math.radians(180) 返回 3.141 592 653 589 793
gcd(a,b)	返回 a 和 b 的最大公约数	math.gcd(15,5) 返回 5
trunc(x)	返回实数 x 被截断后的整数部分	math.trunc(–3.6) 返回 –3
modf(x)	返回实数 x 的小数部分和整数部分	math.modf(3.2) 返回 (0.2,3.0)

2. random 模块

在编写程序时，经常需要提供一些随机数据。大多数编程语言提供了生成伪随机数的函数，这类函数被封装在 random 模块中。random 模块提供的部分函数见表 2–14。

表 2-14　random 模块的部分函数

函数名	说　明	举　例
random()	返回 [0.0,1.0] 区间内的一个随机小数	random.random() 返回 0. 521 796 995 239 929
uniform(a,b)	返回区间 [*a*,*b*] 的一个随机小数	random.uniform(1,10) 返回 6. 040 340 354 541
randint(a,b)	返回区间 [*a*,*b*] 的一个随机整数	random.randint(1,10) 返回 8
randrange([start], end,[step])	返回区间 [start,end) 的一个整数，start 和 step 默认都是 1	random.randrange(1,10) 返回 6
choice()	随机返回给定序列中的一个元素	random.choice['a' , 'b' , 'c'] 返回 'c'
shuffle(x)	将可变序列的所有元素随机排列	random.shuffle([5,6,7,8]) 返回 [6,8,7,5]
seed([x])	改变随机数生成器的种子，*x* 默认是系统时间	random.seed(10)

2.5　输入、输出函数

用 Python 进行程序设计时，输入是通过 input 函数来实现的，似乎也是大家从键盘输入数据的唯一选择。输出是通过 print 函数来完成的。

1. input 函数

Python 常用的输入方式就是调用 input 函数，它的标准语法如下：

```
变量 =input(" 提示文字 ")
```

执行后，在屏幕上就会出现 " 提示文字 " 的字符，等待用户输入数据，在用户按下 Enter 键之后，用户刚刚输入的数据就会赋值给变量。

需要注意的是，使用变量之前，对于所有输入的数据，不管用户用了什么符号，input 函数都把它们作为一串字符串来对待。可参考下面的范例程序：

```
user_input = input(" 请输入一些数字 :")
print(len(user_input))
numbers = user_input.split()
print(len(numbers))
print (numbers)
```

执行以下程序，若输入的是一串以空格为间隔的数字，则输出结果如下：

```
请输入一些数字 :25 38 16 52 29
14
5
['25', '38', '16', '52', '29']
```

第一个输出的数字 14 指的是输入的字符串总的字符数，split 函数会按照空格把用户输入的字符串，分割成各个单独的子字符串，也就是 5 个字符串形式的数字。

使用这种方式可以让用户一次性输入多个数据。不过，需要注意，用户要按照这样的要求格式输入数据（也就是以空格作为数据之间的间隔），否则，输出会变成如下结果：

```
请输入一些数字：25，38，16，52，29
14
1
['25，38，16，52，29']
```

输入的数据没有被顺利地分割，而是被当成一个整体（数据）看待。当然，split 函数适用各种不同的分隔符，只要数据的分隔方式具有规律即可。

另外，在调用 input 函数时，注意可能发生直接按下 Enter 键而没有输入任何数据的情况，因此，在使用变量前，要先检查一下变量的内容或值是否符合大家的编程习惯。

2. print 函数

Python 基本输出使用 print 函数，格式如下：

```
print (value , ... , sep='', end='\n', file=sys.stdout , flush=False)
```

print 函数输出时可一次输出多个值（格式中的 value，值与值之间用逗号隔开），真正输出到屏幕时由 sep 指定的参数将多个输出对象 value 进行分隔，输出结束时输出 end 参数指定的值。

sep 的默认值为空，end 的默认值为换行，file 的默认值为标准输出流，flush 的默认值为 False（假）。

如果想要自定义 sep、end 和 file，就必须对这几个关键词进行赋值：

```
>>> print(201801006 , 'career', 26 , 'address', sep=',')
```

指定用逗号作为输出分隔符。

执行结果如下：

```
201801006，career，26，address
```

如果省略 sep 参数，就默认为空格分隔，如：

```
>>> print(201801006，'career'，26，'address')
# 不指定 sep 参数，以空格作为输出分隔符
```

执行结果如下：

```
201801006 career 26 address
```

print 函数默认在输出结尾增加换行，如：

```
>>>print('number')；print(200)
# 默认以回车换行符作为输出结束符号，即在输出最后会换行执行结果
number
200
```

可以通过参数 end 指定输出结尾使用的符号，如：

```
>>>print( 'number'，end= '=')；print(200)
```

指定用 = 作为输出结束符号，所以输出为一行：

```
number=200
```

再如：

```
for i in range(1，10):
print(i，end=' ')
```

不换行，则输出空格执行结果：

```
1 2 3 4 5 6 7 8 9
```

求两点之间曼哈顿距离和欧氏距离的程序代码如下：

```
import math
x1，y1，x2，y2=eval(input(" 请输入平面内任意两点的横纵坐标 ( 以，分隔 )"))
print(" 输入的坐标是 :(%f,%f)(%f,%f)"%(x1，y1，x2，y2))    # 格式化输出
distance1= math.sqrt(math.pow(x1-x2，2) +math.pow(y1-y2，2))   # 求欧氏距离
distance2 = math.fabs(x1-x2) +math.fabs(y1-y2)   # 求曼哈顿距离
print(" 欧氏距离是 :",distance1,"\n 曼哈顿距离是 :",distance2)
```

本章小结

Python 具有丰富的数据类型、运算符和内置函数，极大地提高了编程效率。

不同于 C/C++ 和 Java，Python 程序使用缩进来体现代码块。使用 input 函数、print 函数进行输入、输出的操作，input 函数返回一个字符串，可根据实际需要进行数据类型转换，数据类型分为可变类型和不可变类型两种。使用非内置函数时需要先导入函数所在的模块，Python 中所有被操作的都是对象，变量仅仅有一个名字（标识符），变量本身并没有类型，而与它们绑定的对象拥有类型。

第 3 章　序列数据结构

Python 语言中常用的序列结构有列表、元组、字符串、字典、集合及 range 等，列表、元组和字符串都是有序序列，字典和集合属于无序序列。Python 序列类似于 C 语言中的数组，但功能要强大很多。本章主要介绍列表、元组、集合、字典及字符串的功能和使用，序列结构有利于 Python 的高效率编程。

3.1　序列概述

序列（sequence）是一种用来存放多个值的数据类型组合，序列中的对象类型可以相同，也可以不同，且序列中的每个元素可以通过一定的索引方式进行访问(集合除外)。按照元素是否有序分为有序序列和无序序列，按照序列中的元素是否可变分为可变序列和不可变序列，见表 3–1。

表 3–1　序列结构比较

比较项目 \ 序列类型	列　表	元　组	字　典	集　合
类型名称	list	tuple	dict	set
界定符	[]	()	{}	{}
是否可变	可变	不可变	可变	可变
是否有序	有序	有序	无序	无序
是否支持下标	支持（索引号）	支持（索引号）	支持（键）	不支持
元素分隔符	,	,	,	,
元素值的要求	无	无	键必须可哈希	可哈希
元素形式的要求	无	无	键 : 值对	可哈希
元素是否可重复	是	是	否	""键" 不允许重复 \ 值" 可以重复
元素查找速度	非常慢	很慢	非常快	非常快
新增和删除元素速度	尾部操作快 \ 其他位置慢	不允许	快	快

3.2 列 表

列表是 Python 内置的有序、可变序列。列表的所有元素放在一对方括号“[]”中，并使用逗号分隔开。当列表元素增加或删除时，列表对象自动进行扩展或收缩内存，保证元素之间没有空隙。

在 Python 中，一个列表中的数据类型可以各不相同，可以同时为整数、实数、字符串等基本类型，甚至是列表、元组、字典、集合或其他自定义类型。Python 中列表存放的元素是值的引用，并不直接存储值，类似于其他语言的数组。需要注意的是，列表的功能虽然非常强大，但是负担比较重，开销较大，在实际开发中，最好根据实际的问题选择一种合适的数据类型，要尽量避免过多地使用列表。

列表的方法和函数基本上是一样的，只不过方法必须通过“对象，方法 ()”的形式调用。列表的方法实际上就是和对象关系紧密的函数。

1. 列表的创建与删除

将列表元素放置在一对方括号内，以逗号分隔，将这个列表赋值给变量，即可创建列表。也可以使用 list 函数将元组、range 对象、字符串或其他类型的可迭代对象转换为列表。当不再使用时，使用 del 命令删除整个列表。其代码如下：

```
>>>a=[1,2,3,4]
>>>b=[a' , 'b' , 'c' , 'd' ]
>>>c=["456" , a , b]
>>>c
[ '456' , [1 , 2 , 3 , 4] , [ 'a' , 'b' , 'd' ]]
>>>d= list("abc")
>>>d
[ 'a' , 'b' , 'c' ]
>>> list(range(1 , 10 , 3))
[1 , 4 , 7 , 10]
>>>del a
```

2. 列表操作

处理数据的基本流程，就是先把数据存储在内存中准备就绪，然后逐一取出加以处理，并把处理结果存回内存，最后根据需求以某种形式显示处理结果。

尽管多数的 Python 应用模块已经有非常方便的函数，可以用于简化其中的设计流程，但为了让读者对数据处理的基本过程有更详细的了解，再次练习编程的基本技巧。常用的列表操作方法见表 3–2。

表 3–2　列表操作方法

	方　法	功　能	描　述	示　例
1	append(x)	追　加	将元素 x 添加至列表 list 尾部	In:a=[2,3,4] In: a.append(5) In:a Out [2,3,4,5]
2	extend(L)	批量追加	将列表 L 中所有元素添加至列表 list 尾部	In:a =[2,3,4] In:b=[5,6] In:a.extend(b) In:a Out: [2,3,4,5,6]
3	copy()	复　制	复制列表为新列表	In:a=[2,3,4] In:b=a.copy() In:b Out:[2,3,4]
4	insert(index,x)	插　入	在列表 list 指定位置 index 处添加元素 x，该位置后面的所有元素后移一个位置	In:a=[2,3,4] In:a.insert(2,5) In:a Out: [2,5,3,4]
5	remove(x)	按值删除元素	在列表 list 中删除首次出现的指定元素 x，该元素之后的所有元素前移一个位置	In:a=[2,3,4] In:a.remove(2) In:a Out:[3,4]
6	pop([index])	按索引删除元素	删除并返回列表 list 中下标为 index（默认为 –1）的元素	In:a=[2,3,4] In:a.pop() Out:4 In:a Out: [2,3]
7	clear()	清　空	删除列表 list 中所有元素，但保留列表对象	In:a=[2,3,4] In:a.clear() In:a Out: []

续表

	方　法	功　能	描　述	示　例
8	index(x)	查询值的索引	返回列表 list 中第一个值为 x 的元素的下标，若不存在值为 x 的元素，则抛出异常	In:a=[2,3,4] In:a.index(3) Out: 2
9	count(x)	查看列表长度	返回指定元素 x 在列表 list 中的出现次数	In:a=[2,4,3] In:len(a) Out:4
10	reverse()	反转列表	对列表 list 所有元素进行逆序	In:a[2,3,4] In:a.reverse() In:a Out:[4,3,2]
11	sort(key=None,reverse=False)	排序列表	对列表 list 中的元素进行排序，key 用来指定排序依据，reverse 决定升序（False）还是降序（True）	In:a=[2,4,3] In:a.sort() In:a Out:[2,3,4]

提示：还可以通过索引实现列表排序。例如，表 3–2 中的反转列表功能，可以通过 a[:–1] 实现，结果同样为 [3,2,1]。

3. 列表与列表推导式

列表是一个可变的有序集合，内部可包含任何数据类型。“可变”说明列表内的元素可以发生改变；“有序”说明列表内的元素都有先后顺序。

（1）创建列表。创建列表可通过两种方式，即使用方括号 [] 或 list() 方法。

创建一个空列表，如 list_example1=[] 等价于 list_example2=list()。

列表也可以嵌套使用，如 list_example3=[1,False,kg'kilogram',['ab','cd']]。

（2）获取元素。在 Python 的数据结构中，有序集合都可以基于索引获取对应索引位置的值。索引从 0 开始。比如，索引 0 代表第 1 个对象，索引 1 代表第 2 个对象，以此类推；最后一个位置则从 –1 开始，–1 代表最后一个对象，–2 代表倒数第 2 个对象，以此类推。获取列表元素的示例如下。

```
values =[1, False,kg'kilogram',['ab','cd']]          # 列表包括 4 个元素，其中第 4 个元素为列表
values[3]                                            # 获取列表的第 4 个元素，结果为 ['ab','cd']
values[-1]                                           # 获取列表的最后一个元素，结果为 ['ab','cd']
values[:2]                                  # 获取列表前 2 个元素，结果为 [1,False]
values[-3:-1]                               # 获取列表倒数第 1 个至倒数第 3 个元素，结果为 [False,
                                              kg'kilogram']
```

```
values[::2]          # 获取列表中从头开始间隔一个元素取一个，结果为
                       [1,kg'kilogram']
values [3][1]        # 获取列表中第 4 个元素的第 2 个值，结果为 'cd'
```

注意：列表索引涉及范围索引时，默认索引包含左端但不包含右端，即“[]”模式。例如，values[2] 表示索引值范围是 [0:2]，索引值列表是 0、1，但不包括索引 2。

（3）列表推导式为：

[expr for i in 序列 1 if   condition1

for i in 序列 2 if   condition2

for i in 序列 3 if   condition3

for i in 序列 N if   conditionN]

表达式 expr 使用每次的迭代内容 v，计算生成一个列表，如果指定了条件表达式 condition，那么只有满足条件的元素参与迭代。也可以在列表内，直接实现列表推导式，这是 Python 非常重要的数据计算方式。在列表内实现简单的计算，从 range(5) 中循环取出 1 并乘 2，得到一个列表，结果为 [0,2,4,6,8]，如下：

[i*2 for i in range(5)]

通过列表计算函数，先定义功能函数，然后在列表推导式中调用函数计算每个 i 并返回列表，结果为 [0.0,1.5,3.0,4.5,6.0]，如下：

def sum(n):

return n+n/2

[sum(i) for i in range(5)]

列表推导式的形式，不仅相对于 for 循环更加简洁，而且性能更加高效，可以尽量使用列表推导式来代替 for 循环实现数据计算。这就是列表推导式，简单、明确、优雅，初学者可以尝试学习使用。列表推导式在逻辑上等价于循环语句，只是形式上更加简洁。

4. 列表的方法

列表的方法和函数基本上一样，只不过方法必须通过“对象 . 方法 ()”的形式调用。列表的方法实际上就是和对象关系紧密的函数。列表的常用方法见表 3–3。

表 3–3　列表的常用方法

函　数	说　明
append(x)	将元素 x 添加至列表 list 尾部
extend(L)	将列表 L 中所有元素添加至列表 list 尾部
insert(index,x)	在列表 list 指定位置 index 处添加元素 x，该位置后面的所有元素后移一个位置
remove(x)	在列表 list 中删除首次出现的指定元素 x，该元素之后的所有元素前移一个位置
pop([index])	删除并返回列表 list 中下标为 index（默认为 –1）的元素
clear()	删除列表 list 中所有元素，但保留列表对象
index(x)	返回列表 list 中第一个值为 x 的元素的下标，若不存在值为 x 的元素，则抛出异常
count(x)	返回指定元素 x 在列表 list 中的出现次数
reverse()	对列表 list 所有元素进行逆序
sort(key=None,reverse = False)	对列表 list 中的元素进行排序，key 用来指定排序依据，reverse 决定升序（False）还是降序（True）

（1）列表的比较。关系运算符（<、>、==、！ =、<=、>=）也可以用来对列表进行比较。两个列表的比较规则如下：比较两个列表的第 1 个元素，如果两个元素相同，就继续比较后面两个元素；如果两个元素不同，就返回两个元素的比较结果；一直重复这个过程，直到有不同元素或比较完所有元素为止。示例如下：

```
>>> list1 = [1 , 2 , 3]
>>>1ist2 = [2 , 5 , 6]
>>> listl>list2
False
>>> list < list2
True
```

（2）多个列表的迭代。使用 zip 函数可以完成对多个列表的迭代。示例如下：

```
>>> days = [ 'Monday' , 'Tuesday' , 'Wednesday' ]
>>> courses =[ 'math' , 'english' , 'computer' , 'science' ]
>>> for day , course in zip(days , courses)   # 当最短的列表迭代完时，zip() 将停止
print(day , " :study" , course)
Monday : study math
```

```
Tuesdny : study english
Wednesday : study computer
```

Python 列表的操作符应用示例如表 3-4 所列。

表 3-4　Python 列表的运算符应用示例

	方　法	描述功能	示　例	结　果
1	index(value)	列表组合	[1,2,3]+[4 ,5,6]	[1,2,3,4,5,6]
2	count(value)	重复列表元素（此处重复 5-1 次）	['Ok!']*3	['Ok!', 'Ok' ,'Ok']
3		元素是否存在于列表中	4 in [1,2, 3,4,5]	True
4	len(object)	迭代，x 依次取列表中的元素值	for x in [1, 2, 3] :print (x,end=" ")	123

（3）二维列表。准确地说，Python 是没有数组类型的，只有列表（list）和元组（tuple），数组是 numpy 库中所定义的，因此，在使用数组之前必须下载安装 numpy 库。python 中的 list 是 python 的内置数据类型，list 中的数据类不必相同，而 array 中的类型必须全部相同。在 list 中的数据类型保存数据存放的地址，也就是指针，并非数据，这样保存一个 list 就太麻烦了。例如，list1=[1,2,3,'a'] 需要 4 个指针和 4 个数据，消耗了存储空间和 CPU 能力。numpy 中封装的 array 有很强大的功能，里面存放的都是相同的数据类型。numpy array 是以方括号“[]”包含的数据集合，不同成员以空格分隔，如 a=[1 2 3 4]。numpy array 的数据成员必须是相同数据类型属性，不同于列表和元组。

利用列表构建二维列表（two dimension list），可以想象成是二维空间，表 3-5 是一个考试成绩系统。

表 3-5　考试成绩表

姓　名	高　数	信　号	力　学	总　分
齐乾东	80	92	86	0
祝安逸	86	95	86	0
张振坤	80	72	92	0
龚家林	81	93	95	0
阎庆元	79	87	90	0

上述总分先设置为 0，现在看看如何处理这个部分。假设列表名称是 sl，在 Python 程序中，可用下列方式记录成绩系统。

sl=[[" 齐乾东 ",80,92,86,0],
[" 祝安逸 ",86,95,86,0],
[" 张振坤 ",80,72,92,0],
[" 龚家林 ",81,93,95,0],
[" 阎庆元 ",79,87,90,0]]

上述最后一行列表元素 [" 阎庆元 ",79,87,90,0] 后的 “,” 可有可无，编译程序均可处理。考虑使用下列方式处理索引，考试成绩索引见表 3–6。

表 3–6　考试成绩索引

姓　名	高　数	信　号	力　学	总　分
[0][0]	[0][1]	[0][2]	[0][3]	[0][4]
[1][0]	[1][1]	[1][2]	[1][3]	[1][4]
[2][0]	[2][1]	[2][2]	[2][3]	[2][4]
[3][0]	[3][1]	[3][2]	[3][3]	[3][4]
[4][0]	[4][1]	[4][2]	[4][3]	[4][4]

上述表格最常见的应用是使用循环计算每个学生的总分，在此用现有的知识处理总分问题，为简化说明，用两个学生的姓名为实例，计算二维列表的成绩系统总分。示例如下：

```
sl=[[" 齐乾东 ", 80, 92, 86, ],
[' 祝安逸 ", 86, 95, 86, 0] ]
sl[0][4] = sum(sl[0][1:4])
sl[1][4]= sum(sl[1][1:4])
print(sl[0])
print(sl[1])
258
267
```

5. 列表和数组的区别

在 Python 中，列表和数组是两种完全不同的类型。无论是从表面功能来看，还是从内存管理分配来看，它们都有很大的不同。示例如下：

```
[In 9]:
a = list(range(1, 10))
print(a)
[Out 9]:
[1, 2, 3, 4, 5, 6, 7, 8, 9]
```

```
[In 10]:
import numpy as np
b = np.array(range(1 , 10))
print (b)
[Out 10]:
[1 2 3 4 5 6 7 8 9]
```

在 python 编译器中，为了让大家能更加方便地区分列表和数组的区别，形式上也加以区分，列表的元素之间是有逗号隔开的；数组的元素之间没有逗号，用空格隔开。数组的功能比列表要强得多，尤其在计算方面，数组有许多独特的优势。比如，数组有广播功能，这个功能在第 4 章还会详细讲解，代码如下：

```
[In 11]:print(b+1)
[Out 11]:[2 3 4 5 6 7 8 9 10]
```

b 加上一个 1 后，b 中的每个元素都会加上 1。相同的操作在列表上就会报错。同时数组还有很多别的独特功能，如矩阵计算等。

3.3　元　　组

列表的功能虽然很强大，但负担很重，在很大程度上影响了运行效率。有时候我们并不需要那么多功能，很希望能有个轻量级的列表，元组（tuple）正是这样一种类型。

元组是不可变（immutable）序列，不可以直接修改元组中元素的值，也无法为元组增加或删除元素。它的操作方式基本上和列表一致。一般在希望数据不改变时使用元组，其余情况都使用列表。因此，在操作元组时，把元组当成一个不可变的列表就可以了。列表和元组都属于有序序列，都支持使用双向索引访问其中的元素。

元组没有提供 append()、extend() 和 insert() 等方法，无法向元组中添加元素。元组也没有 remove() 和 pop() 等方法，也不支持对元组元素进行 del 操作，不能从元组中删除元素，而只能使用 del 命令删除整个元组。

元组也支持切片操作，但是只能通过切片来访问元组中的元素，而不允许使用切片来修改元组中元素的值，也不支持使用切片操作来为元组增加或删除元素。Python 内部对元组做了大量优化，访问速度比列表更快。如果定义一系列常量值，主要用途仅是对它们进行遍历或其他类似用途，而不需要对其元素进行任何修改，那么一般建议使用元组而不用列表。

1. 元组的创建与删除

将元组元素放置在一对圆括号 () 内，以逗号分隔，将这个元组赋值给变量，即可创建元组；也可以使用 tuple 函数将列表、range 对象、字符串或其他类型的可迭代对象转换为元组。当不再使用时，可使用 del 命令删除整个元组，示例如下：

```
>>>t1 =(1, 2, 3)      # 直接把元组赋值给一个变量
>>>t1[1]=10       # 元组元素不可改变
Traceback (most recent call last):
TypeError: 'tuple' object does not support item assignment
>>>t2=(4)     # 等价于 t2=4
>>>t3=(4,)        # 元组中只有一个元素，必须在后面多写一个逗号
>>> t4= tuple(range(5))    # 将其他迭代对象转换为元组
>>>t5=()      # 空元组
>>>t1
(1, 2, 3)
>>>t2
4
>>>t3
(4,)
>>>t4
(0, 1, 2, 3, 4)
>>> color_tuple = 'Red', 'Green', 'Blue'   # 多个元素时，可以省略 ()
>>> color_ tuple
( 'Red', 'Green', 'Blue' )
>>> del t4    # 只能删除整个元组
>>>del t4[1]      # 不能删除元组元素
Traceback (most recent call last):
TypeError: 'tuple' object doesn't support item deletion
```

2. 元组的操作

元组也是序列，因此，一些用于列表的基本操作也可以用在元组上，可以使用下标访问元组的元素，支持 count() 和 index() 两个方法：可以使用 in 和 not in 运算符来判断元素是否在元组中；可以对元组进行切片等。元组（tuple）是一个不可变的有序集合，其内部元素可为任何数据类型。它与列表的显著差异是其不可变性。

（1）创建元组。创建元组可通过两种方式，即使用圆括号 () 或 tuple()

方法。

创建一个空元组，如 tuple_example1()，等价于 tuple_example2 =tuple()。

元组也可以嵌套使用，如 tuple_example3=(1,True,b'bytes',('a','b'))。

（2）获取元素。在元组中获取对象的方法与列表相同，具体可查看 2.3 节中获取元素的方法与示例。

（3）元组操作。元组的不可变性导致其无法像列表一样实现对象的编辑，如追加、删除、清空等，仅能查看相关的操作。常用的元组操作方法见表 3–7。

表 3–7 元组操作方法

	方 法	功 能	描 述	示 例
1	index(value)	查看索引	查看特定值第一次出现的索引位置	In:a=(2,3,3,3,4) In:a.index(3) Out:2
2	count(value)	计 数	查看元素出现的次数	In:a=(2,3,3,3,4) In:a.count(3) Out:4
3	len(object)	查看元组长度	查看元组中有事少个对象	In:a=(2,3,3,3,4) In:len(a) Out: 5

元组的运算符应用示例见表 3–8 所列。

表 3–8 Python 元组的运算符应用示例

	方 法	描述功能	示 例	结 果
1	index(value)	连 接	(1,2,3)+(4 ,5,6)	(1,2,3,4, 5, 6)
2	count(value)	重复元组元素（此处重复 5–1 次）	('a', 'b')	('a', 'b', 'a', 'b', 'a', 'b', 'a', 'b', 'a', 'b')
3		元素是否存在于列表中	3in (1,2,3,4,5)	True
4	len(object)	遍历元组	for x in (1,2,3): print (x, end=" ")	123

（4）生成器推导式。生成器推导式的用法与列表推导式非常相似。在形式上，生成器推导式使用圆括号“()”作为界定符，而不是列表推导式所用的方括号。

与列表推导式最大的不同是，生成器推导式的结果是一个生成器对象

（generator object）。生成器对象类似于迭代器对象，具有惰性求值的特点，只在需要时生成新元素。

生成器推导式比列表推导式具有更高的效率，占用空间非常少，尤其适合大数据处理的场合。

使用生成器对象时，可以根据需要将其转化为列表或元组，也可以使用生成器对象的 _next_() 方法或内置函数 next() 进行遍历，或者直接使用 for 循环来遍历其中的元素。

但是不管用哪种方法访问其中的元素，都只能从前往后访问每个元素，不可以再次访问已访问过的元素，也不支持使用下标访问其中的元素。当所有元素访问结束以后，如果需要重新访问其中的元素，就必须重新创建该生成器对象。enumerate、filter、map 和 zip 等其他迭代器对象也具有同样的特点。例如：

```
>>>gg=((i+2)** 2 for i in range (10))   # 创建生成器对象
>>>gg   # 生成器对象
<generator object <gencxpr>at 0x0000000002B7B9A8>
>>> 1ist(gg)   # 将生成器对象转换为列表
[4 , 9 , 16 , 25 , 36 , 49 , 64 , 81 , 100 , 121]
>>> tuple(gg)   # 生成器对象已遍历结束，没有元素了
>>>g=( (i+2)**2 for i in range(10))   # 重新创建生成器对象
>>>g._next_() # 使用生成器对象的 _next_() 方法获取元素
4
>>> next(g)   # 使用函数 next() 获取生成器对象中的元素
9
```

（5）元组推导式。本质上，元组没有推导式的概念，如果参照列表推导式实现元组推导式后，其结果是一个生成器对象，而并不是元组本身。

例如，a=(i*2 for i in range(5)) 代码执行后，通过 type(a) 查看该对象，发现其返回值是 <generator object <genexpr> at 000000004766390>，并不是元祖 tuple。此时，可根据需要将其转换为列表（使用 list 方法）或元组（使用 tuple 方法）。例如，通过 tuple(a) 得到结果（0,2,4,6,8），此时该对象已经转变为一个元组对象了。

3. 元组的封装与序列的拆封

元组的封装和序列的拆封提供了很多便利的语法特征。所谓元组的封装指的是将多个值自动封装到一个元组中。元组封装的可逆操作称为序列的拆封，将一个封装好的序列自动拆分成若干个基本数据，可以使用序列拆封功能对多

个变量同时进行赋值，代码如下：

```
>>>t="a" , "b" , "c"
>>>t
( 'a' , 'b' , 'c' )
>>>a , b , c=t
>>>x , y , z=map(str , range(3))   # 使用可迭代的 map 对象，进行序列拆封
>>>x
' 0 '
>>>d={1:"a" , 2:"b" , 3:"c"}
>>>x , y , z= d.items()
(1 , 'a' )
```

3.4　集　　合

集合（set）属于 Python 的无序可变序列，使用一对花括号“{}”作为界定符，元素之间使用逗号分隔。同一个集合内的每个元素都是唯一的，元素之间不允许重复。

集合中只能包含数字、字符串、元组等不可变类型（或者说可哈希）的数据，而不能包含列表、字典、集合等可变类型的数据。集合是 Python 中的一个特殊数据结构，包含了无序且不重复的元素。集合与其他数据结构的显著区别在于其不重复的特性。

1. 创建集合

创建集合可通过两种方式，即使用花括号 {} 或 set() 方法。

set_example1={1,2,3}，等价于 set_example2=set()。

集合虽然无法通过索引或 key 找到特定的元素，但可用于多个集合的对比、组合等操作。常用的集合操作方法见表 3–9。

表 3–9　集合常用操作方法

	方　法	功　能	描　述	示　例
1	s.add(item)	增加元素	向集合 s 添加 item；如果 item 已经添加，就不会发生任何事情	In:a={2,3,4} In:a.add(5) In:a Out:{2,3,4,5}

续表

	方 法	功 能	描 述	示 例
2	s.clear()	移除所有元素	从集合 s 中删除所有元素	In:a={2,3,4} In:a.clear() In:a Out:set()
3	s.copy()	复制集合	提供了集合 a 的另一个副本	In:a={2,3,4} In:b=a.copy() In:b Out: {2,3,4}
4	s.difference(t)	查找集合差异元素	提供一组在集合 a 中但不在集合 t 中的元素，差集	In:a={2,3,4} In:b={2,3} In: a.difference(b) Out: 4
5	s.difference_update(t)	删除相同元素	从集合 s 中移除那些同样在另一个集合 t 中的元素	In: a={2,3,4} In: b={3,5} In: a.diference_update(b) In: a Out: {2,4}
6	s.discard(item)	删除元素	从集合 s 中移除 item	In:a={2,3,4} In:a.discard(3) In: a Out: {2,4}
7	s.interection_update(t)	删除不同元素	从一个集合中删除两个集合中不相同元素	In:a={2,3,4} In:b={3,4} In: a.intersection_update(b) Out: {3}
8	s.remove(t)	删除元素	元素必须在集合中	In:a={2,3,4} In: a.remove(2) In: a Out: {3,4}

续表

	方　法	功　能	描　述	示　例
9	s.symmetric_ difference(t)	取不重复集合	返回集合 a 或集合 t 中的一组元素，但不是两者都有，对称差集	In:a={2,3,4} In:b={3,5} In:a.symmetric_ difference(b) Out:{2,4,5}
10	s.symmetric_ difference_ update()	删除重复元素并添加不重复元素	删除两个集合中的重复元素并将不重复元素添加到集合	In:a={2,3,4} In:b={3,5} In:a.symmetric_ difference_update(b) In: a Out:{2,4,5}
11	s.union(t)	取并集	返回集合 a 或集合 t 中的一组元素，并集	In:a={2,3,4} In:b={3,5} In:a.union(b) Out:{2,3,4,5}
12	s.intersection(t)	取交集	提供一组同时位于集合 a 和 t 中的元素，交集	In:a={2,3,4} In:b={3,4} In:a.intersection(b) Out:{3}
13	s.update(t)	添加集合	向一个集合中添加另一个集合	In:a={2,3,4} In:b={3,5} In:a.update(b) In:a Out:{2,3,4,5}

2. 集合推导式示例

集合推导式的写法类似于列表推导式：

a ={i for i in range(5)}

提示：与 set 类似的还有一个 frozenset，二者的区别在于 set 是可变集合，而 frozenset 是不可变集合。其特点是一旦创建，就不可更改，这个特性与元组类似。

前面章节也介绍了使用花括号“{}”创建字典的方法，本小节在创建集合时要求花括号内必须包含值，而不能为空，否则其创建的就是一个字典，而非集合。

通常情况下，可以使用花括号或者 set() 函数创建集合。但是需要注意的是，创建一个空集合必须用 set() 而不能用“{}”，因为“{}”是用来创建一个空字典的。

3.5 字　　典

字典（dictionary）是包含若干“键：值（key：value）”对元素的无序可变序列。字典可以看成是由元素对构成的列表，其中一个元素是“键（key）”，另一个元素是“值（value）”，两者之间存在一种映射或对应关系，即通过 key 可以找到其映射的 value。在定义字典时，字典的每个元素包含的键值对用冒号“:”分隔，每个对之间用逗号“,”分隔，整个字典包括在花括号中。

字典中的“键”可以是任意不可变数据，且“键”不允许重复，而“值”是可以重复的。对字典的所有操作默认都是通过“键”来完成的。例如，在搜索字典时，先查找“键”，当“键”找到后就可以直接获取该“键”对应的“值”了，效率很高。

字典中元素的“键”可以是 Python 中任意不可变数据，如整数、实数、复数、字符串、元组等可哈希数据，但不能使用列表、集合、字典或其他可变类型数据作为字典中的“键”。

在查找元素时，字典的效率是非常快的（列表存储数据的性能很好，但查找数据的性能很差）。另外，字典中的“键”不允许重复，而“值”是可以重复的。

1. 字典操作

字典是一个可变的集合。字典内部的数据存储以 key:value（键值对，中间是冒号）的形式来表示数据对象的关系。例如，王守城的语文成绩是 99 分，可表示为 {" 王守城 ":99}。

（1）创建字典。创建字典可通过两种方式，即使用花括号 {} 或 dict() 方法。例如，创建一个空元组，如 dict_example1={} 等价于 dictexample2=dict()。字典的 key（键值）必须是不可变对象，如字符串、元组等；而 value 可以是任意对象，包括字典本身，因此，字典也可以嵌套使用，如 dict_example3 = {'tony':98, 'lucy':{'first name':'li'}}。

除上述方法之外，在对象已经是一个字典的前提下（如 dict example1 和 dict_example2 定义），也可以通过 fromkeys 方法创建具体对象，例如：

```
dict_example4 = {}              # 空字典
seq = ['a' , 'b']               # 列表由 2 个字符串组成，它们将分别作为后续字典的 key
values = [3 , 4]                # 列表由 2 个数值组成，它们将作为后续字典公用的 value
dict_example4 = dict_example4.fromkeys(seq , values)
                                # 使用 fromkeys 方法创建了一个新字典，dict_example4 的值为 {'a' :
                                  [3 , 4] , ' b ' : [3 , 4]}
```

注意：value 中的值是所有字典的公用值，即所有的 value 都相同，而非每个元素的 value 值。

（2）获取元素。字典内元素的获取与元组和列表不同，不是通过索引实现的，而是通过 key 实现的。同时，字典还有多种获取不同 key 和 value 的方法：

```
values = {'Henry':92,'grade':{'first name':'Oneil'}}  # 包含嵌套字典的字典
values ['Henry']                  # 获取字典中 key 为 Henry 的值，结果为 92
values [ 'grade']['first name']   # 获取字典中 key 为 grade 的值，再从值中找到 key 为 first name
                                    的值，结果为 'Oneil'
values.get('Henry')               # 使用字典的 get 方法获取 key 为 Henry 的值，结果为 92
values.keys()                     # 使用字典的 keys 方法获取所有的 key 值，结果为 dict_keys
                                    ['Henry','grade']，该类型可使用 Oneilst 转换为列表
values. values()                  # 使用字典的 value 方法获取 values 的值，结果为 dict_values ([92,
{'first name':'Oneil'}])          # 该类型可使用 Oneilst 转换为列表
values.items()                    # 使用字典的 items 方法获取所有的键值对组合，结果为 dict_items
                                    ([('Henry': 92), ('grade', {'first name':'Oneil'})])
```

字典的 get 方法用于返回指定 key 值对应的 value 值，如果没有，就返回默认值。当一个新的 key 不在字典中时，可通过 default 参数设置默认值，而不使用单独写判断逻辑的方式赋值。例如，示例中，使用 a.get('c',0) 设置当 key 为 c 没有返回值时，默认值为 0。

使用字典推导式能快速创建字典，例如：

```
keys = (str(i*i)  for  i  in  range(3))   # 通过元组推导式生成包含 value 值的生成器
32
values =[i+1  for i  in range(3)]
```

列表推导式生成包含 key 值的列表：

```
dict_final = {k:w  for  k,v  in  zip(keys, values)}
```

通过字典推导式调用上述 2 个对象生成字典，其结果为 {'0':1,'1':2,'4':3}。

2. 字典的遍历

字典的遍历方法有多种：

（1）keys()，使用该方法会返回字典所有的 key，并且会返回一个序列，序列中保存有字典所有的键。其代码如下：

```
# 遍历字典
#keys() 方法会返回字典的所有的 key
# 该方法会返回一个序列，序列中保存有字典所有的键
d ={ 'name' : '程序员' , 'age' : 36 , 'sex' : '男' }          # 通过遍历 keys(0) 来获取所有的键
for k in d. keys():
print(k , d[k])
```

（2）values()，使用该方法会返回一个序列，序列中保存有字典所有的值。其代码如下：

```
# 创建字典
d = { 'name' : '程序员' , 'age' : 36, 'sex' : '男'}      # 遍历字典
                                                 #values() 方法会返回一个序列，序列中保存有
                                                  字典的所有的值
for v in d. values():
print(v)
```

（3）items()，使用该方法会返回字典中所有的项。该方法返回的字典中所有的项是一个序列，序列中包含有双值子序列，双值分别是字典中的 key 和 value。其代码如下：

```
# 遍历字典
# 创建字典
d = { 'name' : '程序员' , 'age' : 36 , 'sex' : '男')  # 遍历字典
# items() 方法会返回字典中所有的项
# 它会返回一个序列，序列中包含有双值子序列
# 双值分别是字典中的 key 和 value
# print(d.items())
for k , v in d. items():
print(k , '=' , v)
```

3. 字典和字典推导式

接下来讲讲字典方面的一些操作，如字典排序。所谓字典排序往往是对其键对应的值进行排序，如每一种蔬菜对应的价格。

在这里 zip 函数将字典的键值对反转了过来。如果不使用 zip 函数，而直接

使用 min 的话，就会发现其返回的仅仅是一个值，而不知道它所对应的价格是多少。其代码如下：

```
[In 15]:
prices = {'a1':6.2 , 'a2':7.3 , 'b2':5.8}
min_price = min(zip(prices.values1() , prices.keys()))
min_price
[Out 15]:
(5.8 , 'b2')
```

列表、元组都有切片操作，也可以从字典中取出一个子集。其代码如下：

```
[In 16]:
p1= dict((key , value) for key , value in prices.items() if value > 5.8)
p1
[Out 16]:
{"a1":6.2 , "a2":7.3}
```

字典无法像列表、元组那样通过索引切片的操作获得子集，但是可以通过元素筛选的方式来获得子集，这在数据过滤中很常见。常用的字典操作方法见表 3–10。

表 3–10　字典操作方法

	方　法	描述功能	描　述	示　例
1	d.copy()	复　制	返回字典的浅复制 d	In:a= {'a':2,'b':3} In:b=a.copy() In:b Out:{'a':2.'b':3}
2	d.clear()	删除所有元素	从字典中删除所有项 d	In:a= {'a':2,'b':3} In:a.clear()
3	d.setdefault(k[,v])	查看索引	返回 d [k]。如果没有找到，就返回 v，并将 d[k] 设置为 v	In:a= {'a':2,'b':3} In:a.setdefault ('c',0) In:a Out:('a': 2,'b':3,'c': 0)
4	d.update(b)	更新字典	将字典 b 中的所有对象添加到字典 d 中	In:a= {'a':2,'b':3} In:b= a{'a':'fromb'} In:a.update(b) In:a Out:{'a':'fromb', 'b':3}

续表

	方 法	描述功能	描 述	示 例
5	d.pop(k[,default])	删除 key 对应的值	返回 d[k] 并从 d 中删除它，如果 k 不存在，就返回 default 值	In:a={'a':2,'b':3} In:a.pop(a) Out:2 In:a Out:{'b': 3}

4. 推导式的综合应用

推导式（comprehension），又称解析式，是 Python 的一种独有特性。推导式可以从一个数据序列构建出另一个新的数据序列结构，Python 支持列表推导式、字典推导式和集合推导式等。

列表推导式的语法格式：

（1）[表达式 for 循环变量 in 可迭代对象]

（2）[表达式 for 循环变量 in 可迭代对象 if 条件]

（3）[表达式 1 if 条件 else 表达式 2 for 循环变量 in 可迭代对象]

Python 在执行列表推导式时，先会对可迭代对象进行迭代，将每一次迭代的值赋给循环变量，然后收集表达式（通常由循环变量构成）的计算结果，最终由这些结果构成新的列表，也就是推导式所返回的值。

如果 for 语句后面跟上一个 if 条件，主要起判断作用，用于过滤掉那些不满足条件的结果项，最后统一生成一个数据列表，那么当可迭代对象中的数据满足 if 条件时采用表达式（1）处理，否则，采用表达式（2）处理，最后统一生成一个数据列表。列表推导式的应用如下：

```
>>>1is1= [x*2 for x in "1234"]
# 字符串解析成列表
>>>1is2=[x*2 for x in range(5)]
#range 解析成列表
>>> print(lis1 , lis2)
[ '11' , '22' , '33' , '44' ][0 , 2 , 4 6 , 8]
>>>m=[[1 , 2 , 3] , [4 , 5 , 6] , [7 , 8 , 9]]
>>>m
[[1 , 2 , 3] , [4 , 5 , 6] , [7 , 8 , 9]]
>>>[m[i][i] for i in range(len(m))]
# 对角元素组成的列表
[1 , 5 , 9]
>>>[x for x in range(5) if x%2==0]
```

```
#0~5 的偶数组成的列表
[0, 2, 4]
>>>[(x, y) for x in range(5) if x%2==0 for y in range(5) if y %2==1]#(x, y) 组成元组列表
[(0, 1), (0, 3), (2, 1), (2, 3), (4, 1), (4, 3)]
>>>[x if x>20 else x*10 for x in (10, 20, 30, 40, 50)]
[100, 200, 30, 40, 50]
```

集合推导式的语法格式：

（1）{ 表达式 for 循环变量 in 可迭代对象 }

（2）{ 表达式 for 循环变量 in 可迭代对象 if 条件 }

（3）{ 表达式 1 if 条件 else 表达式 2for 循环变量 in 可迭代对象 }

集合推导式实例如下：

```
>>>st1={x*2 for x in "1234")
>>>set2={x*2 for x in(1,2, 3,4)}
>>>print(set1,set2)

{'22', '44', '11', '33'}{8, 2, 4, 6}
>>>{x for x in range(5) if x%2==1}
{1, 3}
>>>{x*2 if x>20 else x*10 for x in (10, 20, 30, 40)}
{200, 80, 100, 60}
```

字典推导式的语法格式：

（1）{ 键表达式 : 值表达式 for 循环变量，循环变量 in 可迭代对象 }

（2）{ 键表达式 : 值表达式 for 循环变量，循环变量 in 可迭代对象 if 条件 }

字典推导式实例如下：

```
>>>strs = ["ABC", "DEF", "GHI", "123"]
>>>{key:value for key, value in enumerate(strs)}
{0: 'ABC', 1 : 'DEF', 2: 'GHI', 3: '123'}
>>>dic1={"a":1, "b":2, "c":3}
>>>dic2={v:k for k, v in dic1.items()}
>>>print(dic1, dic2)
{'a' : 1, 'b' : 2, 'c' :3}{1: 'a', 2: 'b', 3: 'c'}
```

3.6　Python 中的 Collections 模块

Python 中的 Collections 模块是 Python 的标准模块，实现了许多常用的数据

结构。Collections. abc 模块包含若干抽象基类（Abstract Base Classes，ABCs）。抽象基类用于定义接口，继承抽象基类的派生类实现这些接口功能。

Collection 类是应用工具类，在集合操作中应用非常广泛。当程序需要对集合进行排序、复制和查找等操作时，可以使用 Collection 类完成对集合的操作，提供对 List、Map、Set 等集合元素的排序、查询和修改等操作。

Collections 类提供了一些静态方法，实现了基于 List 容器的一些常用算法。Python 对指针做了良好封装，一切都是对象，一切对象都有一个变量指向它。这个变量就是指针。和 Java 一样，它不可以随机移动，不可以运算。包括函数也是一个对象，用一个变量指向它，就是指向函数的入口地址。

本章小结

有序序列包括列表、字符串、元组，支持双向索引与切片操作。列表支持在任意位置插入和删除元素，尽量不要从列表的尾部进行插入和删除，会影响搜索的速度。无序序列包括字典和集合，字典可以通过“键”作为下标来访问其中的“值”，集合不支持使用下标方式来访问。切片可以返回列表、元组、字符串中的部分元素。列表推导式和生成器推导式可以简洁、快速地生成所需的列表、元组和集合。

第 4 章　字符串与正则表达式

字符串（string）是一种表示文本的数据类型，字符串中的字符可以是 ASCII 字符、各种符号及各种 Unicode 字符。本章介绍字符串的编码方式、字符串的定义、字符串的基本操作、字符串的格式化、字符串提供的方法等内容。

4.1　字符串的编码方式

字符串是一种有序字符的集合，用于表示文本数据。字符串可以包含零个、一个或多个字符。字符串使用单引号、双引号或三引号（''' ''' 或 """ """）作为其界定符。字符串可以使用 ASCII 字符、Unicode 字符及各种符号。

随着信息技术的发展和信息交换的需要，各国的文字都需要进行编码，不同的应用领域和场合对字符串编码的要求也略有不同，常见的编码格式有 ASCII、UTF-8、Unicode、UTF-16、UTF-32、GB2312、GBK、CP936、base64 和 CP437 等。不同编码格式之间相差很大，采用不同的编码格式意味着不同的表现形式和存储形式，把同一字符存入文件时，写入的内容可能会不同，在读取其内容时必须知道编码规则，并进行正确解码。

Python 3.x 完全支持中文字符，默认使用 UTF-8 编码格式，无论是一个数字、英文字母，还是一个汉字，在统计字符串长度时都按一个字符对待和处理。字符串属于不可变序列，意味着不可以直接修改字符串的值。

UTF-8 编码格式示例如下：

```
>>> 'Python 语言' .encode(utf-8)   #采用 UTF-8 编码格式进行字符串编码
b 'Python\xe8\xaf\xad\xe8\xa8\x80'   # 字节编码
>>> 'Python 语言' .encode( 'gb2312' )
b 'Python\xd3\xefxd1\xd4'
>>> 'Python 语言' .encode( 'gb2312' ).decode(utf-8)   # 编码和解码格式不一致，导致错误
Traceback (most recent call last):
UnicodeDecodeError: 'utf-8'  codec can't decode byte 0xd3 in position 6:invalid continuation byte
>>> 'Python 语言' .encode( 'gb2312' ).decode( 'gb2312' )  # 编码和解码格式一致，正确显示内容
'Python 语言'
>>>len("Python 语言 ")   # 求字符串长度，中文字符和英文字符都算 1 个
```

```
8
>>>s="hello"
>>>s[0]="w"                          # 字符串是不可变序列，不允许直接修改其值
Traceback (most recent call last):
TypeError: 'str' object does not support item assignment
>>>id(s)
45901000
>>>s="Python"                        # 修改字符串变量的值会导致重建一个对象
>>>id(s)
30758648
```

4.2 字符串的表示形式

字符串在 Python 中是十分重要的类型，一般用引号中间添加字符的形式表示。不同于其他语言，Python 中的双引号与单引号是不区分的，都可以用来表示字符串。

字符串有以下三种表示方式：

（1）使用单引号，包含字符。单引号使用示例如下：

'Python' 'abc' ' 中国 '

注意：单引号表示的字符串里面不能包含单引号。如，Let's go 不能使用单引号。

（2）使用双引号，包含字符。双引号使用示例如下：

"PyCharm" "ABC" " 北京 "

注意：双引号表示的字符串里面不能包含双引号，并且只能有一行。

（3）使用三引号（''' ''' 或 """ """）包含字符，三引号表示的字符串可以跨行，支持排版较为复杂的字符串。

注意：包含在一对三引号之间，且不属于任何语句的内容，都被解释器认为是注释。

三引号使用示例代码如下：

```
'''
Hello world!
'''
```

单引号、双引号、三单引号、三双引号可以互相嵌套，用来表示复杂的字

符串。例如：

```
'123' '" 中国年，最西安 " 活动 ' " 'Python' 语言 "
" 'Jack said ,  "I'm very good ." ' "
```

注意：Python 不支持字符类型。Python 采用字符串驻留机制。一般情况下，将短字符串（不多于 20 个字符）赋值给多个不同的对象时，内存中只有一个副本，多个对象共享该副本。但是，长字符串不遵守驻留机制。

空字符串表示为 ' ' 或 " "。

前缀带 r 或 R 的字符串表示 Raw 字符串（原始字符串）。Raw 字符串中的所有字符都被看成普通字符，忽略其中的转义字符。但是，字符串的最后一个字符不能是 "\"。原始字符串主要用于正则表达式、文件路径或 URL 的场合。

原始字符串示例如下：

```
>>>path= 'C:\Windows\twunk.exe'
>>> print(path)    # 字符 \t 被转义为水平制表符
C:\Windows \ twunk.exe
>>>path=r 'C:\Windows\twunk.exe'       # 原始字符串，任何字符都不转文
>>> print(path)
C:\Windows\twunk.exe
```

注意：

- 引号不可以混用。例如：s= 'hello"，会发生报错（SyntaxError: EOL while scanning string literal）。
- 相同的引号之间不能嵌套。
- 单引号和双引号都不能跨行使用。如果需要跨行使用，可以加一个斜杠 "\"。

字符串常量有：Python 标准库 string 中定义了数字字符（string.digits）、标点符号（string.punctuation）、英文字母（string.asii_lctters）、大写字母（string.ascii_uppercase）和小写字母（string.ascii_lowercase）等常量。示例代码如下：

```
>>>import string
>>>string.digits
'0123456789'
>>> string.punctuation
'!" #$%&\ ' ()*+,-/;<=>?@[\\]^"{|}~'
>>> string.ascii_letters
'abcdefghijklmnopgrstuvwxyzABCDEFGHUKLMNOPQRSTUVWXYZ'
>>>string.ascii_lowercase
```

```
'abcdefghijklmnopgrstuvwxyz'
>>>string.ascii_uppercase
'ABCDEFGHIUKLMNOPORSTUVWXYZ'
```

4.3 字符串的基本操作

1. 正则表达式元字符

最简单的正则表达式就是一个普通字符串，会与自身匹配，但是有一些字符比较特殊，它们和自身并不匹配（想象一下前面介绍的转义字符），这类字符一般称为元字符。正则表达式中常用的元字符见表 4–1。

表 4–1 常用元字符

元字符	含 义	示 例
·	匹配位于·之前重复出现任意多次(包括 0 次)的字符，等价于 {0,}	'·' 表示任意字符出现无限次
+	匹配位于 + 之前重复出现 1 次或多次的字符，等价于 {1,}	'\d+' 表示任意数字出现 1 到无限次
?	匹配位于 ? 之前的 0 个或 1 个字符，该元字符可以和其他元字符（*、+、?、{n,}、n}）配合使用，表示 " 非贪心 " 匹配模式	'\D?' 表示任意非数字出现 0~1 次
{m}	匹配 {} 之前的字符最少 m 次	表示匹配前一个字符
{m,n}	匹配 {} 之前的字符最多 n 次，最少 m 次	'\w{2}' 表示任意数字和字母出现 2 次
^	匹配以 ^ 后面的字符开头的字符串	'^py' 表示字符串以 py 开头，因此，'python' 能匹配到该模式
$	匹配以 $ 前面的字符结束的字符串	'on$' 表示字符串以 on 结尾，因此，'python' 能匹配到该模式
|	匹配位于 | 之前或之后的字符	'[!|,]' 表示规则包括感叹号和逗号，匹配任意一个字符
.	匹配除换行符以外的任何单个字符	'pyt.on' 表示 pyt 和 on 中间可以有任意一个字符，因此 'python' 能匹配到该对象
\	表示位于 \ 之后的字符为转义字符	'pyt\.on' 表示模式本身就是 'pyt.on'，其中的 . 不再表示任意字符对象

续表

元字符	含　义	示　例
[]	匹配位于 [] 中的任意一个字符	'[0–3]' 表示规则包含 0~3 共 4 个数字
–	匹配指定范围内的任意字符	
()	将位于 () 内的内容作为一个整体来对待，相当于子模式	
\d	固定用法，表示任意十进制数字	'\d'，相当于 [0~9]
\D	固定用法，表示任意非数字字符	'\D'，相当于 [^0~9]
\s	固定用法，表示任意空白字符	'\s'，相当于 [\t\n\r\f\v]
\S	固定用法，表示任意非空白字符	'\S'，相当于 [^\t\n\r\f\v]
\w	固定用法，表示任意数字和字母	'\w'，相当于 [a~z，A~Z，0~9]
\W	固定用法，表示任意非数字和字母	'\W'，相当于 [^a~z，A~Z，0~9]

2. 字符串的转义

正则表达式中的元字符具有特殊含义，如果要作为普通字符使用，则需要转义。例如，正则表达式 'a* b'，可以匹配 'b' 'ab' 'aab' 等，不能匹配 'ab'；正则表达式 'a\b'，只能匹配 'a*b'，而不能匹配 'b' 'ab' 'aab' 等。

如果希望表达式中的 * 号也作为一个普通字符，就需要转义。例如，有时候，正则表达式中有一些特殊的元字符和字符串中的转义字符相同。例如，\b 在元字符里表示单词边界，但是在字符串中则是退格的转义字符。因此，在正则表达式中，这些与标准转义字符重复的特殊符号必须使用两个反斜杠“\\”表示，或者使用原始字符串表示，即在字符串前面加上字符 r 或 R。Python 中常用的转义字符见表 4–2。

表 4–2　常用转义字符

转义字符	含　义	转义字符	含　义
\\	反斜线	\n	换行
\'	单引号	\r	回车符
\"	双引号	\t	水平制表符
\a	响铃符	\v	垂直制表符
\b	退格符	\000	八进制表示的 ASCII 码对应的字符
\f	换页符	\xhh	十六进制表示的 ASCII 码对应的字符

C 语言把空字符“\0”作为字符串的结束标志，但是在 Python 中，空字符是作为一个普通字符处理的。示例代码如下：

```
>>>s= '\0x61\101'   # 一个空字符、一个十六进制和一个八进制表示的 ASCII 字符
>>>s
'x00aA'   # 非打印字符用十六进制表示
>>> len (s)   # 返回字符串的长度
3
```

3. 字符串运算

在 Python 中，字符串使用的基本操作符见表 4–3。

表 4–3　基本操作符

操作符	描　述
x+y	连接两个字符串 x 与 y
x>y、x>=y、x<y、x<=y、x==y、x!=y	按照从左到右依次比较对应字符的 Unicode 码
x*n 或 n*x	将字符串 x 复制 n 次
x in s	如果 x 是 s 的子串，返回 True，否则返回 False
str[i]	返回字符串 str 中索引值是 i 的字符
str[N:M]	切片，返回索引值 N 到 M 的子串，不包含 M

其中，字符串的比较规则如下：

（1）两个字符串按照从左到右的顺序逐个字符比较，如果对应的两个字符相同，就继续比较下一个字符。

（2）如果找到了两个不同的字符，那么较大 Unicode 码对应的字符串具有更大的值。

（3）如果对应字符都相同，且两个字符串的长度相同，那么两个字符串相等。

（4）如果对应字符相同，但两个字符串的长度不同，那么较长字符串具有更大的值。

字符串的基本操作符代码如下：

```
>>>s1="Hello"+" "+"Python"
>>>print(s1)
Hello Python
>>>s2=" 重要事情说三遍 !"*3
>>>print(s2)
重要事情说三遍！重要事情说三遍！重要事情说三遍！
>>>s3=' Python' in s1
```

```
>>>print(s3)
True
```

4.4　字符串的内建方法

字符串作为一种常用的数据类型，Python 语言提供了很多内建方法，如字符串的搜索和替换、索引、分割、切片、判断等，以字符串“s='python is Pefect!'”为例说明操作。

（1）搜索和替换常用的方法如下：

```
print(s.find('is'))                          # 搜索字符串 is，没有返回 -1，代码返回 2
print(s.find('is',1,2))                  # 从字符串对应索引的 [1:2] 子集中查找 is，代码返回 -1
print(s.count('is'))                        # 统计字符串 is 出现的次数，代码返回 1
print(s.rfind('is'))                         # 从右边开始查找 is，代码返回 1
print (s.replace('Pefect','Pefectful')) # 返回 python is Pefectful!
print(s.replace('Pefect','Pefect3',2)) # 返回结果同上，指定只替换两次
```

（2）获取字符串子集通过索引实现，具体用法与列表相同，示例如下：

```
print(s[:6])                                      # 获取前 4 个字符串，代码返回 python
print (s[7:9])                                    # 获取第 6 ～ 8 个字符，代码返回 is
print (s[-6:])                                    # 获取最后 8 个字符串，代码返回 pefect!
```

（3）拼接与拆分字符串。拼接字符串可通过 +（加号）或 join 方法实现，示例如下：

```
print(s+'m')                             # 拼接字符串 s 和 'm'，代码返回 python is pefect! m
print(''.join([s,'n']))                 # 拼接列表，代码返回 python is pefect!n
print(s.split())                               # 默认按空格分隔，默认去除所有空格，代码返回拆分后
                                                  的列表 ['python', 'is', 'Pefect!']
print(s.split(' '))                       # 按指定字符空格分割字符串，代码返回拆分后的列表
                                          ['python','is', 'Pefect!'','']，注意列表中包含的空字符串不会默
                                          认去除
```

在 join 前面的单引号中，填写任何一种组合字符串就可以以任何一种方式分隔，如逗号、分号或空格等。join 方法内的对象，一般是列表或元组等可直接拼接的对象集合。

（4）大小写转换。英文字符串会涉及大小写统一的问题，大小写处理可通过多种方式实现，示例如下：

```
print(s.upper())                # 字符串全部大写，代码返回 PYTHON IS PEFECT!
print(s.lower())                # 字符串全部小写，代码返回 python is pefect!
print(s.swapcase())             # 字符串大小写互换，代码返回 PYTHON IS pEFECT!
print (s.capitalize())          # 字符串首字母大写，其余小写，代码返回 Python is pefect!
print(s.title())                # 字符串每个单词的首字母大写，代码返回 Python Is Pefect!
```

（5）字符串判断常用的方法如下：

```
print(s.startswith('pefect'))   # 是否以' pefect' 开头，代码返回结果 False
print(s.endswith(' '))          # 是否以空格结尾，代码返回结果 True
print(s.isalnum())              # 是否全为字母或数字，代码返回结果 False
print(s.isalpha())              # 是否全为字母，代码返回结果 False
print (s.isdigit())             # 是否全为数字，数字的范围包括 Unicode 数字、byte 数
                                  字（单字节）、全角数字（双字节），代码返回结果 False
print(s.isdecimal())            # 是否全为数字，数字的范围包括 Unicode 数字、全角数
                                  字（双字节），代码返回结果 False
print(s.isnumeric())            # 是否全为数字，数字的范围包括 Unicode 数字、全角数字
                                 （双字节）、罗马数字、汉字数字，代码返回结果 False
print(s.islower())              # 是否全为小写，代码返回结果 False
print(s.isupper())              # 是否全为大写，代码返回结果 False
print(s.istitle())              # 判断首字母是否为大写，代码返回结果 False
print(s.isspace())              # 判断字符是否为空格，代码返回结果 False
```

（6）空格可能出现在字符串的开头、中间或结尾的任意地方，去除空格的方法如下：

```
print(s.strip())                # 只去除两边的空格，代码返回结果 python is Pefect!
print(s.lstrip())               # 只去除左边的空格，代码返回结果 python is Pefect!
print(s.rstrip())               # 只去除右边的空格，代码返回结果 python is Pefect!
print(s.replace(' ',''))        # 通过替换方法去除所有空格，代码返回结果 pythonisPefect!
```

提示：做上述判断时，isdigit、isdecimal、isnumeric 都能实现数字的判断，三者的区别在于对数字范围定义的差异上。读者在使用时需要注意当字符串中出现罗马数字（如 V）、汉字数字（如五）、比特数字（单字节，如 b"5"）时，三者的结果是有差异的。

（7）还有返回指定宽度的新字符串，原字符串居中、左对齐或右对齐出现在新字符串中的方法：center()、ljust()、rjust()。如果指定的宽度大于字符串长度，就使用指定的字符（默认为空格）填充。示例代码如下：

```
>>>"let's begin".center(20 , "+")
"++++let's  begin+++++"
>>>"let's  begin".ljust(20,"-")
"let ′ s begin---------"
```

4.5　字符串的格式化

Python 的字符串的格式化有两种方式：格式化表达式和 format() 方法。

1. 格式化表达式

字符串的格式化表达式用 % 表示，% 之前为需要进行格式化的字符串，% 之后需要填入字符串中的实际参数。其语法如下：

"% 格式控制符 "% 实际参数

Python 常用的格式控制符见表 4–4。

表 4–4　常用的格式控制符

格式字符	含　义
%c	单个字符
%o	八进制整数
%s	字符串
%x	十六进制整数（小写字母）
%d	十进制整数
%X	十六进制整数（大写字母）
%f	十进制浮点数
%E	指数格式的浮点数（底是 E）
%e	指数格式的浮点数（底是 e）
%b	二进制整数

此外，格式化控制符还支持如下形式：

（1）m.n：m 是数字的总宽度，n 是小数位数。

（2）–：用于左对齐。

（3）+：在正数前面显示加号。

（4）0：显示的数字前面填充“0”，取代空格。

示例代码如下：

```
>>>print( 'My name is %s and weight is %d kg! '% ( 'Tom' , 30))
My name is Tom and weight is 30 kg!
>>>print( '%c'  % 97)
>>>print( '% f'  % 3.141 592 6)                          # 默认保留 6 位小数
```

```
a
3.141 593
>>>print( '%20.2f'  % 3.141 59 26)         # 返回的数字宽度是 20 位，保留 2 位小数，默认右对齐
3.14
```

2. format() 方法

字符串的 format() 方法格式如下：

< 模板字符串 >.format(< 逗号分隔的参数 >)

< 模板字符串 > 是由一系列占位符组成的，用来控制字符串中嵌入值出现的位置及格式，< 逗号分隔的参数 > 按照序号顺序替换到 < 模板字符串 > 的占位符处。占位符如何被替换取决于每个格式说明符，格式说明符以 ":" 作为其前缀来表示，占位符用大括号 {} 括起来，如果大括号中没有序号，就按照位置顺序替换。除通过序号来指定填充的参数之外，还可以通过关键字参数、下标、字典的键或对象的属性来填充。

示例代码如下：

```
>>>print( '{}: 计算机 {} 的 CPU 占用率为 {}%. ' .format( '2020-05-16' , 'Python' , 10))
2020-05-16 计算机 Python 的 CPU 占用率为 10%
>>>print( '{1}: 计算机 {0} 的 CPU 占用率为 (2:3.1f)%. ' .format( 'Python' , '2020-05-16' , 10))
2020-05-16: 计算机 Python 的 CPU 占用率为 10.0%

>>>print('{date}: 计 算 机 {process} 的 CPU 占 用 率 为 {per}%.' .format(date=2020-05-16 , process=
    'Python' , \ per=10)
2020-05-16: 计算机 Python 的 CPU 占用率为 10%。
>>>names=[ 'Romeo' , 'Juliet' ]
>>>print('I am {args[0]}, I love {args[1]}.  ' . format(args=names))
I am Romeo, I love Juliet.
>>>person = { 'name' : 'Liu' , 'age' : 24 , 'job' : 'Pythoneer' }
>>>print( 'I am {person[name]} , {person[age]} years old , a {person[job]}.' .format(person=person))
I am Liu , 24 years old , a Pythoneer.
```

本章小结

本章介绍了 Python 字符串的表示形式、操作运算和方法，包括字符串的查找、索引、统计、替换和分割、取长度、转换与居中等，以及字符串的格式化。字符串是一种有序、不可变的文本序列。通过对本章的学习，读者可以掌握字符串的相关操作，并在程序中灵活应用。

第 5 章　程序控制结构

本章学习 Python 常用的程序控制语句。程序控制语句是程序设计语言的基础，Python 通过选择语句 if、if...else、if...elif...else 和循环语句 while、for 等实现程序的流程控制功能。设计算法是程序设计的核心，是对特定问题求解步骤的一种描述，是独立存在的一种解决问题的思想和方法，是指令的有限序列，其中每一条指令表示一个或多个操作。流程图描述算法中的基本操作和控制流程，又称算法流程图或程序流程图。

5.1　选择结构

1. 条件表达式

在选择结构和循环结构中，需要对条件表达式的值进行判断，以确定下一步的执行流程。在 Python 中，单个常量、变量或任意合法表达式（包括函数调用表达式）都可以作为条件表达式。在条件表达式中，可以使用算术运算符、关系运算符、逻辑运算符、位运算符和矩阵相乘运算符等。

（1）条件表达式值为 False 的情况。False、0(0.0、0j)、None、空列表、空元组、空集合、空字典、空字符串、range 空对象或其他空迭代对象，Python 解释器均认为等价于 False。

（2）条件表达式值为 True 的情况。条件表达式的值，除 False 之外，其他数值 Python 均认为与 True 等价。

Python 不同于其他语言，条件表达式中不能使用赋值运算符"="，否则，会抛出异常。

2. 单分支选择结构

Python 提供了 if 语句来支持单分支结构，其语法结构如下所示，其中冒号":"不可缺少。

```
if 条件表达式:
满足条件时要执行的语句块
```

其中 if 为 Python 关键字，当条件表达式的值为 True 或其他等价时，条件得以满足，执行冒号后面的语句块。当条件表达式的值为 False 时，语句块不会被执行。示例代码如下：

```
math = 65
print('开始进入 if 语句并判断表达式的值是否为 True')
if math >= 85: # 条件表达式
print('数学成绩优秀')
#if 语句块，满足条件执行，否则不执行
print('if 语句运行结束')  #if 语句结构外语句
```

注意：

- if 语句中关系运算符可以连用，如 if 60<=math<=70。
- 在 Python 中，“=”表示赋值语句，“==”表示相等，if 语句中要使用相等“==”。

在每个条件表达式后面要使用冒号“:”来表示语句块的开始，使用缩进来划分语句块。同一段语句块中的每条语句都要保持同样的缩进。

3. 多分支选择结构

单分支结构只允许在满足条件时进行的操作；多个选择条件时，需要使用双分支选择结构的 if...else 语句。其语法结构如下：

if 条件表达式：

满足条件时要执行的语句块 1

else：

不满足条件时要执行的语句块 2

当表达式值为 True 或其他等价时，执行语句块 1，否则，执行语句块 2。

示例代码如下：

```
day=" 正月初一 "
if day==" 年三十 ":                    #if 语句条件表达式
print(' 今天是除夕 ')                   # 满足条件时执行的语句块
else:                                  # 不满足条件执行的语句块
print(' 过年了 ')
print(' 可以拿压岁钱了 ')
```

Python 还引入了条件表达式，作为一种轻量级的双分支结构，类似于 C 语言中的三目运算符。条件表达式的语法如下：

value1 if conditions else value2

当条件表达式 conditions 的值为 True 时，整个表达式的值为 value1，否则，

表达式的值为 value2。此外，在 value1 和 value2 中还可以使用复杂表达式，包括函数调用和基本输入输出语句。示例代码如下：

```
>>>day=" 大年初一 "
>>>action=" 除夕 " if day==" 年三十 " else " 非除夕 "
>>>print(action)
非除夕
```

如果有多个分支需要进行选择，就需要使用多分支结构 if...elif...else 语句，通过它可以对语句中的多个条件进行判断，然后执行相应的语句块。

if...elif...else 语句的用法如下：

if 条件表达式 1：

满足条件 1 时要执行的语句块 1

elif 条件表达式 2：

满足条件 2 时要执行的语句块 2

elif 条件表达式 3：

满足条件 3 时要执行的语句块 3

elif 条件表达式 4：

满足条件 4 时要执行的语句块 4

else：

不满足上述条件时执行的语句块 5

示例代码如下：

```
score = int(input(" 请输入你的分数 :"))
if score >=90:
print(" 你的等级是 A")
elif score >= 80:
print(" 你的等级是 B")
elif score >= 60:
print(" 你的等级是 C")
elif score >= 40:
print(" 你的等级是 D")
elif score >=0:
print(" 你的等级是 E")
else:
print(" 祝贺你已经完成成绩分级。")
```

注意：

➢ filename：要打开的文件名称。

- 无论有多少分支，程序执行了一个分支后，其余分支不再执行。
- 如果分支中有多个表达式同时满足条件，就只执行第一条与之匹配的语句块；在 Python 中没有 switch...case 语句。
- if...elif...else 语句允许省略 else 语句，表示当前面所有条件都不满足时，不执行任何动作。
- elif 必须和 if 一起使用，否则，程序会出错。
- 多个条件之间不能相互包含。

由于 Python 并不支持 switch 语句，因此，多个条件判断只能用多重 if 语句来实现。如果需要同时判断多个条件，就可以使用 or（或）运算符表示两个条件中有一个成立时，判断条件为 True；使用 and（与）运算符，表示两个条件同时成立的情况下，判断条件为 True。

4. 选择结构的嵌套

在现实生活中，很多问题都有多个约束条件。比如，期末要将学生的成绩分为不及格、及格、中等、良好和优秀五个等级。首先，要判断成绩是否大于 60 分：大于或等于 60 分为及格，否则为不及格。其次，对及格的成绩再判断：大于 70 分且小于 80 分为中等；大于或等于 80 分，且小于 90 分为良好；大于或等于 90 分为优秀。通过分析，可以看出后面的判断条件是在前面判断成立的基础上进行的。这种问题可以使用 if 语句嵌套来解决。

if 语句嵌套时一定要注意同一层次的语句缩进要保持一致。

if 语句嵌套就是在一个选择结构的语句块中包含另一个选择结构。其用法如下：

```
if 条件表达式 1:
满足条件 1 时要执行的语句块 1
if 条件表达式 2:
满足条件 2 时要执行的语句块块 2
else:
不满足条件 2 时要执行的语句块 3
else “
不满足条件 1 时要执行的语句块 4
```

用下面的代码来说明 if 语句的嵌套使用方法：

```
score =[" 你的成绩及格 "" 你的成绩中等 "" 你的成绩良好 "" 你的成绩优秀 "" 你的成绩不及格 "]
```

```
score =int(input(" 请输入你的分数 :"))
if 0<= score <=100:
    index = (score- 60)// 10
    if index >=0:
    print(score[index])
    else:
    print(score[-1])
    else:
    print(" 错误的成绩 , 成绩必须在 0 和 100 之间 ")
```

if 语句嵌套结构是在选择结构内部再引入选择结构的形式，嵌套的层数不宜太多，一般不超过 5。在编写条件语句时，建议尽量避免使用嵌套语句，因为嵌套语句不便于阅读，而且可能会忽略一些其他可能性。

5.2　循环结构

1. while 和 for 循环结构

循环是指在条件符合的情况下，反复执行某部分语句。此处所说的“条件”通常称为循环条件，被反复执行的语句称为循环体。

在日常生活或程序处理中经常要遇到重复处理的问题。比如，计算全班同学总分的程序中，计算总分的表达式就是循环体，因为该表达式需对每名同学执行一次，有 80 名同学，就要执行 80 次。此处的“同学人数”通常构成循环条件，如果人数有无限多个，那么循环体将被执行无限多次，这便是常说的“死循环”。死循环会导致计算机处于无法响应的状态。

为了确保程序不会进入死循环，Python 提供了分别由 for 循环语句和 while 循环语句实现的循环功能。Python 提供的 for 循环语句和 Java、C++ 等编程语言提供的 for 循环语句不同，Python 中的 for 循环语句更像是 shell 或脚本语言中的 foreach 循环。

for 循环一般用于循环次数可以提前确定的情况。它可以用于枚举或遍历，如列表、元组、字符串等序列成员（列表、元组、字符串也称为序列），也可以用在列表解析和生成器表达式中。for 循环写的代码通常更加清晰、简单。因此，编程时建议优先使用 for 循环。相同或不同的循环结构之间可以相互嵌套，也可以和选择结构嵌套使用，用来实现更为复杂的逻辑。

while 循环一般用于循环次数难以提前确定的情况，也可以用于循环次数确定的情况。

（1）while 循环的常见用法如下：

```
while 条件表达式：
循环体
```

当表达式的值为 True 或其他等价时，执行循环体；当表达式的值为 False 或其他等价时，退出循环，不执行循环体。如果条件表达式的值一直为 True，那么循环将会无限地执行下去。因此，写 while 循环时，一定要注意是否存在死循环，每次循环体执行完后，都要越来越接近条件表达式为 False 的情况。

（2）for 循环的常见用法如下：

```
for< 循环变量 >in< 可迭代对象或迭代器 >:
循环体
```

循环变量从可迭代对象的第 1 个元素开始，逐个进行遍历，直到最后一个元素取完为止。

```
>>> for  i in (1,2,3):
print(i,i**2,i*3)
1 1 1
2 4 8
3 9 27
```

（3）while 循环和 for 循环都可以带 else 语句。如果循环是因为条件表达式不成立而自然结束（不是因为执行了 break 而提前结束）的，就执行 else 结构中的语句；如果循环是因为执行了 break 语句而提前结束，就不执行 else 结构中的语句。

for...else 语法如下：

```
for< 循环变量 >in< 可迭代对象或迭代器 >:
循环体
else：
代码块
```

while...else 语法如下：

```
while 条件表达式：
循环体
else：
```

```
代码块
```

示例代码如下：

```
# 第 1 个程序
count =0   # 初始化循环控制变量
while  count<5:   # 条件表达式的值为 True 时，执行循环体
    print (count,"is less  than 5")   # 注意缩进要一致
    count += 1   # 循环控制变量自增，避免死循环
else:
    print (count," is not  less than 5")   # 表达式的值为 False 时执行 else 语句块
# 第 2 个程序
name = ["SDJU","University"]   # 定义一个列表
for  c in name:   # 遍历列表中的每一个元素
    if  c=="SDJU":
      print("founded! ")
    else:
      print("The  search  is complete")   # 遍历完列表的元素后执行
# 第 3 个程序
```

例如，利用 for 循环求 1~100 中所有奇数的和、所有偶数的和，代码如下：

```
sum_odd = 0;sum_even=0
for  i in range(1,101):
    if  i% 2!=0:   # 奇数
      sum_odd += i   # 奇数和
    else:   # 偶数
    sum_even += i   # 偶数和
    print("1~100 中所有奇数的和 :",sum_odd)
print("1~100 中所有偶数的和 :",sum_even)
```

程序运行结果如下：

```
1~100 中所有奇数的和。
5 050
2 500
2 550
# 第 4 个程序
```

例如，利用 while 循环求 1~100 中所有数的和、所有奇数的和、所有偶数的和，代码如下：

```
i = 1；sum_all = 0；sum_odd = 0；sum_even = 0
while(i<=100):
    sum_all += i   # 所有数之和
```

```
        if (i%2 ==0):   # 偶数
            sum_even += i   # 偶数和
        else:   # 奇数
        sum_odd += i   # 奇数和
        i+=1
print(" 和 =%d、奇数和 =%sum_even、偶数和 =%sum_odd"%(sum_all , sum_odd , sum_even))
```

程序运行结果如下：

总和 =5 050、奇数和 =2 500、偶数和 =2 550。

（4）循环结构的优化。在编写循环语句时，应该尽量减少循环内部不必要的计算，将与循环变量无关的代码尽可能放到循环体外。对于多重循环，应尽量减少内层循环中不必要的计算，尽可能地安排在外层循环。

有一个 *N* 位的十进制数，分别取出个位、十位、百位、千位、万位等数位上的数字单独存储显示。

给出一个 n 位的正整数，要求：①求它是几位数；②逆序输出各位数字。

示例代码如下：

```
x=int(input(" 请输入一个 n 位的十进制数 :\n"))
a = x//10000
b = x% 10000 // 1000
c= x% 1000// 100
d=x%100 // 10
e =%10
if a!=0:
    print("5 位数 :" , e , d , c , b , a)
    elif b!=0:
        print("4 位数 :" , e , d , c , b)
        elif c! =0:
            print("3 位数 :" , e , d , c)
            elif d! =0:
            print("2 位数 :" , e , d)
else:
    print("1 位数 :" , e)
```

试采用循环结构语句的方式，实现 *N* 位十进制数的各位数据分离。

2. range 函数

Python 可以使用 range 函数产生一个等差级序列，称为可迭代对象（iterable obiect），也可以称为 range 对象。由于 range 函数产生等差级序列，可以直接使用，将此等差级序列当成循环的计数器。

在前一节，使用“for var in 可迭代对象”当成循环，这时可使用可迭代对象元素当成循环指针，如果要迭代对象内的元素，那么这是好方法。但是如果只是执行普通的循环迭代，那么这种方法就不可取，因为可迭代对象占用一些内存空间，所以这类循环需要用较多系统资源。这时，可以直接使用 range 函数。这类迭代只有迭代时的计数指针需要内存，因此，可以省略内存空间，range 函数的用法与列表的切片（slice）类似。注意，Python 2.x 中 range 的类型为函数，是一个生成器；Python 3.x 中 range 的类型为类，是一个迭代器。

```
range (start , stop , step )
```

上述 stop 是唯一必须的值，等差级序列是产生 stop 的前一个值。例如，如果省略 start，那么所产生等差级序列范围：0~stop–1。step 的预设是 1，所以预设等差序列递增 1。如果将 step 设为 2，那么等差序列递增 2。如果将 step 设为 –1，就产生递减的等差序列。

由 range 函数产生的可迭代等差级数对象的数据类型是 range，可参考下列实例：

```
>>>i= range(3)
>>>type(i)
<class ' range '>
```

下列是 range 函数的输出内容：

```
>>> for  i  in range(3):
print(i)
0
1
2
>>> for  i  in range(0 ,  3):
print(i)
0
1
2
```

上述执行循环迭代时，即使是执行 3 次，系统也不用一次预留 3 个整数空间存储循环计数指针，而是每次循环用 1 个整数空间存储循环计数指针，因此，可以节省系统资源。下列是 range 函数含 step 参数的应用，第 1 个是创建 1~10 之间的奇数序列，第 2 个是创建每次递减 2 的序列。

```
>>>
for i in range(1 , 10 , 2):
print(i)
1
3
5
7
9
>>>
for i in range(3 , -3 , -2):
print(i)
3
1
-1
```

还有只有一个参数的 range 函数。

3. break 语句和 continue 语句

break 和 continue 都是循环控制关键字，为循环结构提供额外的控制。break 语句和 continue 语句可以与 for 循环和 while 循环搭配使用。

当程序执行到 break 语句时，跳出并结束当前整个循环，执行循环后的语句。当程序执行到 continue 语句时，结束本次循环，并忽略 continue 语句之后的所有语句，直接回到循环的顶端，提前进入下一次循环。

过多地使用 break 语句和 continue 语句会严重降低程序的可读性，不要轻易使用。

下面的代码用来求 i 除以 2 的余数，如果余数为 0，就结束本次循环，开始下一次循环；如果余数不为 0，就输出 i。如果 i ≥ 7，就结束整个循环。执行循环后的语句如下：

```
for i in range(10):
    if i%2== 0:
        continue
        print(i , end=",")
        if i>=7:
        break
    else:  # 由于 break 语句会提前跳出循环体，因此，else 语句不会得以执行
        print(" 循环结束 ")
```

break 语句和 continue 语句只能在循环体中使用，不能单独使用。在嵌套循环中，break 语句和 continue 语句只对它所在的循环起作用。

求输出 50 以内的勾股数程序，可以采用多重循环的穷举算法来完成，但是要尽量减少内层循环中无关的计算，对循环进行必要的优化。其代码如下：

```
import  time
start = time.time()
n=0
for  i  in range(150):
     a=i**2    # 为了减少执行次数
          for j in range(i+1,50):  # 自定义
               b=j**2    # 为了减少执行次数
               for  c in range(j+1,50):
                    if  a+b== c**2:
                         print("%-2d , %-2d , %-2d"%(i , j , c) , end=' ')
                         n+=1
          if  n % 6==0:
     print("n")
print(" 执行时间 :" , time.time()-start)
```

本章小结

本章介绍了 Python 语言的流程控制——选择结构和循环结构。Python 语言提供 if 语句、if...else 语句、elif...else 语句进行分支判断，并没有提供其他语言常有的 switch、case 语句。Python 语言使用 for 语句和 while 语句来完成循环。循环体中还可以使用 break 语句和 continue 语句来控制循环的流程。

第 6 章　函数与对象

使用函数，程序的编写、阅读、调试都将变得更为容易。函数是实现代码复用和程序模块化的重要方式。有些函数是 Python 语言已经定义好的，可直接调用。有些函数则要根据用户的需求进行定义和开发。

Python 语言不仅支持命令式编程和函数式编程，而且完全支持面向对象编程。类的实例称为对象，类和对象具有方法和属性。类的属性之间可以相互依赖。类可以继承，具有多态性。错误或异常通常是一个事件，发生时往往会中断程序的执行，因此，要妥善处理异常。文件作为数据的永久保存方式，通常保存在存储介质上。

Python 语言从设计之初就是一门面向对象的语言。正因为如此，在 Python 语言中创建一个类和对象是很容易的。本章重点介绍函数的定义、参数传递和调用，以及对象的三大特性：封装、继承和多态。

6.1　函数的定义与调用

1. 函数的定义

函数（function）是指一个有命名的执行某个功能的语句序列。在定义一个函数的时候，需要指定函数的名字和语句序列。之后可以通过这个名字调用（call）该函数。函数减少了代码的重复量，提高了程序的运行效率。例如，某段逻辑代码的长度为 50 行，需要在多个地方使用。如果我们在各个地方都重复编写这部分代码，就会比较麻烦。我们可以将这段代码定义成一个函数，供程序反复调用，这样就解决了重复编写和重复修改的问题。

函数使用 def 关键字定义，后接函数名和圆括号。函数名是标识符，圆括号里是参数列表。参数列表可以是空的，也可以有多个参数，参数之间用逗号“,”分隔。函数体是实现函数功能的语句组，其中的 return 语句用于结束函数，将返回值传递给调用语句。

函数的内部还可以定义函数，构成函数的嵌套定义。函数的调用使用函数名加上圆括号的形式，圆括号里为传递给函数的实参；对于没有参数的函数，调用时仍要保留圆括号。函数的内部也可以调用其他函数，实现函数嵌套。函数的定义语法如下：

def 函数名 ([形参列表]):

函数体

说明：

- 自定义函数通过关键字 def 来定义，通过 return 语句指定返回值。
- 函数可以通过 return 语句同时返回多个值，如果没有 return 语句，那么函数的返回值默认为 None。
- 函数名的命名规则与变量名相同，不能是关键字，应该避免函数名和变量名同名。
- 函数的第 1 行称为函数头，必须以冒号 ":" 结束，其余部分称为函数体，必须缩进。按照惯例，缩进总是 4 个空格（1 个水平制表符 tab）。
- 函数的形参不需要声明类型，也不需要指定函数返回值类型。当函数不需要任何参数时，必须保留一对空的圆括号。
- Python 语言允许嵌套定义函数。
- 函数的形参和返回值可以是任何数据类型，包括函数。
- 函数体中可以使用 pass 关键字，表示函数什么也不做，仅起到占位的作用。
- 定义函数时，建议设置 docstring（使用三双引号来定义 docstring，作为函数体第 1 条语句），提供函数的帮助文档。可以通过"函数名 ?"或"help(函数名)"看到这些 docstring。
- Python 语言编写的函数，可以通过"函数名 ??"来显示源代码。

函数的定义代码如下：

```
def myfun1(a, b):
```

这是一个 docstring，该函数采用了函数的嵌套定义，完成 a(a+b) 的功能。

```
n=a+b
def myfun2(c, d):   # 函数的嵌套定义
return c*d
return myfun2(n, a)   # 调用内部函数
```

2. 函数的调用

函数必须在定义之后，才能被调用。

（1）函数的调用方式。对于一个函数，可以通过“函数名(实参)”的方式来调用。

如果函数有返回值，那么可以在函数调用的同时将返回值传递出来，此时，这个函数调用可以当成一个值来使用。例如：

```
>>>result = myfun1(5，4)          # 函数调用时实参传递给形参，如果实参是表达式，那么先计
                                   算表达式的值，然后再传递给形参
>>>result
>>>def  a():
print("In function a")
b()
>>>def b():
print("In function b")
>>>a()
In function a
In function b
```

定义一个函数，名叫 fn，执行 print(fn) 和 print(fn()) 的结果是不同的，前者是在输出函数对象，后者是调用该函数，并输出函数返回值。有一些特殊的内置函数，调用时以函数作为其参数，如 map 函数、filter 函数和 reduce 函数。

（2）map 函数。map 函数接受一个函数 f 和一个序列 sq，其作用是将函数 f 作用在序列的每个元素上，等价于 [f(x) for x in sq]。例如：

```
>>>list(map(int，"123"))   # 应用 int 函数将字符串中的每个字符转换为整数
[1，2，3]
```

（3）filter 函数。filter 函数也接受一个函数 f 和一个序列 sq，其作用是通过函数 f 来筛选序列中的每个元素（满足函数返回值为 True），返回一个 filter 对象，等价于 [for x in sq if(x)]。例如：

```
>>> def  is_odd(x)
        return  x % 2!=0
>>>list(filter(is_odd，[1，2，3，4，5，6]))   # 将 filter 对象进行转换输出
[1，3，5]
```

（4）reduce 函数。reduce 函数接受一个二元操作的函数 f 和一个序列 sq，实现将一个接收 2 个参数的函数 f 以迭代累积方式作用到序列的每一个元素上，并返回单一结果。例如：

```
>>> from functools import reduce # 使用 reduce 函数时需要导入 functools 模块
>>> def  add(xy):
```

```
        return max(x,y)
```

求 x、y 的最大者。

```
>>>reduce(add，[10，-10，100，200，1，2])
200
```

3. 匿名函数 lambda 的表达式

lambda 表达式可以用来声明匿名函数，也就是没有函数名字临时使用的函数。在使用函数作为参数时，如果传入的函数比较简单或使用次数较少，直接定义这些函数就显得比较浪费，这时就可以使用 lambda 表达式。

lambda 表达式使用关键字 lambda 定义，基本形式如下：

```
lambda  <variables>:<expression>
```

lambda 返回一个函数对象，其中 variables 是函数的参数，expression 是函数的返回值，它们之间用冒号“:”分隔。lambda 表达式只可以包含一个表达式，该表达式的计算结果可以看成是函数的返回值，不允许包含选择、循环等语法结构，不允许包含复合语句，但在表达式中可以调用其他函数。示例代码如下：

```
>>>f=lambda x，y，z:max(x，y，z)
>>>f(10，20，30)
30
>>>L=[1，2，3，4，5]
>>> print(list(map(lambda x: x+10，L)))
[11，12，13，14，15]
>>> def demo(n):
return n*n
>>>list(map(lambda x:demo(x)，(1，2，3，4)))   # 使用函数作为 lambda 表达式的返回值
[1，4，9，16]
>>> from random import sample   # 导入 random 包中的 sample 模块
>>>data = [sample(range(100)，6) for i in range(3)]   # 产生 3 行 6 列范围在 [0，99] 的列表
>>> for row in data:
print(row)
[22，62，82，50，36，99]
[62，19，72，88，82，25]
[28，27，92，63，20，5]
>>>for row in sorted(data，key=lambda cell:cell[0]):   # 按照每行的第一个元素升序排列
print(row)
[22，62，82，50，36，99]
[28，27，92，63，20，5]
[62，19，72，88，82，25]
```

```
>>>for row in filter(lambda row:sum(row)%2== 0 , data):        # 过滤一行中所有元素之和为偶数的行
print(row)
[62 , 19 , 72 , 88 , 82 , 25]
>>> max(data , key=lambda row:row[-1])                        # 取最后一个元素最大的行
[22 , 62 , 82 , 50 , 36 , 99]
>>>list(map(lambda row:row[0] , data))                        # 取每行第一个元素
[22 , 62 , 28]                                                # 取对角线元素
>>>list(map(lambda row:row[data.index(row)] , data))
[22 , 19 , 92]
```

6.2 函数的参数与返回值

定义函数时，参数列表中的参数为形参。调用函数时，参数列表中的参数为实参。实参可以是基本类型的数据，也可以是组合类型的数据。函数调用时，默认将实参按位置传递给形参，也可采用赋值参数，按形参的名称传递参数。

默认参数和可变参数是参数传递的特殊形式。定义函数时，可以给函数的形参设置默认值，这种参数被称为默认参数。可变参数指的是在函数定义时，声明该参数可以接受任意数量的参数。可变参数的声明方式为在参数名称前加一个星号（*）或加两个星号（**）。return 语句用于返回调用的函数，return 后的表达式作为函数的返回值返回给调用函数。不带参数值的 return 语句返回 None。

lambda 函数是 Python 语言中的匿名函数，是不需要使用 def 关键字定义的函数。lambda 函数一般用于定义简单的、能在一行内表示的函数，返回一个函数类型。

1. 实参与形参

当传递给函数的实参是可变序列（字典、列表），并且在函数内部使用下标或可变序列自身的方法增加、删除或修改形参元素时，实参也会得到相应的修改。例如：

```
>>>def  sub(num):
        print(" 操作前 , 形参地址是 %0x"%id(num))
        num -= 1
        print(" 操作后 , 形参地址是 %0x"%id(num))
>>>test=100
>>>print(" 实参地址是 %0x"%id(test))        # 实参是基本数据类型，修改时会创建一个新的对象
>>>sub(test)
```

实参地址是 52557a40。

操作前，形参地址是 52557a40；

操作后，形参地址是 52557a20。

```
>>> def  add(s):
        s.append(10)
>>>t=[1 , 2 , 3]
>>> add(t)                    # 实参是可变序列，使用 append 方法属于原地操作

>>>t
[1 , 2 , 3 , 10]
>>> def  modify(lst):
        print(" 操作前，形参的地址是 :" , hex(d(lst)) )
        lst = [4 , 5 , 6]     # 使用的是赋值方式，所以 lst 指向一个新的对象
        print(" 操作后 ，形参的地址是 " , hex(id(lst)))
>>>a=[1 , 2 , 3]
>>> hex(id(a))
'0x2933608'
>>> modify(a)
```

操作前，形参的地址是 0x2933608；

操作后，形参的地址是 0x2933188。

```
>>>a
[1 , 2 , 3]
```

2. 默认值参数

位置参数是最常用的形式，调用函数时实参和形参的顺序必须严格一致，并且实参和形参的数量必须相同。例如：

```
>>> def  menu(food , course , sports):
     print(" 主食 :" , food , " 课程 :" , course , " 运动 :" , sports)
>>>menu(" 面条 " " 计算机网络技术 " " 羽毛球 ")
```

调用带有默认值参数的函数时，可以不用为设置默认值的形参进行传值，此时，函数会使用定义时设置的默认值，当然也可以通过显式赋值来替换其默认值。在调用函数时，是否为默认值参数传递实参是可选的。

需要注意的是，在定义带有默认值参数的函数时，任何一个默认值参数右边都不能再出现没有默认值的普通位置参数，否则，会提示语法错误。

函数的默认值参数是在定义时确定的，只会被初始化一次。

带有默认值参数的函数的定义语法如下：

```
der 函数名 ( ..., 形参 = 默认值 )
函数体
```

当多次调用函数，并且不为默认值参数传递实参时，默认值参数只在定义时进行一次解释和初始化。因此，要避免使用列表、字典、集合等可变序列作为函数的默认值参数，使用不当时，可能会导致逻辑错误。示例代码如下：

```
>>> def buggy(arg , result= []):
        result.append(arg)
        print(result)
>>> buggy (3 , [1 , 2])
[1 , 2 , 3]
>>> buggy (3)
[3]
>>> buggy (4)
[3 , 4]   # 由于默认值参数只初始化一次，结果错误
```

对于上面的函数，建议使用下面的写法形式：

```
>>> def buggy (arg.result= None):
        if result is None:
        result=[]
        result.append(arg)
        print(result)
>>> buggy (3)
[3]
>>> buggy (4)
[4]
```

3. 函数的返回值

在 Python 语言中，定义函数时不需要声明函数的返回值类型，函数返回值类型与 return 语句返回的表达式类型一致。return 语句可以结束函数的执行。

如果函数没有 return 语句，有 return 语句但是没有执行到，或者执行了不返回任何值的 return 语句，解释器都会认为该函数以 return None 结束，即返回空值。

Python 语言支持同时返回多个值，多个值以元组的形式返回。示例代码如下：

```
>>>def adddiv(ab):
    a , b=a+b , a/b
    return a , b                    # 返回一个元组，包含 a 和 b 的值
```

```
>>>type(adddiv(10 , 3))
<class 'tuple'>
>>>add , sub = adddiv(10 , 3)        # 元组的拆封
>>>print(" 参数之和是 %d，参数相除的结果是 %.2f"%(add , sub))
```

参数之和是 13，参数相除的结果是 3.33。

使用 return 语句返回函数数据时，允许返回多种数据，各种数据间以逗号隔开即可。

请输入两种数据，编写函数返回加法、减法、乘法和除法的执行结果，代码如下：

```
def muti_function(x1 , x2): # " " " 加、减、乘、除四则运算 " " "
    addresult = x1 + x2
    subresult = x1 -x2
    mulresult = x1*x2
    divresult = x1 / x2
    return (addresult , subresult , mulresult , divresult)
x1 =x2=10
add , sub , mul , div = muti_function(x1 , x2)
    print(" 加法结果 =", add)
    print(" 减法结果 =", sub)
    print(" 乘法结果 =", mul)
    print(" 除法结果 =", div)
```

4. 变量的作用域

变量的作用域指的是变量起作用的范围。根据作用域的不同，变量可以分为局部变量和全局变量。局部变量只能在声明它的函数内部访问；全局变量可以在整个程序范围内访问。

在函数内部定义的变量称为局部变量，局部变量的作用域从创建变量的地方开始，直到包含该变量的函数结束为止。当函数执行结束后，局部变量自动被删除。

在所有函数之外定义的变量，称为全局变量。全局变量可以通过关键字 global 来定义，可以被所有函数访问。全局变量的使用分为两种情况：

（1）如果一个变量已经在函数外定义，在函数内需要为这个变量赋值，并要将这个赋值结果反映到函数外，就可以在函数内使用 global 将其声明为全局变量。

（2）如果一个变量在函数外没有定义，在函数内部也可以直接将一个变量

定义为全局变量，那么该函数执行后，将增加一个新的全局变量。

对于一个全局变量，如果在函数内部对它重新赋值，它就会被认为是一个局部变量。

如果要在函数中对全局变量重新赋值，就可以使用关键字 global。

变量的作用域的代码如下：

```
>>>a=0                                  # 全局变量 a
>>> def  scope():
b=1                                     # 局部变量 b
a+= 1                                   # 局部变量 a 隐藏了同名的全局变量 a
print(a)
>>>scope()
Traceback (most recent call last):      # 赋值前局部变量 a 未被初始化
UnboundLocal Error: local variable  'a' referenced before assignment
>>>def scope():
            b= 1
            global  a
            a+=1
            print(a)
>>> scope()
1
>>> print(b)
Traceback (most recent call last):
NameError: name  'b' is not defined    # 局部变量 b 离开了其作用域，自动被删除
>>>print(a)                             # 输出全局变量 a
```

局部变量的引用比全局变量速度快，应优先考虑使用。

5. 递归函数

有不同类型的函数，如高阶函数、反射函数等。高阶函数可以将其他函数作为参数或返回结果的函数；反射函数主要用于获取类型、对象的标识、基类等操作。有些编程语言将函数叫做方法，这两者本身并没有什么分别，是同样的概念，只是称呼不同而已。

函数内部不但可以调用其他函数，而且可以直接或间接调用自己。直接或间接调用自身的函数称为递归函数，递归函数的执行过程称为递归。递归是一种分而治之的程序设计技术，将一个大型、复杂规模的问题转换成一个与原问题相似的小规模问题进行求解，给出一个直观、简单的解决方案。例如，阶乘函数可以写成如下形式：

```
F(n)=n!=nx(n-1)!=nxF(n-1)
```

我们把求解 n 的阶乘的问题变成一个求解"n!"阶乘的问题，以此类推，我们只需要解决最简单的 F(1) 问题，就可以完成 n 的阶乘的求解。F(n) 的定义如下：

```
>>> def F(n):
" 使用递归方式实现求 n! "
n=mns
n=1
return 1 if n==1 else n* F(n-1)
```

递归函数的特点如下：

（1）使用选择结构将问题分成不同的情况。

（2）会有一个或多个基础情况用来结束递归。

（3）非基础情况的分支会递归调用自身。

（4）每次递归调用会不断接近基础情况，直到变成基础情况终止递归。

虽然递归可以更快地实现代码，但是递归过程中存在大量的重复运算，在效率上可能会有一定的损失。由于递归函数会占用大量的堆栈，尤其是当递归深度特别大的时候，可能会导致堆栈的溢出，因此，使用递归时要认真考虑，能不用递归方式的时候，尽量使用非递归方式。如果非要用递归方式，就可以使用缓存机制来实现。

在下面的代码中，装饰器 lru_cache 的作用是给函数 F1() 增加缓存，减少重复计算，从而提高运行速度。

```
>>>from functools import lru cache
>>>@lru _cache(maxsize=500)
def F1()(n):
    return 1 if n== 1 else n*F(n-1)
```

下面的代码比较了使用缓存和不使用缓存两种方式带来的性能差异。

```
>>>from time import time
>>>def countTime():
startTime = time()
for i in range(100000):   # 运行 100000 次不使用缓存递归函数
    F(600)
    print(time()-starTime)
    startTime = time()
for i in range(100000):   # 运行 100000 次使用缓存递归函数
    F1(600)
```

```
        print(time()-startTime)
>>> countTime()
20.810436248779297
0.031199932098388672
```

可以看出，使用缓存方式后，函数的执行时间从 20 s 减少到 0.03 s 左右，性能提升很明显。当然，即使用了缓存加速，仍然会受到递归深度的限制。

在大多数的编程环境里，一个具有无限递归的程序并非永远不会终止。当达到最大递归深度时，Python 语言会报告一个错误信息“RuntimError : Maxinum recursion depth exceeded”。非递归方式的实现代码如下：

```
>>> def  f(n):    # 使用非递归方式实现求 n!
a= 1
for  num in range(n):
    a *= num+1
    return  a
```

还有很多类似的用法场景，如黄金矩形、黄金分割、杨辉三角、等角螺线、蜂巢、蜻蜓翅膀、十二平均律等。

6. 生成器与装饰器

生成器（generator）是创建迭代器（iterator）对象的一种简单但强大的工具。生成器的语法和普通函数一样，只是返回数据时需要使用 yield 语句，而非 return 语句。包含 yield 语句的函数可以用来创建生成器对象，这样的函数也称生成器函数。

与一般函数不同的是，一般函数在执行到 return 语句时，会立刻结束函数的运行，而生成器在每次执行到 yield 语句时，会返回一个中间的结果给调用者，之后会暂停或挂起后面代码的执行，在下次通过生成器对象的 _next_() 方法、内置函数 next()、for 循环遍历生成器对象元素或其他方式显式获取数据时，会准确地从离开的地方继续执行。其代码如下：

```
>>> def  my_range(first=0 , last=10 , step=1):
number = first
while  number < last:
        yield  number        # 暂停执行，需要时再产生一个新元素
        number += step
>>> range_test= my_range(1 , 6)
>>> for x in range_test:     # 迭代生成器对象
print(x , end = '\t')
1 2 3 4 5
```

（1）迭代器与生成器的区别：

1）生成器是生成元素的，迭代器是访问集合元素的一种方式。

2）迭代器输出生成器的内容。

3）迭代器是一种支持 next() 操作的对象。

4）迭代器（iterator）的对象表示的是一个数据流，可以把它看成一个有序序列，但无法提前知道序列的长度，只有通过 next 函数实现需要计算的下一个数据。可以看成生成器的一个子集。

装饰器（decorators）本质上是一个输入参数的函数，并且返回值也是函数的函数。

（2）装饰器本质上是一个 Python 函数。装饰器可以让其他函数在不需要做任何代码变动的前提下增加额外功能，装饰器的返回值也是一个函数对象。它经常用于有切面需求的场景，如插入日志、性能测试、事务处理、缓存混和权限校验等场景。装饰器是解决这类问题的绝佳设计，有了装饰器，我们就可以抽离出大量与函数功能本身无关的雷同代码并继续重用。

（3）装饰器的作用就是为已经存在的函数或对象添加额外的功能。为已经存在的函数或对象添加额外的功能可以通过修改函数中的代码来完成，但是会产生以下一些问题：

1）如果要修改的函数过多，修改起来就会比较麻烦。

2）不方便后期的维护。

3）这样做会违反开闭原则（Open Closed Principle，OCP）。

4）程序的设计要求开放对程序的扩展，关闭对程序的修改。

装饰器的语法结构如下：

```
@ 装饰器名字 ([ 参数 ])
def 被装饰的函数名 ([ 参数 ]):
```

可以同时使用多个装饰器，这时 @ 操作符必须一行一个，示例代码如下：

```
>>> def document(func);              # 定义一个名为 document 的装饰器
def  new_function(*pargs):
     print("Running function:" , func._name_)
     print("Positional arguments:" , pargs)
     result= func(*pargs)
     print("result:" , result)
     return  new_function
>>> @document    # 装饰器作用在函数 add_ints 上面
```

```
def add_ints(ab):
    return a+b
>>> add_ints(3 , 5)   # 执行装饰器的功能
Running function: add_ints
Positional arguments: (3 , 5)
result: 8
>>> @document
def sub_ints(a , b):
return  a- b
>>>sub_ints(3 , 5)
Running function: sub_ints
Positional arguments: (3 , 5)
result: -2
```

6.3 类、对象与方法

在面向对象编程中，最重要的两个核心概念就是类和对象。

对象是在计算机中描述现实世界中客观事物的实体。客观事物可以是有形的，也可以是无形的。例如，“五子棋”中的黑白双方和棋盘都是有形的，而规则系统则是无形的（虽然看不见摸不着，但它确实存在）。描述一个客观事物，通常需要描述其静态特征（属性）和动态特征（行为）。例如，“那个微笑的、高高瘦瘦的女孩”，高、瘦和女描述其静态特征，“微笑”描述其动态特征。

类是不同对象之间共性的抽象，即类是对象的抽象，对象是类的具体表现形式，也说对象是类的实例。例如，可以根据不同学生的共性，抽象出“学生类”（属性：姓名、学号和专业；行为：学习和运动）。虽然不同学生的姓名、学号和专业都不一样，但都具有这些特性；同样，虽然不同学生的学习能力和运动能力各有差异，但他们都具备这些方面的能力。从对象抽象出类的时候，会忽略与当前主题和目标无关的方面，将注意力集中在与当前目标有关的方面。

类是创建对象的依据或模板。例如，要创建一个具体的学生对象，依据“学生类”，我们知道该对象具有哪些属性和行为，至于其具体属性值或特有属性，可以通过对属性赋值或添加属性来实现。

1. 类与对象

面向对象编程是一种编程方式，用类和对象来实现，所以面向对象编程的

实质就是对类和对象的使用。

1）类：一个模板，模板里可以包含多种方法和属性。

2）对象：根据模板创建的实例，通过实例对象可以执行类中的方法。

（1）类的定义。类由类名、属性、方法部分组成。类名，通常其首字母大写；属性，描述事物的特征；方法，描述事物的行为。

1）类名：类的名称，用于与其他类区分开来，它的首字母一般要大写，如 Boy。

2）属性：用于描述事物的静态特征，也称为数据成员，如姓名、年龄、性别和身高等特征。

3）方法：用于描述事物的动态特征（行为），如打游戏、运动和说话等行为。类的定义语法如下：

```
class< 类名 >([ 父类 ]):
< 类的属性 >
< 类的方法 >
```

（2）创建对象。类的定义完成后，就可以创建对象了。创建对象的语法格式如下：

```
对象名 = 类名 ()
```

Python 语言中可以动态地为类和对象添加成员，这一点和很多面向对象程序设计语言不同。

要想给对象添加属性，可以通过如下方式：

```
对象名 . 新的属性 name: value
```

创建类和对象，添加属性并且调用方法。示例代码如下：

```
class Person():   # 定义类
    def eat(self()):   # 定义方法
        print(" 吃烤红薯 ... 真香呀 ... " )
def run(self):
    print("1 500 米体测达标 ... 呼 ... ")
    person = Person()   # 定义对象，并用 person 变量保存它的引用
    person.name =" 任豪杰 "# 添加表示姓名的属性
    person.age = 28   # 添加表示年龄的属性
    person.eat()   # 调用方法
    person.run()
    print(person.name , person.age)   # 输出属性值
```

注意：类中的成员方法第一个参数必须是 self，成员方法调用成员属性时也要加上 self。

（3）self 参数。类的所有实例方法都必须至少有一个名为 self 的参数，并且必须是方法的第一个形参（如果有多个形参），self 参数表示调用对象本身。在类的实例方法中访问实例属性时需要以 self 为前缀，但在方法外通过对象名调用对象方法时并不需要传递这个参数。如果在外部通过类名调用对象方法，就需要显式地为 self 参数传递值。

2. 属性

属性分为两种：类属性和实例属性。类属性是在类中所有方法外定义的数据成员；实例属性一般是在构造函数 _init_() 中定义的，在定义和使用时必须以 self 作为前缀。在类的外部，实例属性属于实例对象，只能通过对象名访问；而类属性属于类，可以通过类名或对象名访问。

类属性被所有类的实例对象（实例方法）所共有，在内存中只存在一个副本。

默认情况下，Python 语言中的成员方法和成员属性都是公有的（public），在 Python 语言中没有类似 public、private 等关键词来修饰成员方法和成员属性，在 Python 语言中定义私有成员需要在属性名或方法名前加上双下画线“_ _”，那么这个属性或方法就是私有的了。私有属性在类外不能直接访问，需要通过调用对象的公有方法来访问，或者通过 Python 语言支持的特殊方式来访问，以“对象名._类名_xxx”方式来访问私有的类属性。

下面的代码演示如何使用类属性和实例属性：

```
>>>class Person():
name = "Tom"   # 公有的类属性
_age=12
# 私有的类属性
>>>p= Person()
>>>print(p.name)
# 通过对象访问公有类属性
Tom
>>>print(Person.name)
# 通过类访问公有类属性
Tom
>>>print(p._age)   # 错误，不能在类外通过实例对象访问私有的类属性
Traceback (most recent call last):
```

```
AttributeError: 'Person'  object has no attribute  '_age'
>>>print(p._Person_age)   # 访问类的私有属性，一般不推荐
12
```

3. 方法

Python 语言中类的方法分为实例方法、类方法和静态方法。

（1）实例方法。第一个参数必须是实例对象，该参数名一般约定为“self”，通过它来传递实例的属性和方法（也可以传递类的属性和方法），只能由实例对象调用。

（2）类方法。使用装饰器 @classmethod 来修饰一个方法，此时该方法就是类方法。类方法的第一个参数必须是当前类对象，该参数名一般约定为“cls”，通过它来传递类的属性和方法（不能传递实例的属性和方法），实例对象和类对象都可以调用。

（3）静态方法。使用装饰器 @staticmethod 来修饰一个方法，此时该方法就是静态方法。静态方法的参数随意，没有 self 和 cls 参数，但是方法体中只能访问属于类的成员，实例对象和类对象都可以调用。

实例方法只能被实例对象调用，类方法和静态方法可以被类或类的实例对象调用。下面的代码演示如何使用类的三种方法。

```
>>>class Foo(object):
def instance_method(self):
# 定义实例方法
    print(" 这是类 {} 的普通实例方法，只能被实例对象调用 "，.format(self))
    @classmethod
# 定义类方法

def class_method(cls):
    print(" 这是类方法 ")
    @staticmethod   # 定义静态方法
def static_method():
    print(" 这是静态方法 ")
>>>foo = Foo()
>>>foo.instance_method()
# 通过对象名来调用实例方法
>>>Foo.instance_method(foo)   # 通过类名调用实例方法时，为 self 参数显式地传递对象名
```

这是类 <_main_.Foo object at 0x00000006BA4550> 的实例方法，只能被实例对象调用。

```
>>>foo.class_method()    # 通过对象名来调用类方法
```

这是类方法。

```
>>>foo.static_method()    # 通过对象名来调用静态方法
```

这是静态方法。

```
>>>Foo.class_method()    # 通过类名来调用类方法
```

这是类方法。

```
>>>Foo.static_method()    # 通过类名来调用静态方法
```

这是静态方法。

6.4 构造方法与析构方法

Python 提供了两种特殊的方法：_init_() 和 _del_()，分别用于初始化对象属性和释放类所占用的资源，即构造方法和析构方法。

1. 构造方法

在 6.3 节中采用“对象名 . 属性名称”的方式给 Person 引用的对象动态地添加了 name 和 age 属性。如果要创建多个 Person 类的对象，这种方式就显得繁琐了。

Python 提供了一个特殊的方法 _init_()，可以在创建对象时就设置好属性，被称为类的构造方法或初始化方法，在创建这个类的实例时就会自动调用该方法。下面的代码演示了如何使用构造方法进行初始化操作。

```
>>>class Person():   # 定义类
def _init_ (self):   # 构造方法
    self.name=" 任豪杰 "
    self.age= 28
def eat(self):   # 一般方法
    print("%s 吃烤红薯 ... 真香呀 ..."%(self.name))

def run(self):
    print("%d 岁的 % 进行 1 500 米体测达标 ... 呼哧 ..."%(self.age,self.name))
>>>person = Person()   # 创建类的实例对象
>>>person.eat()   # 调用方法
任豪杰吃烤红薯 ... 真香呀 ...
```

```
>>>person.run()
28 岁的任豪杰进行 1500 米体测达标 ... 呼哧 ...
```

无论创建多少个 Person 对象，name 和 age 属性初始默认值都是“任豪杰”和 28。

如果要在对象创建完成后修改属性的默认值，可以在构造方法中传入参数设定属性的值。下面的代码演示了如何使用带参数的构造方法。

```
>>>class Person()
def _init_ (self , nume , age) # 带参数的构造方法
    self.name =name
    self.age = age
def eat(self):
    print("%s 吃烤红薯 ... 真香呀 ..."%(self.name))
def run(self):
    print("%d 岁的 %s 进行 1 500 米体测达标 ... 呼哧 ..."%(self.age , self.name))
>>>person1=Person(" 任豪杰 ", 28) # 创建对象时传入实参
>>>person1.eat()
任豪杰吃烤红薯 ... 真香呀 ...
>>>person1()
28 岁的任豪杰进行 1 500 米体测达标 ... 呼哧 ...
>>>person2=Person(" 龚平 ", 25)
>>>person2.eat()
龚平吃烤红薯 ... 真香呀 ...
>>>person2.run()
25 岁的龚平进行 1 500 米体测达标 ...
```

在上面的例子中，定义了带有参数的构造方法，并把参数的值赋值给 name 和 age 属性，保证了 name 和 age 属性的值随着传入的实参而变化。

2. 析构方法

创建对象后，Python 解释器默认调用 _init_() 方法，当删除一个对象时，Python 解释器也会默认调用一个方法，这个方法称为 _del_()。对开发者来说，在 Python 语言中很少会直接撤销对象（如果需要，就可以使用 del 命令撤销），Python 语言的内存管理机制能够很好地胜任这份工作。也就是说，不管是手动调用 del 命令还是由 Python 解释器自动撤销对象，都会触发 _del_() 方法执行。下面的代码演示了如何使用析构方法释放占用的内存。

```
>>>class Person():
def_init_ (self , name , age):
    self.name = name
```

```
        self.age = age
    def_del_(self):   # 定义析构方法
        print(" 调用 del() 方法删除对象 ")
>>>mickey= Person(" 米老鼠 ",18)   # 定义对象，同时传入实参
>>>del mickey   # 显式调用 del() 方法
```

调用 del() 方法删除对象。

6.5 封装、继承与多态

1. 封装

在面向对象程序设计中，封装（encapsulation）是对具体对象的一种抽象，即将某些内容隐藏起来，在程序外部看不到，其结果是无法访问这些内容。

封装就是将数据和与这个数据有关的操作组装到一起，形成一个实体对应一个对象，并尽可能地屏蔽对象的内部细节。其目的在于将对象的用户与设计者分开，用户不必知道对象行为的细节，只需用设计者提供的外部接口命令对象去做就可以。只要外部接口保持不变，即使完全重写了指定方法中的代码，应用程序依然可以与对象进行交互。例如，手机是一个类，用户手中的手机是这个类的一个对象，有品牌、颜色、声音、亮度等属性；如果需要调节它的属性（如声音），只需要按或单击一些按钮即可。当进行这些操作时，并不需要知道这部手机的内部构造和工作原理，而是通过生产厂家提供的按钮等接口来实现。这样既降低了用户操作手机的难度，也避免了用户误操作对设备造成的损坏。

面向对象的封装性使对象以外的事物不能随意获取对象的内部属性（公有属性除外），有效地避免了外部错误对它产生的影响，大大减轻了软件开发过程中查错的工作量，减小了排错的难度，隐蔽了程序设计的复杂性，提高了代码的重用性，降低了软件开发的难度。

如果要访问或修改私有属性的值，可以通过公有方法 get***() 和 set***() 来完成。下面的代码演示了如何使用封装。

```
class Person():
    def _init_(self , name , age):
        self.name = name
        self._age = age                    # 私有属性
```

```
    def setAge(self , age):                    # 给私有属性赋值
        self.age = age
    def getAge(self):                          # 获得私有属性的值
        return self._ age
        laosun = Person(" 悟空 ",18)
        print(laosun. _age)
```

运行程序后，输出如下错误信息：

```
AttributeError :Person object has no attribute '_age'
```

从提示的错误信息可以看出，在 Person 类中没有找到 _age 属性。原因在于 _age 属性为私有属性，只在 Person 类的内部使用，在类的外部无法访问。

为了能够在外部访问私有属性的值，需要用到该类提供的用于设置和获取属性值的方法。

把 print(laosun._age) 代码改为 setAge() 和 getAge() 方法，分别对私有属性进行设置和读取的操作。其代码如下：

```
laosun. setAge(20)
print(laosun.getAge())
```

输出结果：

```
20
```

通过上述两个方法可以设置和获取私有属性 _age 的值。

2. 继承

在面向对象程序设计中，根据既有类（父类）派生出新类（子类）的现象称为类的继承机制，亦称为继承性。

子类无须重新定义在父类中已经定义的属性和行为，而是自动地拥有其父类的全部属性与行为。子类既具有继承下来的属性和行为，又具有自己新定义的属性和行为。当子类又被它更下层的子类继承时，它继承的及自身定义的属性和行为又被下一级子类继承。面向对象程序设计的继承机制实现了代码重用，有效地缩短了程序的开发周期。其语法格式如下：

```
lass 子类名 (父类名):
语句块
```

如果在类定义时没有父类列表，等同于继承自 object。在 Python 3 中，object 类是所有对象的根基类。例如，class Person() 等同于 class Person(object)。

通过继承可以直接让子类获取到父类的方法或属性，避免编写重复性的代码，因此，我们经常需要通过继承来对一个类进行扩展。类继承的表现方式是在子类后的括号中直接写父类的类名称。例如，本节案例中 person 类继承了 Person 类。

在类的定义中，把属性变量和用于处理的函数放在同一个类中，是面向对象程序设计重要的特色之一，也就是所谓的封装。面向对象程序设计的另一个重要概念则是继承（inheritance）。以用来描述画布上的绘图对象为例，用 shape 类定义画布上的一个形状。不管什么形状都会有一个坐标 (x, y)，这是所有形状都具有的属性。但是，当要明确地指定某一个形状是圆或长方形时，就需要再定义另外一些参数。如果是圆，那么还需要的参数是圆的半径；如果是长方形，那么还需要的参数是长和宽。

既然圆和长方形都具有属性坐标 (x, y)，只要继承形状再加上自己的特色就可以了。以下的程序代码是关于圆（circle）这种类的定义为：

```
class circle(shape):
    def __ init__ (self , x , y , r):
        super().init (x , y)
        self.r=r

    def info(self):
        return(" 圆 " , self.x , self.y , self.r)
```

Python 类继承的方式就是在类名后面加上父类的名称。在这个例子中，我们定义的是 circle 类，通过在括号中指定 shape，它就继承了 shape 类中的所有定义，包括 shape 类原有的坐标 (x, y) 以及 info 函数，也就是说，在 circle 类中不需要再定义坐标 (x, y) 和 info 函数，可以直接沿用。但是，如果在 circle 类中定义了和父类 shape 中一样的属性或函数，就以在子类 circle 中的定义为主（如上面 circle 类定义中的 info 函数）。

在 circle 类中的第 2 行，定义了 circle 用的 _ _ init_ _ 构造函数，传递给它的参数分别是 self、x、y 及 r，其中 self 为系统参数、x 和 y 用来设置圆心的坐标、r 是圆的半径。因为 x 和 y 在父类 shape 中已有定义，所以在第 3 行使用 super().__init__(x，y) 去调用父类（super 代表的是上一层的类）的构造函数来设置这个坐标值，第 4 行才是利用“self.r=r”来设置属于自己特有的半径变量。第 5、6 行语句定义了子类 circle 自己的 info 函数，显示了自己的特征（" 圆 "）

及 3 个参数的值。要特别注意的是，尽管在构造函数中是以调用父类的方式设置 x 和 y，但是在使用 x、y、r 时，都可以看成是子类自己的属性。

同样的方式，定义一个长方形的子类 rectangle。其代码如下：

```
class rectangle(shape):
    def __ init__ (self , x , y , r , w , h):
        super().__ init__(x , y)
        self.w =w
        self.h=h
    def info(self):
        return(" 长方形 " , self.x , self.y , self.w , self.h)
```

比较上述 rectangle 类定义和 circle 类定义之间的差异点，可以发现定义完这两个类之后，除在创建实例时所需提供的参数个数不同之外，这两个类的调用执行方式是一样的，都是执行 info 函数。用同样的方式可以定义一个正方形的子类 square。其代码如下：

```
class shape:
    def __ init__ (self , x , y):
        self.x= x
        self.y= y
    def info(self):
        return (self.x , self.y)

class rectangle(shape):
    def __init__(self , x , y , w , h):
        super() .__init__(x , y)
        self.w= w
        self.h=h
    def info(self):
        return (" 长方形 " , self.x , self.y , self.w , self.h)
class square(shape):
        super() .__init__(x , y)
        self.p= p
    def info(self):
        return (" 正方形 " , self.x , self.y , self.p)

class circle(shape):
    def __ init__ (self , x , y , r):
        super(). __init __(x , y)
        self.r=r
    def info(self):
```

```
            return (" 圆 " , self.x , self.y , self.r)


if name=='__main__':
        a = shape(120 , 180)
        b = rectangle(120 , 180 , 50 , 50)
        c = square (120 , 180 , 50)
        d = circle(120 , 180 , 50)

        shapes = [a , b , c]
        for s in shapes:
            print(s.info())
```

这个范例程序的执行结果如下：

```
(120 , 180)
(" 长方形 " , 120 , 180 , 50 , 50)
(" 正方形 " , 120 , 180 , 50 , 50)
(" 圆 " , 120 , 180 , 50)
```

在主程序中，通过 shapes = [a,b,c,d] 列表，创建了 4 个不同的形状实例 a、b、c、d，调用列表循环 info 函数即可。

由于 rectangle、square 和 circle 类都继承了 shape 类共用函数，可以直接在 shape 类中定义，在 rectangle、square 和 circle 类中创建的实例，可以直接调用 shape 类中定义的共用函数。其代码如下：

```
class shape:
    def __ init__ (self , x , y):
        self.x= x
        self.y =y

    def info(self):
        return (self.x , self.y)

    def move (self , dx , dy):
        self.x += dx
        self.y += dy
```

为了可以变更图形位置坐标，采用方法定义 shape 类的 move 函数，设置坐标 (x，y) 的增量 (dx，dy) 调整位置坐标，在实际应用中不需要进行任何修改，可以直接调用 move 函数调整位置坐标。其代码如下：

```
if __name__=='__main__':
    d = rectangle(120，180，20，20)
    print(d.info())
    print(" 在 x 轴向前进 20 点，在 y 轴向后退 10 点 ")
    d.move(20，-10)
    print (d.info())
```

这个程序的执行结果如下：

```
(' 长方形 '，120，180，20，50)
在 x 轴向前进 20 点，在 y 轴向后退 10 点
(' 长方形 '，140，170，20，50)
```

3. 多态

从宏观的角度来讲，多态性是指在面向对象技术中，多个属于不同类的对象接收到同一个完全相同的消息之后，所表现出来的行为是各不相同的，具有多种形态。从微观的角度来讲，多态性是指在面向对象技术中，可以使用相同的调用方式来对相同的函数名进行调用，即便这若干个具有相同函数名的函数所表示的函数是不同的，Python 语言完全支持面向对象的基本功能，如封装、继承、多态，以及对父类方法的覆盖或重写。

与其他面向对象程序设计语言不同的是，在 Python 语言中对象的概念很广泛，Python 语言中的一切内容都可以称为对象，除数字、字符串、列表、元组、字典、集合、range 对象和 zip 对象等之外，函数也是对象，类也是对象。

Python 语言的大多数运算符可以作用于多种不同类型的操作数，并且对不同类型的操作数往往具有不同的表现，这本身就是多态，是通过特殊方法与运算符重载实现的。下面代码演示了多态的使用。

```
>>>class Animal():   # 定义父类——动物类
def _init_ (self，name):
self.name = name
def  talk(self):   # 定义类的 talk() 方法
print(self.name，'叫！')
def  animal_talk(obj):
obj.talk()    # 多态调用 talk() 方法
>>>class Dog(Animal):   # 定义动物的子类狗类
def  talk(self):   # 覆盖 ( 重写 ) 父类的 talk() 方法
print("%s: 汪！汪！汪！"%self.name)
>>>class Cat(Animal):   # 定义动物的子类——猫类
def  talk(self):   # 重写父类的 talk() 方法
print("%s: 喵喵喵 "%self.name)
```

```
>>>animal =Animal( 动物 )
>>>dog=Dog( 狗狗 )
>>>cat= Cat( 猫咪 )
>>>Animal.animal_talk(animal)
动物叫！
>>>dog.animal_talk()    # 多态调用
狗狗：汪！汪！汪！
>>>Animal.animal_talk(cat)    # 多态调用
猫咪：喵喵喵！
```

从结果可以看出，当子类和父类都存在相同的 talk() 方法时，子类的 talk() 方法覆盖了父类的 talk() 方法。在代码运行时，会根据参数（不同类型对象）的不同，调用不同子类的 talk() 方法。多态的好处就是当需要传入更多的子类，如新增 Bird、Cattle 等时，只需要继承 Animal 类并且确保新子类的方法编写正确，而不用修改原来的代码。

6.6 方法重写与重载

1. 方法重写

如果在子类中有和父类同名的方法，那么在通过子类实例调用该方法时，会调用子类的方法而不是父类的方法，这叫做方法的重写（override），或称为方法覆盖。

在本节案例中，我们创建了一个动物类（父类），然后通过继承的方式，获得了父类中的方法和属性。如果父类中的方法写得不够详细，或者说父类的方法满足不了我们的项目需求，那么我们可以重写父类的方法来满足需求。

当调用子类对象的方法时，会优先去当前对象中寻找是否具有该方法，如果有，就直接调用；如果没有，就去当前对象的父类中寻找。如果父类中有，就直接调用父类中的方法；如果没有，就去父类的父类中寻找。以此类推，如果依然没有找到，就报错。

2. 方法重载

方法重载是指在一个类中定义多种同名的方法，但要求每种方法具有不同参数的类型或参数的个数。通常，方法重载用于创建完成一组任务相似，但参数类型或参数个数不同的方法。方法重载主要是为了解决两个问题：一是可变参数类型；二是可变参数个数。

方法重载的一个基本原则是当且仅当两个方法的参数类型和个数不同外，其功能是完全相同的，此时才使用方法重载；如果两个方法的功能不同，就不应该使用重载，而应使用一个不同方法名的方法。

Python 语言本身是动态语言，方法的参数没有声明类型（调用时通过实参传值确定参数的类型），参数的数量由可选参数和可变参数来控制。因此，Python 对象方法不需要重载。在 Python 语言中定义一个方法即可实现多种调用，可以模仿重载功能的实现。

本章小结

函数是用来实现代码复用的常用方式，定义函数时使用关键字 def。函数如果没有 return 语句，就默认返回 None。定义函数时，不需要指定形参的类型；调用函数时，会根据实参类型自动推断。在绝大多数情况下，在函数内部修改形参的值，不会影响实参。如果传递的实参是可变序列，并且在函数内部使用下标或切片等方式，那么修改形参的值会影响到外面的实参。函数的形参可以是默认值参数、关键参数、可变长度参数和位置参数。当函数只包含一个表达式时，可以定义成 lambda 表达式。函数内部的变量只在函数内起作用，称为局部变量。函数内部要定义全局变量，可以通过 global 关键字来声明。

Python 语言非常灵活，除支持命令式编程、函数式编程之外，还支持面向对象编程。Python 语言完全采用了面向对象程序设计的思想，是真正面向对象的高级动态编程语言，完全支持面向对象的基本功能，如封装、继承、多态，以及对父类方法的覆盖或重写，但是不支持方法重载。

本章主要介绍了 Python 面向对象程序设计的基础知识，结合案例生动地讲解、分析了面向对象程序设计中常见的编程要点，包括类定义、构造方法、析构方法、继承和多态等相关知识及使用技巧，最后通过一个综合案例进行巩固和提高。通过对本章的学习，读者应该可以掌握 Python 语言中面向对象技术的有关知识，并在程序中去正确应用它们。

第 7 章　异常处理与文件操作

在程序运行过程中不可避免地会因内在缺陷或用户使用不当等，而无法按照预定的流程运行下去，这种在程序运行时产生的例外或违例情况称为异常。在发生异常时如果不及时妥善地处理，就会导致程序崩溃，无法继续运行。程序员在编写程序时，需要进行相应的异常处理。Python 语言使用异常处理结构来处理可能发生的异常，可以提高程序的容错性和安全性。本章主要介绍常见异常处理的结构形式及断言的作用。

在程序编写和运行过程中，出现错误和异常是不可避免的。程序错误，即 bug，又称为缺陷、臭虫，是指在软件运行中因程序本身有错误而造成的功能失常、死机、数据丢失、非正常中断等现象。导致程序异常的原因很多，如除零、下标越界、文件不存在、网络异常、类型错误、名字错误、字典键错误、磁盘空间不足等。异常处理（又称为错误处理）是指在程序运行时处理出现的任何意外或异常情况的方法。本章介绍 Python 程序错误、内置异常类型、异常处理机制、异常断言处理、程序调试及单元测试等。掌握程序错误和异常处理方法，可以提高程序设计综合水平和能力，同时能够增强代码的可读性，方便维护者的阅读和理解。

7.1　程序错误与运行异常

Python 语言有两类不同的编程与运行错误，分别是语法错误（syntax errors）和异常（exceptions）。

语法错误也叫解析错误，是初学 Python 语言的编程人员最容易犯的错误，比如：

```
>>> while True print ( ' Hello world ' )
SyntaxError: invalid syntax
```

例子中的语法错误：在 print 前少了冒号（这是一个死循环）。在程序执行的过程中，Python 解释器会检测源代码中是否存在语法错误，如果发现语法错误，Python 解释器就会给出错误所在的位置及出错原因，并且在最先找到的错误处进行标记。

一条语句或一个表达式即使没有语法错误，也有可能在执行时出现错误，这种错误也称为异常（非致命性）。严格来说，语法错误和逻辑错误不属于异常，但有些语法错误往往会导致异常。简单地说，异常是指程序运行时引发的错误。

如果这些错误得不到正确的处理，就会导致程序终止运行。合理地使用异常处理结果可以让程序更加健壮，具有更强的容错性，不会因用户不小心的错误输入或其他原因而导致程序终止。

异常具有不同类型，常见的内置异常有 ZeroDivisionError、NameError 和 TypeError 等，这些异常称为标准异常。还有一类异常是用户自定义的。异常是一个事件，该事件会在程序执行的过程中发生，影响程序的正常执行。一般情况下，如果 Python 解释器无法继续执行程序，就会抛出一个异常。这时就需要捕获并处理异常，否则解释器会终止程序的执行。

程序在运行的过程中总会有各种各样的错误。有的错误是程序编写有问题造成的。例如，本来应该输出整数，结果输出字符串，这种错误通常称为 bug，bug 是必须修复的。有的错误是用户输入造成的。例如，让用户输入 e-mail 地址，结果得到一个空字符串，这种错误可以通过检查用户输入来做相应处理。还有一类错误是完全无法在程序运行过程中预测的。例如，写入文件时，磁盘满了，写不进去，或从网络抓取数据时，网络突然断掉。这类错误也称为异常，在程序中必须处理，否则，程序会因为各种问题终止并退出。

通常，程序错误可以分为语法错误、逻辑错误和运行错误。

1. 语法错误

语法错误是指程序源代码中拼写语法错误，这些错误导致 Python 编译器无法把 Python 源代码转换为字节码，故也称为编译错误。程序中包含语法错误时，编译器将显示 SyntaxError 错误信息。

通过分析编译器抛出的运行时错误信息，仔细分析相关位置的代码，可以定位并修改程序错误。Python 语法错误示例：

```
>>>print(123 , 345)
SyntaxError: invalid syntax
>>>x=2*(3+4}
SyntaxError: invalid syntax
```

2. 逻辑错误

逻辑错误是指程序可以执行（程序运行本身不报错），但执行结果不正确。对于逻辑错误，Python 解释器无能为力，需要读者根据结果来调试判断。Python 逻辑错误示例：

```
>>>print(" 半径为 5 的圆面积：", math.pi*5*2)   # 计算公式错误导致的逻辑错误
半径为 5 的圆面积：31.41592653589793
>>>print(" 半径为 5 的圆面积：", math.pi*5**2)
半径为 5 的圆面积：78.53981633974483
```

3. 运行错误

运行错误是指程序在解释执行过程中产生的错误，又称异常。程序在运行时，如果 Python 解释器遇到一个错误，就会停止程序的执行，并且提示一些错误信息，这就是异常。程序停止执行并且提示错误信息，这个动作通常称为抛出（raise）异常。

严格来说，语法错误和逻辑错误不属于异常，但有些语法错误往往会导致异常。例如，由于大小写拼写错误而访问不存在的对象。Python 运行错误示例：

```
>>>x=2**3
>>>X    # NameError
Traceback (most recent call last):
File "<pyshell    #2>", line 1, in <module>
X
NameError: name "X" is not defined
>>>x/0    #ZeroDivisionError
Traceback (most recent call last):
File "<pyshell    #3>", line 1, in<module>
x/0
ZeroDivisionError:division by zero
>>>"123"+100    #TypeError:
Traceback (most recent call last):
File "<pyshell    #4>", line 1, in <module>
"123"+100
TypeError: can only concatenate str (not "int") to str
>>>fp=open("xyz.txt")    #FileNotFoundError
Traceback (most recent call last):
File "<pyshell    #6>", line 1, in <module>
fp=open("xyz.txt")
FileNotFoundError: [Err no 2] No such file or directory:"xyz.txt"
```

异常代表一个事件，会在程序运行（或脚本执行）过程中发生，原因是错

误或环境变化等导致程序无法完成运行。当异常发生时，如果不进行处理，程序就会显示错误信息并中止运行。

错误信息以红色突出显示，其中包含异常文件路径、异常代码行号、异常代码、异常类型和异常内容提示等部分。

7.2　异常类型与处理

Python 语言中异常处理结构的基本形式是 try...except。如果出现异常并且被 except 语句捕获，那么执行 except 语句中的异常处理代码；如果出现异常但是没有被 except 捕获，那么继续往外层抛出；如果所有层都没有捕获并处理该异常，那么程序终止，并将该异常抛给最终用户。

1. 异常类型

在 Python 语言中，异常是以对象的形式实现的，BaseException 类是所有异常类的父类（也称基类），而它的子类 Exception 类则是所有内置异常类和用户自定义异常类的父类。Python 语言中常见的异常类型如表 7–1 所列。

表 7–1　常见异常类型

异常名称	描　述
ArithmaticError	所有数值计算错误的父类
AttributeError	对象没有这个属性
BaseException	所有异常的父类
Exception	常规错误的父类
ZeroDivisionError	除（或取模）零（所有数据类型）
NameError	未声明 / 初始化对象（没有属性）
SyntaxError	语法错误
IndexError	序列中没有此索引（index）
KeyError	映射中没有这个键
FileNotFoundError	文件未找到
IndentationError	缩进错误
ValueError	传入无效的参数

2. try:...except...else 语句

（1）try...except 结构。Python 语言异常的捕获使用 try...except 结构，把可能发生异常的语句放在 try 语句里，用 except 语句来处理异常，每一个 try 语句都必须至少对应一个 except 语句。try...except 语法格式如下：

try:

可能引发异常的语句块

except 异常类型名称；

进行异常处理的语句块

示例如下：

```
s="Hello Python!"
try:
    print(s[100])
    except IndexError:
    print("Index Error ...")
    print("Continue")
```

try 语句中输出一个不存在的字符串的索引值，except 语句捕获到这个异常，输出结果如下：

```
IndexError ...
continue
```

如果没有对异常进行任何预防，那么在程序执行过程中发生 IndexError 异常时，会中断程序，输出异常提示信息“Index Error string index out of range”。

如果进行异常处理，那么当程序发生 IndexError 异常时，Python 解释器会自动寻找 except 语句，except 语句捕获这个异常，执行异常处理代码之后程序继续往下执行。这种情况下，不会中断程序。

（2）try:...except...else 结构。在实际开发中，同一段代码可能会抛出多个异常，需要针对不同的异常类型进行相应的处理。为了支持多个异常的捕获和处理，Python 语言提供了带有多个 except 语句的异常处理结构。

捕获多个异常有 3 种方式。

● 第 1 种是一个 except 同时处理多个异常类型，不区分优先级，格式如下：

try：

可能引发异常的语句块

except(< 异常类型 1>，< 异常类型 2>，...)：

进行异常处理的语句块

● 第 2 种是区分异常类型的优先级，格式如下：

try:

可能引发异常的语句块

except< 异常类型 1>:

进行异常处理的语句块

except< 异常类型 2>:

进行异常处理的语句块

这种异常处理结构的语法规则如下：执行 try 语句下的语句，如果引发异常，执行流程就会跳到第 1 个 except 语句。如果第一个 except 语句中定义的异常与引发的异常匹配，就执行该 except 语句；如果引发的异常不匹配第一个 except 语句，就依次搜索后面的 except 语句。

➢ 一旦某个 except 语句捕获了异常，后面剩余的 except 语句将不会再执行。

➢ 如果所有的 except 语句都不匹配，异常会传递到调用本代码的外层 try 代码中。

示例如下：

```
try:
    num1 = input(" 请输入第 1 个数 :")
    num2=input(" 请输入第 2 个数 :")
    print(int(num1)/int(num2))
except ZeroDivisionError:
    print(" 第 2 个数不能为 0")
except ValueError:
    print(" 只能输入数字 ")
```

运行程序，输入 0 和 a，输出结果如下：

```
请输入第 1 个数 :0
请输入第 2 个数 :a
```

只能输入数字。

● 第 3 种是捕获所有类型的异常，格式如下：

try:

可能引发异常的代码块

except:

进行异常处理的代码块

3. try...except...finally 语句

无论是否发生异常，try...except...finally 语句会执行 finally 中的语句块，常用来做一些清理工作以释放 try 语句中申请的资源。示例如下：

```
s= 'Python'
try:
    int(s)
except Exception  as e:
    print(e)
else:
    print("try 内代码块没有异常则执行 ")

finally:
    print(" 无论异常发生与否，都会执行该 finally 语句 ")
```

运行程序，输出信息如下：

```
invalid literal for int() with base 10:  'Python'
无论异常发生与否，都会执行该 finally 语句。
```

注意： 如果 try 语句中的异常没有被捕获和处理，或者 except 语句、else 语句中的代码出现了异常，那么这些异常将会在 finally 语句执行完后再次被抛出。

4. 自定义异常与抛出异常

在实际开发中，系统提供的异常类型不一定能够满足开发的需要，这时可以创建自定义的异常类。自定义异常类继承自 Exception 类，可以直接继承，也可以间接继承。

内置异常触发时，系统会自动抛出异常，如 NameError。但用户自定义的异常需要用户决定什么时候出现。当程序出现异常时，Python 语言会自动抛出异常，也可以通过 raise 语句显式地抛出异常。其基本格式如下：

raise 异常类　# 引发异常时会隐式的创建对象

raise 异常类对象　# 引发异常类实例对象对应的异常

raise　# 重新引发刚刚发生的异常

raise 语句唯一的参数指定要被抛出的异常，它必须是一个异常的实例或者是异常的类（Exception 的子类）。大多数异常的名字都以“Error”结尾，因此，实际命名时尽量跟标准的异常命名一致。一旦执行了 raise 语句，其后的语句就不能执行。下面通过一个案例来演示自定义异常和抛出异常。

```
class CustomError(Exception):   # 自定义异常类，继承 Exception
```

```
    def _init_ (self , ErrorInfo , name , age):
        super()._init_ (self)   # 初始化父类
        self.errorinfo = ErrorInfo
        self.name = name
        self.age = age
    def _str_(self):   #_str_ 方法是类的特殊方法，功能是转换为字符串
        return self.errorinfo
        if _name_= '_main_':
        try:
            raise CustomError(" 客户异常 " " 任豪杰 " , 28)     # 主动抛出异常，即实例化一个异
                                                                常类
        except CustomError  as  e:      # 捕获 CustomEror 类携带的信息
            print(e , e.name , e.age)
```

本例自定义继承自 Exception 的异常类 CustomError，它有三个属性（errorinfo、name 和 age）和一个方法 _str_（输出实例化对象调用）。运行程序，raise 语句主动抛出异常，即实例化一个异常类，同时捕获 CustomError 异常的信息并输出捕获的异常信息。例如：

```
客户异常　任豪杰　28
```

5. 未捕获到异常

带 else 语句的异常处理结构是一种特殊形式的选择结构。如果 try 语句中的代码抛出了异常，并且被某个 except 语句捕获，就执行相应的异常处理代码，这种情况下不会执行 else 语句中的代码；如果 try 语句中的代码没有抛出任何异常，就执行 else 语句中的代码块。

如果使用 else 语句，那么必须放在所有的 except 语句之后。其格式如下：

```
try:
可能引发异常的代码块
except< 异常类型 1>:
异常处理代码块
except< 异常类型 2>:
异常处理代码块
else:
代码块   #try 语句中没有发生异常，则执行此代码块
```

示例如下：

```
s = '5'
try:
    int(s)
except Exception as  e:
    print(e)
else:
    print("No Exception")
```

运行程序，输出如下：

```
No Exception
```

6. 断言处理

断言在形式上比异常处理结构要简单一些，使用断言是编写 Python 程序的一个非常好的习惯。Python 语言使用 assert 语句来支持断言功能。assert 语句的语法格式如下：

```
assert  expression, data
```

上述格式中，assert 后面紧跟一个逻辑表达式 expression，相当于条件，data 通常是一个字符串，表示异常类型的描述信息。

当表达式的结果为 True 时，什么也不做；当表达式的结果为 False 时，抛出 AssertionError 异常。

assert 语句的等价语句如下：

```
    if  not expression:
        raise  AssertionError
```

断言的示例如下：

```
>>> assert  2<1," 出现错误了 !"
Traceback (most recent call last):
File "<pyshell  #5>" , line 1 , in <module>
Assert  2<1 , " 出现错误了 !"
AssertionError: 出现错误了 !
```

7.3　文件的打开与关闭

文件作为数据永久存储的一种形式，通常位于外部存储器中。文件可以分为文本文件和二进制文件。Python 语言对文件提供了很好的支持，内置了文件对象及众多的支持库。本节主要介绍文件的打开和关闭、文件的读写、文件和目录的常见操作等。

为了长期保存数据以便重复使用、修改和共享，必须将数据以文件的形式存储到外部存储介质中。文件操作在各类应用软件的开发中占有重要的地位。

按文件中数据的组织形式可以把文件分为文本文件和二进制文件两类。

（1）文本文件：存储的是常规字符串，由若干文本行组成，每行以换行符“\n”结尾，可以使用文本编辑器进行显示、编辑，并且能够直接阅读，如网页文件、记事本文件和程序源代码文件等。

（2）二进制文件：存储的是字节串 bytes。二进制文件无法直接读取和理解其内容，必须了解其文件结构，使用专门的软件进行解码后才能读取、显示和修改，如图形图像文件、音视频文件、可执行文件和数据库文件等。

1. 文件的打开

Python 语言使用 open 函数打开一个文件，并返回一个可迭代的文件对象，通过该文件对象可以对文件进行读写操作。如果文件不存在、访问权限不够、磁盘空间不足或其他原因导致创建文件对象失败，open 函数就会抛出一个 IOError 的异常，并且给出错误码和详细的信息。

open 函数的语法结构如下：

```
file object = open(filename [, mode= 'r' ][,buffering=-1][,encoding])
```

参数的含义如下：

（1）filename：要打开的文件名称。

（2）mode：指定打开文件后的处理方式。所有可能取值见表 9–1。这个参数是非强制的，默认文件访问模式为“rt”（为文本文件时，通常省略标识符“t”）。

（3）buffering：指定了读写文件的缓存模式。0 表示不缓存，1 表示缓存，大于 1 表示缓冲区的大小，–1 表示缓冲区的大小为系统的默认值。

（4）encoding：指定对文本进行编码和解码的方式，只适用于文本模式。可以使用 Python 语言支持的任何编码格式（GBK、UTF-8、CP936 等），默认值取决于操作系统，Windows 下默认值为 CP936。

表 9-1　文件的打开方式

访问模式	描　述
r	默认模式，以只读的方式打开文本文件。如果文件不存在，就抛出异常
w	打开一个文本文件用于写入。如果该文件已存在，就覆盖；如果不存在，就创建新文件
a	打开一个文本文件用于追加。如果该文件已存在，文件指针就会放在文件的结尾；如果不存在，就创建新文件进行写入
rb	打开一个二进制文件用于只读，文件指针放在文件的开头。如果文件不存在，就抛出异常
wb	打开一个二进制文件用于写入。如果该文件已存在，就覆盖；如果不存在，就创建新文件
ab	以二进制格式打开一个文件用于追加。如果该文件已存在，文件指针就会放在文件的结尾；如果不存在，就创建新文件进行写入
r+	打开一个文本文件用于读。文件指针会放在文件的开头
w+	打开一个文本文件用于写。如果该文件已存在，就覆盖；如果不存在，就创建新文件
a+	打开一个文本文件用于读写。如果该文件已存在，文件指针就会放在文件的结尾，文件打开时是追加模式：如果不存在，就创建新文件用于读写
rb+	以二进制格式打开一个文件用于读。文件指针将会放在文件的开头
wb+	以二进制格式打开一个文件用于写。如果该文件已存在，就覆盖；如果不存在，就创建新文件
ab+	以二进制格式打开一个文件用于追加。如果该文件已存在，文件指针就会放在文件的结尾；如果不存在，就创建新文件用于读写

2. 文件的关闭

close 方法用于关闭一个已打开的文件。可以先将缓冲区的数据写入文件中，然后再关闭文件。关闭后的文件不能再进行读写操作，否则，会触发 ValueError 异常。close 方法允许调用多次。

flush 方法将缓冲区的数据写入文件，但是不关闭文件。需要注意的是，即使写了关闭文件的代码，也无法保证文件一定能够正常关闭。例如，如果在打开文件之后和关闭文件之前发生了错误导致程序崩溃，这时文件无法正常关闭。在管理文件对象时推荐使用 with 关键字，可以有效避免这个问题。文件在读写结束后会自动关闭，即使是异常引起的结束也是如此。

上下文管理器 with 语句的用法如下：

```
with open(filename,mode,encoding) as fp:
```

通过文件对象 fp 读写文件内容的语句。

close 方法的使用非常简单。下面的代码演示了 open 函数和 close 方法的使用。

```
fp = open("test.txt", " w") # 以写方式打开文本文件
print(" 文件名为 ", fp.name)
fp.close()          # 关闭文件   # 推荐使用 with 语句来管理文件对象，以确保文件一定能关闭
with open("test.txt" , "w") as fp:
    printd(" 文件名为 ", fp.name)
```

7.4　文件的读写

1. 文本文件的读写

文件对象提供了一系列的方法，对文件访问更加轻松。

（1）读文件。Python 文件对象提供了三个用于文件读取的方法：read、readline 和 readlines。

1）read 方法。read 方法从文件当前位置开始读取 size 个字符串，若无参数 size，则表示读取至文件结束为止。如果多次使用，那么后面读取的数据是从上次读完后的位置开始的。

read 方法的语法结构如下：

```
fileObject.read([size])
```

参数 size：从文件中读取的字符数。如果没有指定字符数，就表示读取文件的全部内容。

返回值：从文件中读取的字符内容。

不设置参数的 read 方法将整个文件的内容读取为一个字符串。read 方法一次读取文件的全部内容，性能根据文件的大小而变化。例如，1 GB 的文件读取时需要使用同样大小的内存。

调用 read 方法读取文件“7.1.txt”中的全部内容，代码如下：

```
#ex7_1File.py
txtfile=open ("7.1.txt" , "rt")         # 以文本只读方式打开文件
print(txtfile. read())                  # 读取文件全部内容并输出
txtfile. close()                        # 关闭文件
```

程序运行结果如下：

```
Python 语言是一种开源的高级编程语言。
Python 语言是一种解释型脚本语言。
Python 语言既支持结构化编程，又支持面向对象编程。
```

也可以设置最大读入字符数来限制 read 函数一次返回的大小。

设置参数一次读取 10 个字符读取文件，代码如下：

```
#ex7_2File.py
txtfle=open("7.1.txt")
content=" "
while True:
    fragment=txtfile.read(10)
    if  fragment==""   # 当读到文件结尾后，read() 方法会返回空字符串
        break
    content+=fragment
txtfile. close()
print (content)
```

2）readline 方法。该方法每次只读取文件中的一行内容，读取时占用内存小，比较适合大文件。该方法返回一个字符串对象。

readline 方法的语法结构如下：

```
fileObject, readline()
```

返回值 : 读取的字符串。

3）readines 方法。

该方法从文件读入所有行，以“每行”为元素形成一个列表，以字符串的形式返回。

使用 readlines 方法读取文件内容，代码如下：

```
#ex7_3File.py
txtfile=open("7.1.txt")
for  line in txtfile.readlines():
    print(line , end=" ")
txtfile. close()
```

注意：由于文本文件中每行内容最后已经包含一个换行符了，为了避免输出时出现多余的空行，在 print 函数中设置“end=" "”。

当一个文件非常大时，一次性读取全部内容，会占用很多内存，影响程序的执行速度。一个合理的方法是逐行读取内容到内存，并逐行处理。

调用 readline 方法读取文件“7.1.txt”的内容，代码如下：

```
#ex7_4File.py
txtfile=open("7.1.txt")
while True:
    line=txtfile.readline()
    if line==""          # 当读到文件结尾后，readline 方法会返回空字符串
        break
    else:
        print(line, end="")
txtfile.close()
```

此外，Python 语言将文件本身作为一个行序列，遍历文件的所有行并逐行处理。将文件本身作为一个行序列，实现遍历文件并逐行处理，代码如下：

```
#ex7_5File.py
txtfile=open("7.1.txt")
for line in txtfile:
    print(line, end="")
txtfile.close()
```

（2）写文件。

1）write 方法。该方法用于向一个打开的文件中写入指定的字符串。在文件关闭前或缓冲区刷新前，字符串内容存储在缓冲区中，这时在文件中看不到写入的内容。

注意： write 方法不会自动在字符串的末尾添加换行符“\n”。

write 方法的语法格式如下：

```
fileObject.write(str)
```

参数 str：要写入文件的字符串。

返回值：写入的字符度。

2）writelines 方法。该方法将一个元素全为字符串的列表写入文件，如果需要换行，就自行加入每行的换行符。在操作文件时，每调用一次 writelines 方法，写入的数据就会追加到文件末尾，下面的代码演示了 writelines 方法的使用。

```
#ex7_6File.py
of=open("7.6.txt", "w+")
lst=["Hello World.\n", "Hello Python. \n", " Welcome to the Python world!"]
of.writelines(lst)
of.seek(0)                          # 回到文件的开头
```

```
print (of. read())
of. close ()
```

程序运行结果如下：

```
Hello World.
Hello Python.
Welcome to the Python world!
```

运行结果是生成一个“7.6.txt”文件，文件内容如程序运行结果所示。

注意：文件的打开模式是“w+”，即先以写模式打开，写入数据后，可以读取数据；完成数据写入后，读写位置（光标）在文件的末尾，要读取数据需要移动光标的位置。上例中的 seek(0) 方法是将光标移动到文件开头。

2. 二进制文件的读写

（1）读写一般原则。前述文本文件的各种方法均可用于二进制文件，但二进制文件读写的是 bytes 字节串。示例如下：

```
with open("test.bt" , "wb") as fp:
fp. write("abcd")                          # 产生异常，需要转换成 bytes
```

运行该程序，由于写入的是一个字符串，不是字节串，因此，系统会抛出异常。信息如下：

```
TypeError
Traceback (most recent call last)
TypeError: a bytes-like object is required, not ’str’
```

修改后的代码如下：

```
with open("test.txt" , "wb+") as fp:
fp. write(bytes("Hello Python".encode("utf-8")))    # 转换成字节串，使用 UTF-8 编码
fp.seek(0)                                          # 文件指针定位到开头
b=fp.read().decode("utf-8")                         # 解码方式和编码方式要一致
print(b)
```

运行结果如下：

```
Hello Python
```

可以看出，如果直接用二进制文件格式存储 Python 中的各种对象，通常需要进行烦琐的编解码转换。

（2）pickle。Python 语言提供了标准模块 pickle 用于处理文件中对象的读

写，用文件来存储程序中的各种对象称为对象的序列化。

所谓序列化，简单地说，就是在不丢失其类型信息的情况下，把内存中的数据转成对象的二进制形式。对象序列化后的形式经过正确的反序列化过程，应该能够准确无误地恢复为原来的对象。其代码如下：

```
import pickle   # 导入 pickle 模块
name=" 任豪杰 "
age = 28
scores = [65 , 70 , 76 , 80]
with open("testbr". "wb+") as fp:   # 以读写方式打开二进制文件
pickle.dump(name , fp)   # 序列化对象，并将结果数据流写入到文件对象中
pickle.dump(age , fp)
pickle.dump(scores , fp)
fp.seek(0)   # 将文件指针移动到文件开头
print(fp.read())   # 读出文件的全部内容，返回一个字节串
fp.seek(0)
name = pickle.load(fp)   # 从 fp 中读取一个字符串，并将它重构为原来的 Python 对象
age = pickle.load(fp)
scores = pickle. load(fp)
print(name , ";" , age , ";" , scores)
```

运行结果如下：

```
b '\x80\x03X\x06\x00\x00\x00\xe5\xbc\xa0\xe4\xb8\x89q\x00. \x80\x03K\x14. \x80\x03]
qU00(KAKFKLKPe. '
任豪杰 ; 28 ; [65 , 70 , 76 , 80]
```

（3）JSON。JSON（JavaScript Object Notation）是一种轻量级的数据交换格式，采用完全独立于编程语言的文本格式来存储和表示数据。简洁和清晰的层次结构使得 JSON 成为理想的数据交换格式。JSON 易于机器解析和生成，能够有效地提升网络传输效率。其代码如下：

```
import  json
s=" 勤学苦练 , 正当时 .
白首方悔读书迟 ."
with open( 'ex.txt' , 'w' ) as fp:
json.dump(s , fp)   # 将内容序列化并写入 JSON 文件
with open( 'ex.txt', "r") as fp:
print(json.load(fp))    # 读取 JSON 文件内容并反序列化，生成一个 Python 对象
```

注意：JSON 不支持集合对象的序列化，需要时可以将集合对象转换成其他对象。

7.5 文件与目录

1. 文件的操作

os 模块除提供使用操作系统的功能和访问文件系统的简便方法之外，还提供了大量文件和目录操作的方法。

（1）重命名文件。os.rename 方法用于重命名文件或目录，语法格式如下：

```
os.rename(src, dst)
```

参数：src 是要修改的文件名或目录名，dst 是修改后的文件名或目录名。如果 dst 是一个存在的目录，就抛出 OSError 异常。

返回值：无。

（2）删除文件。os.remove 方法用于删除指定路径的文件。如果指定的路径是一个目录，就抛出 OSError 异常。

os.remove 方法的语法格式如下：

```
os.remove(path)
```

参数：path 是删除的文件路径

返回值：无

下面通过一个案例来演示 os.rename 方法和 os.remove 方法的应用，代码如下：

```
import os                                        # 导入 os 模块
print(" 目录为 :%s"%os.listdir(os.getcwd()))     # 列出当前目录下的文件和子目录
os.rename("test.txt" , "test1.txt")              # 重命名文件
print(" 重命名成功 !")
print(" 重命名后目录为 :%"%os listdir(os.getcwd()))
os.remove("test1.txt")
print(" 删除成功 !")
print(" 删除后目录为 :%s"%os.listdir(os.getcwd()))
```

（3）判断是否为文件。os.path.isfile(path) 方法判断 path 是否是一个文件，返回值是 True 或 False。

（4）复制文件。shutil.copy(src.dst) 方法将文件 src 复制到文件或目录 dst 中，该函数返回目标文件名。

（5）检查文件是否存在。os.path.exists(path) 方法用于检查文件是否存在，返回值是 True 或 False。

（6）获取绝对路径名。os.path.abspath(path) 方法返回 path 的绝对路径名。其代码如下：

```
from os path import exists , abspath
import shutil

if not exists(r".\1.py"):                          # 当前目录下 1.py 文件不存在
with open(r".1\.py" , "wt") as fp:                 # 创建 1.py 文件
fp.write("print( ' hello world! ' \n")
filename =shutil.copy(r".\1.py" , "d:\\data")      # 复制 1.py 到 d:\data 目录下
print(abspath("1.py"))                             # 输出 1.py 文件所在的绝对路径
```

2. 目录的操作

实际开发中，有时需要用程序的方式对文件夹进行一定的操作，如创建、删除和显示目录内容等。我们可以通过 os 和 os.path 模块提供的方法来完成。

（1）创建文件夹。os.mkdir(path) 方法用于创建目录，目录存在时会抛出 FileExistsError 异常。

（2）获取当前目录。os.getcwd 方法返回当前工作目录。

（3）改变当前目录。os.chdir(path) 方法改变当前工作目录。

（4）获取目录内容。os.listdir(path) 方法返回 path 指定的目录下包含的文件或子目录的名字列表。

（5）删除目录。os.rmdir(path) 方法删除 path 指定的目录，如果目录非空，就抛出 OSError 异常。

（6）判断是否为目录。os.path.isdir(path) 方法用于判断 path 是否为目录，返回一个布尔值。

（7）连接多个目录。

os.path.join(path,*paths) 方法连接两个或多个 path，形成一个完整的目录。

（8）分割路径。

os.path.split(path) 方法对路径分割，以元组方式进行返回。os.path.splitext(path) 方法从路径中分割文件的扩展名。os.path.splitdrive(path) 方法从路径中分割驱动器名称。

（9）获取路径。

os.path.abspath(path) 方法返回 path 的绝对路径，os.path.dimame(path) 返回 path 的路径部分。

下面通过一个例子演示文件夹的相关操作。编写一个批量修改文件和目录

名的小程序，实现文件和目录名前加上“Python-”前缀。其代码如下：

```
import os，os.path   # 导入 os 模块
folderName = './renameDir/'
#
dirList = os.listdir(folderName)   # 获取指定路径下所有文件和子目录的名字
for name in dirList:   # 遍历输出所有文件和子目录的名字
print(" 修改前文件名 :"，name)
newName = 'Python-' + name
print(" 修改后文件名 :"，newName)
os.rename(os.path.join(folderName，name)，os.path.join(folderName，newName))
```

本章小结

文件操作在各类软件开发中均占有重要的地位。二进制文件无法直接读取和理解其内容，必须了解其文件结构和所使用的序列化规则，并使用正确的反序列化方法。本章围绕 Python 语言中的文件操作进行讲解，包括文件的打开与关闭、文件的读写、文件的随机读写异常处理结构的概念、系统的异常类、异常处理、自定义异常、异常的抛出和断言 assert 语句使用等。通过学习本章，读者应该可以掌握文件的相关操作，能够在程序中合理地处理异常现象，提高程序的容错性和健壮性。

第二部分　应用基础

第 8 章　行为数据获取与可视化

8.1　消费行为的表现与数据

为了开拓消费市场和有竞争优势的经营机会，世界各国企业都加强了对市场的预测和投资前景的研究，消费行为作为一门新兴学科也就应运而生。由于消费行为是生产过程的最终目的，是由众多消费者的个人行为构成的，购买行为又是一切市场活动的中心，因此，消费行为问题也就成为消费经济学的理论基础和行为科学的重要研究内容。

消费者自身是消费者购买行为的主因。它既产生于消费者的内在需求，又来自外部环境的刺激，存在冲动消费。但是，某一需求还取决于消费者个人的习惯、个性和家庭收入的总水平，以及家庭结构等特点。外界环境是制约消费行为的影响性因素，包括社会因素和企业因素两个方面。社会因素主要如下：①社会交往；②某种社会舆论和运动的影响。企业因素主要如下：①产品更新换代及产品质量、性能、包装的吸引力；②产品品牌；③企业广告；④企业位置与服务态度；⑤商品价格及相关服务费用的高低等。

开展消费者心理和消费者意识趋势的研究，对充分利用市场机制进行市场预测有着重要的意义。

8.1.1　消费行为

1. 消费行为的内容

消费行为就是消费者寻找、消费、使用和评价用于满足需求的商品和劳务所表现出的一切脑体活动。

消费行为包含以下三个方面的内容：

（1）消费行为可以表述为寻找、选择、消费、使用、评价商品和劳务的活动。这些活动会反映在数据中。

（2）消费行为是一种复杂的过程。无论在什么情况下，任何一个阶段也不能等于消费行为的全过程。

（3）消费者扮演着不同的角色。在某种情况下，一个人可能只充当一种角色；在另一种情形下，一个人则可能充当多种角色，表现为不同数据之间的关系。

消费行为的核心问题是消费者的消费动机按照行为学派的传统解释，一定是“看得见的行动”，来自一定的刺激。一般用“SR”表示某一行为，S代表一定的刺激，R表示一定的反应。然而这种传统解释被认为过于简单。很多学者强调消费者的行为趋向是决定和影响消费者的各种内在因素和外部环境共同作用的结果，因此，应对相关的所有内在因素和外部条件的作用进行系统分析。

消费行为是指消费者的需求心理、消费动机、消费意愿等心理与现实表现的总和。影响消费行为的因素见表 8–1。

表 8–1　影响消费行为的因素

	因　素	内　容
1	个人需要	生理、社会和心理
2	个人收入	商品价格与消费动机的关系
3	商品特征	性能、外型、包装与售后服务等
4	社会环境	社会、心理

2. 消费行为的表现与模式

根据市场调查，消费者可以分为三类：青年消费者、老年消费者及女性消费者。他们的心理特点及消费方向各不相同。对于这些消费群体，从产品的功能、情绪、外在展示方面的数据分析对应的消费习惯，见表 8–2。

表 8–2　不同消费者群体购物产品的影响因素

	群　体	产品功能	情绪因素	展示作用
1	青　年	新　颖	情绪化，易冲动	个　性
2	老　年	简洁、方便、精准	品牌忠诚度高	身体健康相关
3	女　性	美感与时髦	从众、自尊	好　看

对许多女性消费者来说，购买商品除满足基本需求之外，还有可能是为了显示自己的与众不同。在这种心理的驱使下，她们会追求高档产品或突显个性的产品，而不注重商品的实用性。

需要注意的是，人们并不是只具备单一的消费心理，针对不同的产品或阶段，可能具备所有的心理特点，只是某一种特征更明显，从而占据了主导地位。在充分了解市场需求和与产品对应的消费人群的特点后，制定相应的营销方案可有效地刺激用户消费。消费者知悉自身性格特点与消费方向后，即可辨别市场营销的某些套路，从而树立良好的消费价值观，并理性消费。

德国近代哲学家哈贝马斯认为，人类有不同的行为类型，对应不同的认知模式。除维持生存的物质资料之外，还要进行人际交往的社会活动。

当然，也有被哈贝马斯叫做策略形式的交往行为，如欺骗、撒谎、误导和操控等，但它们是派生的，即它们要以取得一致的语言行为为前提。

在交往活动中希望相互之间的信息是真的，行为是正确的，意图表达是真诚的。消费模式见表 8–3。

表 8–3　消费模式

	类　型	表　现
1	心中有数型	做好功课，采购商品类型、数量、规格、品牌等，熟悉商品性能，品牌持久
2	精打细算型	对价格相当敏感，比对不同品牌和包装的规格、单价
3	品牌倾向型	生活精致品位，关注精神需求
4	冲动型	打折或抢购时，或无明确消费
5	协助型	辨别力弱，如新产品、保健品等，需借助促销员帮助

根据不同的案例制定不同的数据结构，包括顾客 ID、订单 ID、消费金额、消费商品数量、工作日、时间点等因素。通过对消费者的行为数据分析，了解消费者的消费动机、个性、价值观、偏好、认知和行为的相关数据、框架和方法。

以大数据算清消费者行为、小数据读通消费者心理，能够快速及准确地了解消费者的想法、感受和行为模式，掌握消费者的心理表现和实际操作技巧，从数据化、科学化和创意角度获取消费者数据，制定执行有实效的营销战略，提高营销传播回报率。

- 根据不同的消费群、市场需求和文化差异等因素进行分析，审慎地评估消费者。
- 选用合适的心理学概念和消费数据，分析消费行为。
- 纳入消费者习惯，制定合适的营销策略。

3. 消费行为分析

为什么有些东西自己用不到，但消费的欲望如此强烈？作为厂家，为什么同样的产品，别人卖得风生水起，而自己的却无人问津？

消费行为受主观因素影响，由自身性格特点决定。但消费者的心理也会被一些外部条件影响，如商家通过一些词汇来提升顾客的期望值，进而提升顾客的消费欲望。人在开心亢奋的情况下，如职位升迁、节假日、亲朋好友相聚，都会显著提升消费欲望，借此可以通过营造欢乐氛围促销。还有一些消费品带给人们的感受是大于本身性能的，如奢侈品，附加在产品上的仪式感、成就感、满足感，比实际产品带给他们的价值要高很多。如果你经营一家小商店，有每个客户的信息，那么可以依靠这些信息改善你的业务。在电子商务中，有数百万看不见的顾客，要获得这种程度的洞察力是不易的，也可以从匿名用户的在线浏览记录中获得有价值的见解。

你的大数据储备能让你从旧数据中提出新问题，当你知道过去某个季度的销售额时，只有大数据才具有良好的解决方案。作为一名商人，你需要知道客户最可能消费哪些产品，以及如何帮助他们。两者都需要一个持续反映每个问题和顾客行为的反馈周期。当顾客进入商店时，你可以根据第一印象制定一个销售策略。相较于中年男子，年轻女孩更可能买不同的东西。客户的第一个问题将表明他们的意图，他们对第一个物品的反应会体现出他们的偏好。

推荐引擎有两种方法。第一种方法叫作协同过滤，根据过去的活动产生一个推荐分数；第二种方法是基于内容的过滤，根据产品的属性提供一个推荐分数。基于内容的过滤将推荐有许多共同特征的内容，如一本新书不会被协同算法推荐，但可能会被基于内容的算法推荐。

推荐引擎能够分析和响应实时用户行为，客户输入搜索词及随后对搜索结果的选择或忽略不断地传达其偏好。同样，社交媒体可以洞察客户的情绪、关键字的使用和营销活动的有效性，社交媒体的数据量庞大，且更新速度快，一系列社交渠道在帮助理解消费者群体上发挥着重要作用，每个渠道都有各自综合的图像、链接、标签和文本，吸引不同的消费者群体，有着不同的用途，并能指出你需要立即解决的公关危机。

8.1.2 消费行为的数据分类与架构

1. 网络消费的数据分类与架构

在采集消费行为数据前，需要准备一些常见的网络消费数据分析指标与参数，主要有流量指标、转化指标、营运指标、会员指标和财务指标等。其中，流量指标、转化指标、会员指标和财务指标主要与平台运营商、销售商和生产厂家相关。与消费行为相关的个人数据，消费指标与参数见表 8–4。

表 8–4　消费指标与参数

	指　标	参　数
1	订单指标	订单数量、订单金额、订单用户数、有效订单、无效订单
2	退货指标	退货数量、退货金额、退货用户数、金额退货率、订单退货率
3	效率指标	客单价、件单价、动销率
4	库存指标	库存数量、库存金额、库存天数、库存周转率
5	评价指标	好评、差评

对处于不同阶段的行业、性质的公司来说，关注的指标也不一样。对于一个新电商，在摸索阶段，需要积累数据找准营运方向，则更关注与公司或产品相关的流量指标：注册用户数、访客来源、访客数、浏览量、浏览时间、产品的浏览量和顾客反馈评价等。对于持续营运一段时间的网络电商，需要提高销量，更关注的指标：访客数、浏览量、转化率、新增会员数、会员流失率、客单价和销售额等。对于具有一定规模的网络消费，利用数据提升整体营运水平就很关键。他们的重点指标就是访客数、浏览量、转化率、留存率、客单价、库存天数、订单满足率和销售额等，使用行业排名或品牌数据，包括品牌、价格、数量、地区分布、消费群体、行业排名、交易指数、交易增长幅度和支付宝转化指数等几个重要字段。

在进行数据分析前，要对公司现状、行业现状与趋势，以及企业需求有所了解，发掘最有价值的数据分析，准备好要分析的数据，根据需要对采集的数据进行适当的横向合并、裁剪等处理，最好把数据按照时间字段设置为该表的索引，以便按照时间维度进行各种汇总分析。例如，以时间索引为横轴，显示成绩、成绩变化趋势等；有时还需要进行回归分析算法，对今后的成绩等进行预测。利用数据可视化，可以看到趋势变化、影响因素、相互关系、主次要矛盾等；针对性地采取改进对策、制定竞争策略等。

数据化运营是指通过数据化的工具、技术和方法，对运营过程中的各个环节进行科学分析、引导和应用，从而达到优化运营效果或提高效率的目的。数据分析在这个过程中主要起到辅助决策和数据驱动的作用。

除通过 Python 语言实现特定的功能、程序和产品化应用之外，用户还需要提供数据化运营的应用支撑。本节将从数据报告矩阵、分析指标矩阵、探索维度矩阵、应用场景矩阵四个方面简单介绍如何建立全面的数据应用体系。

探索维度指在做数据分析时，研究和分析问题的方向和角度。例如，分析全球变暖可以从人类二氧化碳排放量、全球自然气候演变、太阳自身的变化等维度分析。在分析数据时，基本都需要从不同的分析维度切入。因此，维度越丰富，可分析的角度和信息点越多。

根据分析的对象，可以分为目标端、用户端两类。

（1）用户端属性。用户端数据的分析维度包含用户属性、用户线上行为。用户属性是指用户本身的特征和要素，包括性别、年龄、收入和设备等社会属性数据。

1）性别、年龄和收入等社会属性信息，主要通过 CRM 系统获得。

2）设备属性包括设备浏览器（如 Intemet Explorer）、操作系统（如 Windows）、设备类型（PC 端、手机、平板电脑）、设备名称等。

此外，网站分析工具还提供了基于用户访问次数的新老访问、客户留存、访问活跃度等数据，这些是评估用户活跃情况的重要维度。

（2）目标端属性。目标是指业务要实现的目的。目标分析既是数据分析的起点，也是评价业务活动是否成功的唯一标志。以营销为例，常见的营销目标包括品牌推广、活动促销、流量引入、完成转化（如订单转化、试用转化、预订转化等）4 类。

电话和沟通信息、线下门店的销售记录、客户退换货信息等是客户数据的主要来源，因为它们都属于用户与企业产生的真实关联。这种关联一般都基于服务交易产生，如订单、购买等。

（3）用户线上行为。用户线上行为包括普通页面访问行为、搜索行为、转化行为、电子商务行为 4 类。

1）页面访问行为包括页面查看、单击、访问和链接等数据。

2）搜索行为是用户站内喜好和需求的重要表现。

3）转化行为是网站自身定义的转化目标，包括注册、下载、预订、接受服务等。

4）电子商务行为是消费数据的核心，包括订单、预付款、服务预订等。结合用户行为数据挖掘既是线上分析的重点，也是基于网站分析工具提供价值的联系纽带。

所有营销行为的本质都是基于用户的喜好、诉求和行为。

2. 报告的类型与组织架构

数据报告是数据工作的核心内容，基本以报表、报告、邮件或数据文件为输出物。按照触发情况和频率，可分为临时分析、实时分析、日常报告、趋势分析等。数据分析类型见表 8–5。

（1）临时分析。临时分析是为了满足业务需要而临时增加的需求，包括数据提取、数据咨询、数据报告等。临时分析是日常工作的一部分，是区别于既定计划工作的突发性或临时性工作。

临时分析的需求对象包括上级领导部门、平行需求部门和数据中心内部。

（2）实时分析。实时分析是数据发挥价值的重要输出窗口，常见于企业大型活动的开展过程，通过实时监测和反馈信息来辅助业务方进行实时优化。实时分析不是针对所有场景都能发挥作用，而是有特定的作用范围和要求。

（3）趋势分析。产品生命周期（Product Life Cycle，PLC），是产品的市场寿命，即一种新产品从开始进入市场到被市场淘汰的整个过程。

费农认为，产品生命是指市场的营销生命。产品和人的生命一样，要经历形成、成长、成熟、衰退这样的周期。

（4）日常报告。日常报告按频率和数据时间范围可分为小时报、店庆、周年庆、日报、周报、季报、半年报和年报。

日常报告的特点是针对一定周期的数据进行汇总和统计，以便获得关于整体和细分数据的变化和趋势。日常报告通常采用相同的输出框架和模板，因此，呈现出程式化、常规化和周期性的特点。

需要注意：

- 选择最适合用例的表或图。例如，趋势变化会更快从图中得出，表格更适用于序列性观察。
- 保护行为数据中所隐藏的敏感信息。

表 8–5　数据分析类型

	作　用
临时分析	范围广，可能包括全站和特定对象的数据需求、特定业务的效果分析等
	日常琐碎需求的主要构成，通过流程化机制来规范
	通常见于初级数据分析师的日常工作中

续表

	作　用
实时分析	可监测。实时分析的首要关键点是有数据支持，要求数据既要可控于企业内部，又要可测量
	可实时反馈。在某些场景下，数据按小时或天的频率更新是无法满足实时分析需求的
	可优化是实时分析输出的关键，实时分析的结果输出后，业务方可以有针对性地改善和优化
	异常数据检测是实时数据分析的核心，异常监测的常用营销点包括异常流量监测、异常订单监测、异常页面访问等
日常报告	周期性报告一定要有关于整体趋势的定论，对比、环比、定基比都是比较好的趋势观察方法
	重要事件的数据及对整体的影响做简要分析
	关注潜在因素，其产生的影响可能与整体趋势相近或相反
趋势分析	起步期，产品设计尚未成熟，行业产品的开发相对缓慢，利润率较低，市场增长率较高
	成长期，需确保充分扩大产量和市场份额，投资大、高增长
	成熟期，增长率降到较正常水平，相对稳定，各年销售量变动和利润增长幅度较小，竞争更激烈
	衰退期，市场增长率严重下降，产品品种减少，更关注行业的存在期

数据处理完后，数据点在图形上更加集中或分散，表现出趋势性，可以看出关系。数据可视化是诊断分析的强大工具，通过精心设计的表格和图形来探索和传递数据的发现，即时、透彻地展示数据见解，使分析过程既像科学又像艺术。

按照数据分析的目的可分为诊断分析、预测分析、规范性分析等类型。数据分析的目的划分见表 8–6。

表 8–6　按照数据分析的目的划分

	目　的
诊断分析	常常是临时性的，简单易行，价值高； 汇总分析源数据、可视化图形，发现显而易见的趋势
预测分析	诊断分析和预测分析互有交叉
规范性分析	规范性分析告诉你应该做什么

8.2　Python 数据爬取与可视化

采用 Python 语言进行网络消费行为数据分析，需要采集网络用户的数据。在数据统计分析完成后，客观、简单、明了地展现出来，是解决实际问题的基本技能。

数值分析有时并不那么容易理解，好的可视化可以将通过数据分析得到的结论更好地展现给客户。本节将展示一些可视化数据和结果的方法。图像提供了一种快速分析数据的方法，大小和长度的差异是图像中的快速标记，可以据此得出结论。除这里列出的图表之外，在处理数据时还可以实现更多的功能。

数据可视化是发掘数据规律、展示数据结果的必要方式之一。在可视化过程中，除基本的表格展示之外，最重要的方式就是可视化的图形。

有的人也许会觉得可视化不过是画条形图、柱状图，其实如今可视化已经发展成为一门学科，有着深刻的理论基础做支撑。比如，从生物学角度解释人眼对图像的敏感点，从信息编码的角度思考如何尽可能最大限度地传递信息等。总而言之，可视化并不仅仅是条形图、饼图、散点图等图形的简单组合。

8.2.1　爬取的方法

1. 爬虫的简单介绍

爬虫是一项很实用的技能。即使你不是一位数据分析师，生活中处处也会用到爬虫技术，因为爬虫是获取实时数据的重要手段之一。比如，你准备买房子，如果精通爬虫技术，那么去找中介之前是不是可以先爬取房地产实时信息让自己心里有个底？由此说来，如果你是一位数据分析师，就更有必要掌握爬虫技能了。

其实，只会爬虫技术是很难找到工作的，因为大部分公司对爬虫岗位的需求并不大。不过它却对很多岗位都起着锦上添花的作用。爬虫本身并不难，也并不神秘，本质上就是把构成网页的 HTML 文件通过写程序的手段读取并存储下来。但是由于很多公司对一些爬虫行为不厌其烦（频繁访问会增加公司维护网页的成本），因此，使用了一些反爬虫技术。当你进行大规模、持续性爬取数据时，像越过验证码、代理访问、IP 池等这些技术就成为必须掌握的技能了。

因此，作为一个数据分析师，本职工作并不是获取数据，并不需要精通爬虫技术，但需要了解一些爬虫知识，以备不时之需。

2. 网页的构成

想要学习爬虫，先得了解网页的构成。有没有想过日常浏览的网页是如何展现在我们面前的？

网页也是编写出来的，这个岗位叫作前端开发工程师。打开浏览器，输入特定网址时，就能从该网址上下载编写该网页的代码，这些代码通过一些编译结合浏览器就会以文字、图片、视频等复杂的形式呈现在眼前。而爬虫就是通过编码将编写该网页的代码读取并存储起来，以便后续提取、分析网页中的特定信息。编写网页的语言叫作超文本标记语言。网页的本质其实也就是超文本标记语言，而爬虫的本质就是爬取超文本标记语言。

然后编写一个 download_page 函数。其功能就是将该网址里的 HTML 语言读取下来。这里用到了一个用户代理技术。很多网站都有反爬虫技术，它们会对访问来源进行统计，当同一访问来源的访问次数超过某个阈值，网站就会限制它的访问。为了防止这种情况出现，爬虫时会搜集不同的 User-Agent，然后随机使用，伪装成很多不同的访问来源。User-Agent 称为用户代理，简称 UA。其存放在 Headers 字段中，服务器就是通过查看 Headers 来判断是谁在访问。

Python 语言中有关爬虫的模块有很多，这里使用的是 requests 模块。调用 requests 模块中的 get 函数，其有两个参数，一个是 url，即爬取网址；一个是 headers，即 headers 字段。

通过 dowmload_page 函数可以获取网页的原始数据。原始数据就是 HTML 标签和目的数据杂糅的综合数据。接下来，从原始数据中提取出目的数据，需要用到字符串匹配技术。

有多种方法可以实现字符串匹配，最基础的就是正则表达式。它是计算机科学的一个概念，正则表达式通常被用来检索、替换那些符合某个模式（规则）的文本。它很灵活，也很强大，但其缺点是难以掌握。

实战中使用的字符串匹配技术是 BeautifulSoup 库，它易于掌握，但是不如正则表达式灵活，且运行起来比较占内存。

3. 网络爬虫

随着互联网的迅速发展，万维网（WWW）成为大量信息的载体，如何有效提取并利用这些信息成为一个巨大的挑战。网络爬虫是一种按照一定规则、自动抓取万维网信息的程序或脚本。网络爬虫已成为高效获取网络信息资源的重要手段。Python 语言提供了丰富的函数库来支持网络爬虫的实现。这里介绍网页爬取的标准库 urllib、第三方库 requests，以及处理分析网页内容的第三方库 BeautifulSoup4。

网络爬虫，又被称为网页蜘蛛、网络机器人、网页追逐者。如果把互联网比喻成一个蜘蛛网，那么网络爬虫就是一只在网上爬来爬去的蜘蛛。它是搜索引擎抓取系统的重要组成部分。网络爬虫的主要目的是将互联网的网页下载到本地形成一个互联网内容的镜像备份。网络爬虫是根据网页的地址（Uniform Resource Locator，URL）来寻找网页的。URL 的一般格式如下（带方括号 [] 的为可选项）：

```
protocol :// hostname [ :port] / path / [；parameters][?query]
```

URL 的主要组成部分：

- protocol（协议）：指定使用的传输协议。最常用的是 HTTP 协议，它也是目前 WWW 中应用最广的协议。对安全性要求较高时，常采用 HTTPS 协议。
- hostname（主机名）：指定存放资源的服务器的域名或 IP 地址。
- port（端口）：可选，省略时使用方案的默认端口，各种传输协议都有默认的端口号，如 HTTP 的默认端口为 80。
- path（路径）：一般用来指定主机上的具体地址，如目录和文件名等。
- parameters（参数）：可选，用于指定特殊参数的可选项。
- query（查询）：可选，用于给动态网页传递参数，可有多个参数，用 & 符号隔开，每个参数的名和值用 “” 符号隔开。

网络爬虫根据 URL 来获取网页信息。网络爬虫的应用一般分为两个步骤：先通过网络连接获取网页内容，再对获得的网页内容进行处理。这两个步骤分别使用不同的库：urllib（或 requests）和 BeautifulSoup4。

使用 urllib 库时不难发现，虽然这个库提供了很多关于 HTTP 请求的函数，但是这些函数的使用方式并不简洁，仅仅实现一个小功能就要用到很多代码。因此，Python 语言提供了一个便于开发者使用的第三方库 requests。requests 是基于 Python 语言开发的 HTTP 库，与 urllib 标准库相比，不仅使用方便，而且能节约大量的工作。实际上，requests 是在 urllib 的基础上进行了高度的封装，它不仅继承了 urllib 的所有特定，而且还支持一些特殊的特性。例如，使用 Cookie 保存会话、自动确定响应内容的编码等可以轻而易举地完成浏览器的任何操作。具体内容请查看相关帮助文档。

通过软件操作可以将整个网页的内容全部爬取下来。不过，这些数据的信息量往往非常庞大，不仅整体给人非常混乱的感觉，而且大部分数据并不是人们关心的。针对这种情况，需要对爬取的数据进行过滤、筛选，去掉没用的数据，留下有价值的数据。为此，Python 语言支持一些解析网页的技术，分别为正则表达式、XPath、BeautifulSoup 和 JSONPath。

其中，BeautifulSoup 是 Python 语言处理 HTML/XML 的一个函数库，是 Python 语言内置的网页分析工具，用来快速转换被抓取的网页。它产生一个转换后的 DOM 树，尽可能和原文档内容的含义一致。这种措施通常能够满足搜集数据的需求。

8.2.2 数据可视化的应用与方法

数据可视化是利用可视化的方式（如图形、表格等），将数据形象地展示出来，以便更好地帮助用户掌握数据信息。数据可视化经常用于数据探索、数据结果展示、数据报告等方面。好的可视化方式会帮助数据分析师更好地输出数据信息。

Python 语言提供了非常多样的绘图功能，可以通过 Python 语言提供的工具 Matplotlib 绘制二维、三维图形。Seaborn 在 Python 语言中用于创建信息丰富和有吸引力的统计图形库。它基于 Matplotlib 提供了多种功能，如内置主题、调色板、函数和工具，来实现单因素、双因素、线性回归、数据矩阵、统计时间序列等的可视化，以便我们进一步实现更加复杂的可视化过程。

Python 语言有众多数据可视化库。本章的数据可视化主要基于 Matplotlib 之上的数据框或 seaborn，另外也会介绍如何使用 Pyecharts 做数据可视化图形。

（1）Matplotlib。Matplotlib 是 Python 语言领域的第一个可视化库，后续其他库大多在此基础上做高级封装和改进。该库功能强大且应用成熟，但问题在于应用程序接口（Application Programming Interface，API）过于繁杂，且缺少交互性。

（2）Pandas 中的可视化方法。Pandas 中的数据框可直接调用 plot 方法展示常用图形，某些特殊函数也封装了其各自应用的图形，如自相关图、偏相关图等。因此，在数据可视化时使用较方便。也正因为它的高度封装，导致缺少对细节的定义和控制不够灵活。

（3）Seaborn。Seaborn 是基于 Matplotlib 的高级可视化库，隐藏了很多 Matplotlib 细节设置，通过简单的方法即可产生美观、易用的可视化效果。但如果要对细节做更进一步设置，用户就需要配合 Matplotlib 的其他方法实现。

（4）Pyecharts。Pyecharts 是基于百度 Echarts 的可视化库，囊括 30 多种常见图表，且支持多种展示和应用环境。除灵活、强大的图形和配置项之外，还支持与 Flask、Django 等主流 Python 语言框架集成。

数据可视化图形的表达需要配合展示用户的意图和目标，即要表达什么思想就应该选择对应的数据可视化展示方式。数据可视化要展示的信息内容按主题可分为 4 种，即趋势、对比、结构、关系，其作用见表 8–7。

表 8–7　趋势、对比、结构、关系的作用

类型	应　用	案　例	形　式
趋势	指事物的发展趋势，如走势的高低、状态好坏的变化等趋势，用于时间序列评估事物的场景	按日的用户数量趋势、按周的订单量趋势、按月的转化率趋势等	折线图、柱状图
对比	指事物之间在不同时间下的对照，可直接反映事物之间或内部的差异性	新用户与老用户的客单价对比、不同广告来源渠道的订单量和利润率对比等	柱状图、条形图、雷达图
关系	指不同事物之间的相互联系，类型、结构多样	交叉销售关系、浏览页面时间序列关联等	关系图、树形图、雷达图、词云图、漏斗图、散点图
结构	一个整体由哪些元素组成，以及各个元素的影响因素或程度的大小	不同品类的利润占比、不同类型客户的销售额占比等	玫瑰图、扇形图、环形图、面积图

8.2.3　简单数据的可视化

简单数据信息的可视化图形，Matplotlib 库里的常用对象类的包含关系如下：

```
Figure-Axes-+(Line2D , Text , etc)
```

一个 Figure 对象可以包含多个子图（Axes），在 Matplotlib 中用 Axes 对象表示一个绘图区域，可以理解为子图。可以使用 subplot 函数快速绘制包含多个子图的图表。它的调用形式如下：

```
subplot(numRows, numCols, plotNum)
```

subplot 将整个绘图区域等分为 numRows 行 numCols 列个子区域，然后按照从左到右、从上到下的顺序对每个子区域进行编号，左上的子区域编号为 1。如果 numRows、numCols 和 plotNum 这 3 个数都小于 10 的话，就可以把它们缩写为一个整数，如 subplot(323) 和 subplot(3,2,3) 是相同的。subplot 在 plotNum 指定的区域中创建一个轴对象。如果新创建的轴和之前创建的轴重叠的话，之前的轴就被删除，其包含的每个绘图函数都有大量的选项，使得图形的绘制十分灵活、多变。

Matplotlib 常用的制图功能有饼图、条形图、折线图、箱线图、直方图、散点图等。Matplotlib 的几种主要图形的显示方法如下：

（1）导入库。导入库是程序的第一步，后续用到的所有 Python 语言内置功能之外的其他功能，一般都需要通过导入的方式才能使用。这里用到了 Matplotlib 库作为图形展示的基础库，Pandas、NumPy 用于数据处理。例如：

```
import  matplotlib.pyplot as plt                          # ①
plt.rc("font" , family="SimHei" , size="14")              # ②
plt.rcParams['axes.unicode_minus' ]=False                 # ③
import  pandas as pd                                      # ④
import  numpy as np                                       # ⑤
%matplotlib inline                                        # ⑥
%config InlineBackend.figure_format='retina'              # ⑦
```

在上述导设置中，代码①导入 Matplotlib 库，后续的设置基于该库实现。代码②设置图形的字体为 SimHei，大小为 14，目的是避免中文显示乱码。代码③用来设置当图形中出现负号时可正常显示。代码④和代码⑤分别导入 Pandas、NumPy 库用于数据读取和基本处理。代码⑥设置图形可直接在 Jupyter 窗口中嵌入显示，不需要额外调用 matplotlib.pyplot 的 show 方法。代码⑦用来设置图形可适用于 retina 屏幕，这样可视化图形在高清屏幕上会显示得更加清楚。

（2）读取源数据。读取源数据是指通过代码的方式从源文件中读取信息，用于后续的展示、处理等。例如：

```
raw_data = pd.read_excel('demo.xlsx')                     # ⑧
raw_data .head()                                          # ⑨
```

代码⑧从名为 demo 的 Excel 文件中读取数据，默认读取第一个 Sheet 中的源数据。代码⑨输出前 5 条数据，结果见表 8–8。

表 8–8　样本数据结构

	DATETIME	SECTION	CITY	CATE	COUNT	INCOME	VISITS	PAGEVIEWS	STORE1–COUNT	STORE2–COUNT	IS–PRO

后续图形展示主要使用 DataFrame.plot 方法，代码如下：

```
DataFrame.plot(x=None , y=None , kind='line' , ax=None , subplots=False , sharex=None ,
        sharey=False , layout=None , figsize=None , use_index=True , title=None , grid=None ,
        legend=True , style=None , logx=False , logy=False , loglog=False , xticks=None ,
        yticks=None , xlim=None , ylim=None , rot=None , fontsize=None , colormap=None ,
        table=False , yerr=None , xerr=None , secondary_y=False , sort_columns=False ,
        **kwds)
```

其中常用参数如下：

- x：x 轴（横轴）数据列，一般用列标题或位置表示。
- y：y 轴（纵轴）数据列，一般用列标题、位置表示单列或由其组成的列表表示多列。
- kind：展示图形的类型，可选值包括 line（折线图，默认图形）、bar（柱状图）、barh（条形图）、hist（直方图），box（箱线图）、kde（核密度估计图）、density（与 kde 功能相同）、area（面积图），pie（饼图）、scatter（散点图）、hexbin（蜂窝图）。
- subplots：布尔型，是否将数据列的不同信息作为不同的子图展示，默认值为 False。
- layout：元组，展示不同子图的布局。例如,(1,4) 表示子图的布局为 1 行 4 列。
- figsize：元组，表示整个图形的大小，以英寸为单位。
- use_index：布尔型，使用 index 索引表示 x 轴，无须手动指定具体列。
- title：字符串，图形的标题文字。
- logx/logy：布尔型，使用 log 方法对 x 轴和 y 轴做量纲处理后的值在区间 (0,1) 内。
- xticks/yticks：列表，x 轴和 y 轴显示的值。
- fontsize：数值，x 轴和 y 轴显示的值的字号。
- **kwds：严格讲，**kwds 并不是某个参数，而是可通过 key=value 的方式传入参数和参数值的键值对，任何在 Matplotlib 中的可用参数，都可以通过这种方式传参。

8.2.4　柱状图

柱状图（条形图）用来对比表达数据之间的差异。

柱状图是利用宽度相同的长方形表示信息的一种统计图表。它能够利用柱形的高度比较清晰地反映数据的差异。一般情况下用来反映分类项目之间的比较，也可以用来反映时间趋势。当反映分类项目时，建议用不同颜色的柱状图区分时间趋势，用相同的颜色表示连贯性。注意，当柱状图的分类较多，如超过 8 时，会导致信息过多而影响信息的展示。

为了将值 25、5、150 和 100 绘制成柱状图，把这些值存储在数组中，并将其传递给 bar 函数。图中的柱状表示沿 y 轴的大小，代码如下：

```
import matplotlib.pyplot as plt
    data = [25. , 5. , 150. , 100.]
    x_values = range(len(data))
    plt.bar(x_values , data)
    plt.show()
```

x_values 存储由 range(len(data)) 生成的值数组。此外，x_values 将决定 x 轴上的点，对应这些柱状条的 x 轴坐标。第一个柱状图将画在 x 轴上“x=0”位置，第二个带有数据 5 的柱状图将绘制在 x 轴上“x=1”的位置。每个柱状条的宽度可以通过修改下面的数值更改。

```
plt.bar(x_values, data, width=1.)
```

然而，这在视觉上并不吸引人，因为柱状条之间没有空间，看起来笨拙。在 *x* 轴上，每个柱状占据一个单位距离。柱状图展示结果如图 8–1 所示。

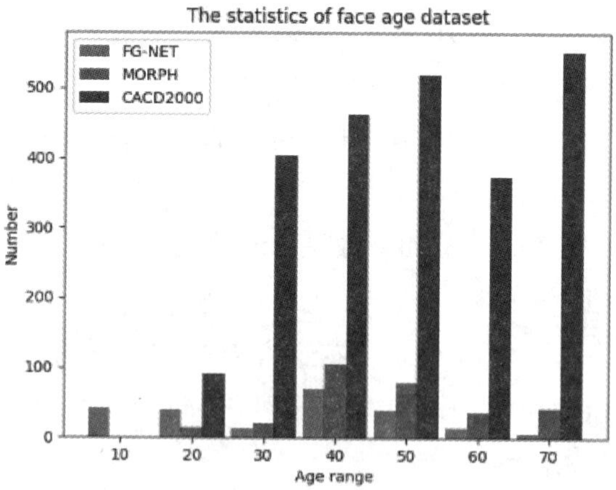

图 8–1　柱状图展示结果

8.2.5　折线图和柱形图

折线图和柱形图用于展示数据的变化趋势。

（1）折线图。折线图是用折线显示信息的一种统计图表。它一般用来反映随时间变化的趋势，用于描述事物随时间维度的变化。示例代码如下：

```
datetime_data = raw_data.groupby(['DATETIME'], as_index=False).sum()   # ①
datetime_data.plot(kind='line', x='DATETIME', y=['COUNT', 'INCOME'],
figsize=(10, 4), title=' 按日销售走势 ')                                 # ②
```

代码①对 raw_data 按 DATETIME 列做分类汇总，汇总计算指标是所有列，汇总计算方式是 sum 求和，得到 datetime_data。代码②调用 datetime_data 的 plot 方法展示折线图，整个参数配合与柱形图相同，仅有以下 2 处设置有区别。

- kind=line：line 代表折线图，也是默认状态下的图形形式。
- x=DATETIME：设置 x 轴（横轴）是日期列。

上述代码执行后的结果如图 8–2 所示，显示上升或下降趋势。COUNT 和 INCOME 的波动方向基本一致，二者的相关性较高。

图 8–2　折线图展示结果

（2）柱形图。柱形图展示时间趋势，只要将横轴设置为时间即可。示例代码如下：

```
raw_data[' MONTH '] =raw_datat['DATETIME'].map(lambda i: i.month)                # ①
datemonth_data = raw_data.groupby(['MONTH'], as_index=False).sum()             # ②
datemonth_data.plot(kind='bar', x='MONTH', y=['COUNT', 'INCOME'], figsize=(10,

4), title=' 按照月份销售走势 '')                                                  # ③
```

代码①从 raw data 的 DATETIME 列中解析出月份信息，使用 map 配合 lambda 实现。在 lambda 的定义中，直接使用每个元素的 month 属性得到月份数据。代码② raw_data 基于 MONTH 做分类汇总，汇总计算指标是全部，汇总计算方式是 sum 求和，得到 datemonth_ data。代码③调用 plot 方法展示柱形图。

柱形图展示时间序列的趋势时，明显区别于折线图的地方是数据周期或粒度较粗。例如，折线图中展示的时间粒度是日，而柱形图展示的时间粒度是月或季度等，否则在横轴内无法完全展示所有值的信息，影响结果呈现。柱形图展示时间序列如图 8–3 所示。

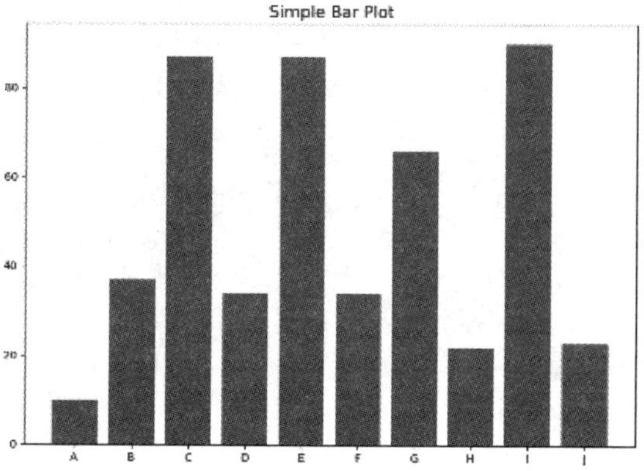

图 8–3　柱形图展示时间序列

8.2.6　饼图

饼图（面积图）用于展示数据的成分或结构信息。

饼图是在一个圆形图中，显示不同事物分布的一种统计图形。在需要描述某一部分或某几个关键部分占总体的百分比时，适合使用饼图，尤其是在图形上显示百分比时，能更清晰地表达。示例代码如下：

```
cate_data = raw_data.groupby(['CATE'], as_index=False) ['VISITS'].sum()        # ①
cate_data =cate_data. sort_values(['VISITS'], ascending=False)                 # ②
labels =cate_data['CATE']                                                      # ③
cate_data.plot (kind='pie', y='VISITS', figsize=(6, 6), title='VISIT 在各个 CATE 中
        的分布 ', labeldistance=1.1, autopct="%1.1f%%", shadow=False, startangle=90,
        pctdistance=0.6, labels=labels, legend=False)                          # ④
```

代码①将 raw_data 按 CATE 列做分类汇总，汇总指标为 VISITS，汇总计算方式为 sum 求和，得到 cate_data。代码② cate_data 按汇总后的 VISITS 列倒序

排序，目的是便于按照逻辑顺序展示分布结果。代码③从 cate_data 中的 CATE 列获得 labels 数据，用于展示不同饼图中的标签。代码④调用 cate_data.plot 展示饼图，主要参数设置如下：

- kind =pie：设置图形为饼图。
- y：展示的数据列，由于饼图只有一个维度，因此只需设置 y 即可，x 留空。
- figsize：这里设置的元素是一个 6×6（单位为英寸）的正方形，原因是饼图，本身是圆形的。
- labeldistance：设置标签文本距圆心位置，如 1.1 表示 1.1 倍半径。
- autopct：设置圆中标签文本的字符串格式，与 Python 语言字符串格式化表示方式类似，这里的 %1.1f% 表示以百分比的形式展示，同时保留 1 位小数。
- shadow：是否展示饼图的阴影。
- startangle：饼图第一个（开始）扇区的角度，这里可设置任意角度。设置为 90，图形更美观；默认从 0 开始逆时针旋转。
- pctdistance：设置圆内标签文本到圆心的距离。
- labels：设置圆内的标签文字。

在上述的参数中，通过 cate_data.plot 查看函数帮助信息，会发现很多参数都没有呈现出来。这些参数本身是 Matplotlib 在展示饼图时可设置的参数。本章最开始也提到了数据框的图形展示方法是基于 Matplotlib 的封装，因此，可以直接放到数据框的 plot 方法中设置并生效。上述代码执行后的结果如图 8-4 所示。

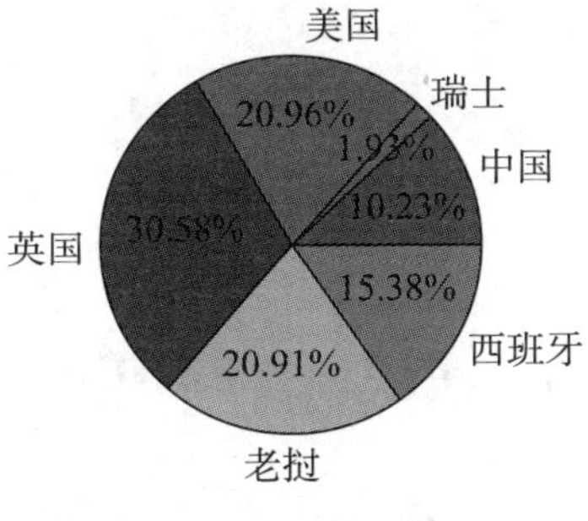

图 8-4　饼图展示结果

饼图在展示不同类别或内部元素的构成时，不太适合展示过多元素（如超过 5 个）的情况。如果要将这些分类值同时展示在饼图中，就会导致图形的信息过大而无法有效表达信息。此时可以将数据做更高级别的汇总，或者使用其他方式展示，如为饼图增加子饼图。

8.2.7 散点图

散点图用于展示数据之间的相互关系。散点图常用来展示 2 个维度间的关系，尤其做相关性分析或回归分析时，经常用来分析回归的拟合模型的评估，如线性回归、指数型回归、二项式回归等。示例代码如下：

```
raw_data.plot(kind='scatter', x='COUNT', y='VISITS', figsize=(10, 4), title='COUNT 和 INCOME 关系')
```

在代码中，先通过 kind=scatter 指定 kind 展示散点图，然后分别设置散点图的横轴和纵轴为 COUNT、VISITS，得到如图 8–5 所示的图形。从图 8–5 中可以看到，COUNT 和 VISITS 基本上呈线性相关，即当 VISITS 越大时，COUNT 也越大，反之亦然。因此，后续可以考虑对线性模型做拟合。

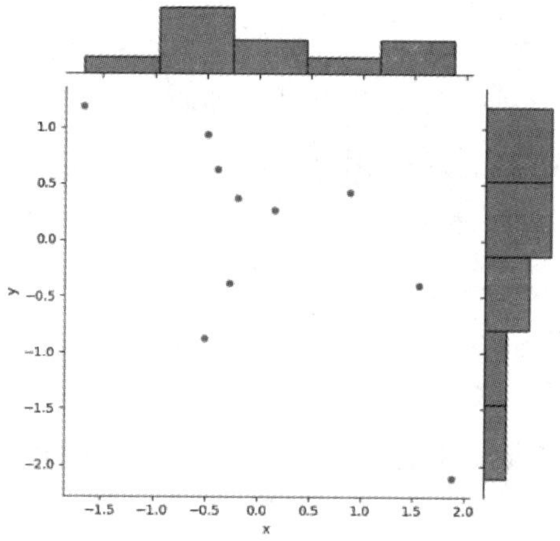

图 8–5 散点图展示结果

8.3 复杂数据可视化

复杂数据信息的可视化在呈现方式、使用的库，以及用法上都与基于数据框的方法有所不同。这里使用 seaborn、calmap、pyecharts 库显示不同类型的图形。如果读者的程序环境中没有这些库，就使用 pip 命令安装。命令格式如下：

```
pip install seaborn、pip install calmap、pip install pyecharts
```

1. 热力图

热力图用于表示数据之间的相关关系。热力图用特殊的高亮和颜色来显示不同图片上信息的差异和分布。它是展示数据分布的基本方法，可以用来展示用户在网页上的点击、地区人群分布、交通车辆密度等，也可以展示同变量的相关关系。例如，使用热力图展示相关性分析的结果，代码如下：

```
import   seaborn as sns                                                         # ①
plt.figure(figsize=(6 , 5))                                                     # ②
cols = ['COUNT' , 'INCOME' , 'VISITS' , 'PAGEVIEWS']                            # ③
heatmap_data = raw_data[cols].corr()                                            # ④
sns.heatmap (heatmap_data , xticklabels=cols , yticklabels=cols , annot=True)   # ⑤
```

代码①导入 seaborn。代码②设置图形的大小。代码③设置要做相关性分析的列名。代码④将要做相关性分析的数据拆分出来，并调用 heatmap_data 的 corr 方法做相关性分析，得到相关系数结果。代码⑤使用 seaborn 的 heatmap 方法展示热力图。参数设置如下：

- heatmap_data：数组或矩阵，要展示热力图的数据。
- xticklabels/ yticklabels：列表，设置 x 轴和 y 轴的名称，等同于列名。
- annot：布尔型，是否在热力图网格内显示数值。

上述代码执行后，得到如图 8-6 所示的图形。从图 8-6 中可以看出，颜色越深，表示值越小。

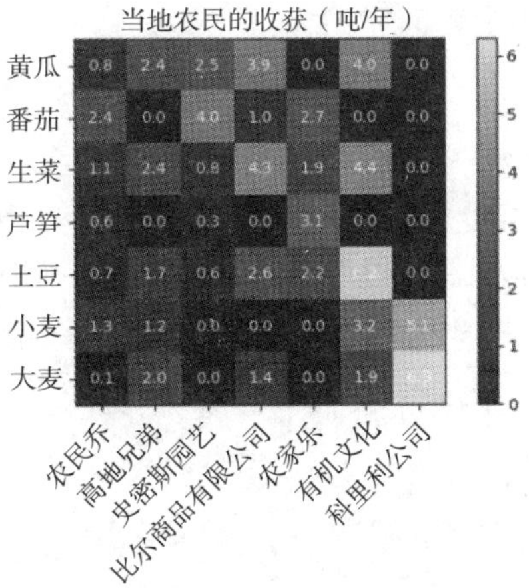

图 8-6　热力图展示结果

2. 箱线图

箱线图用于可视化一个分布的中值和低、高范围，也被称为盒子图。画一个简单的方框图，从正态分布中产生 3 个数开始，然后传递给箱线图（数据）。将 numpy 作为 np 导入，代码如下：

```
import numpy as np
import matplotlib.pyplot as plt
data = np.random.randn(3)
plt.boxplot(data)
plt.show()
```

产生的箱线图表，如图 8–7 所示。

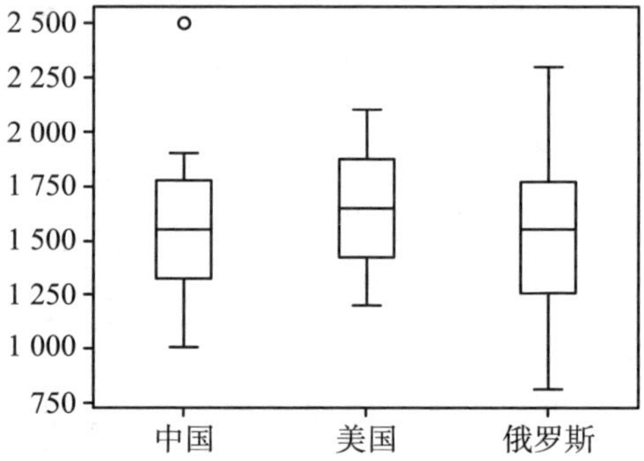

图 8–7　箱线图展示结果

箱线图的特征包括跨越四分位数范围的箱线，表示数据离散度，所述数据的上下条线由中心盒上的须表示。箱线图可以方便地识别数据集中的异常值，以及确定数据集可能向哪个方向倾斜。

3. 漏斗图

漏斗图是指数据的下一步是从上一步“漏”下来的，形成类似于漏斗的形状，常用来展示不同转化环节的完成情况。例如，新用户注册完整流程需要经过注册、验证邮箱两个步骤。从注册到验证邮箱这一步并不是所有人都会完成，总有一些用户会“流失”，这就形成一个漏斗。从漏斗图开始，接下来的图形展示会用到 pyecharts 库，代码如下：

```
# 导入库
from  pyecharts  import   options as opts                    # ①
from  pyecharts. charts  import   Funnel                     # ②
import  pandas as pd                                         # ③
```

代码中分别导入 pyecharts 用到的 options 配置库和 Funnel 库，分别用于配置图形设置信息，以及展示漏斗图信息。Pandas 用于读取数据和预处理。

```
# 读取并处理数据
raw_data2 = pd.read_excel('demo.xlsx' , sheet_name =1)                              # ④
data = raw_data2.drop(['DATE' , 'IMPRESSIONS' ] , axis=1).sum(axis=0)               # ⑤
funnel_data= [[i , j] for i , j in zip(data.index , data.to_list())]                # ⑥
```

代码④指定读取 demo 文件中第 2 个 Sheet 的数据。代码⑤丢弃名为 DATE 和 IMPRESSIONS 的列，并按列求和，得到 data。代码⑥使用列表推导式，读取 data 中的 index 和数据，并依次以子列表的形式添加到 funnel_data 中。

```
# 展示漏斗图
funnel=Funnel()                                                                      # ⑦
funnel.add(" 漏斗 " , funnel_data)                                                   # ⑧
funnel. set_global_opts(title_opts=opts.TitleOpts(title=" 广告单击、到达和转化漏斗 "))  # ⑨
funnel.render_notebook()                                                             # ⑩
```

代码⑦初始化 Funnel 的对象为 funnel。代码⑧调用 add 方法添加每层漏斗的数据。代码⑨调用 set_global_opts 方法设置图形标题。代码⑩调用 render_notebook 方法将数据显示在 Jupyter Notebook 中。

代码执行后，得到如图 8-8 所示的结果。

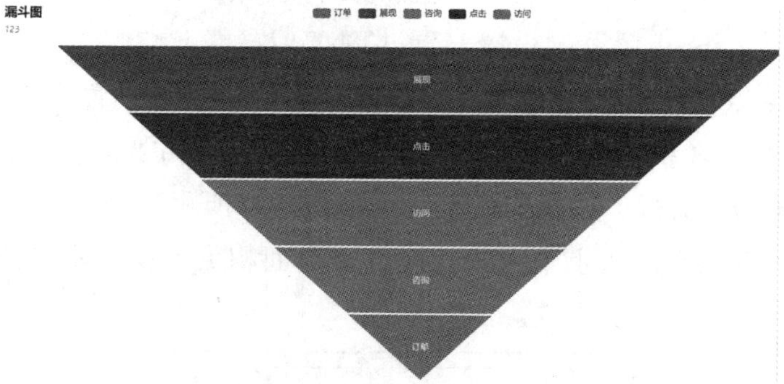

图 8-8　漏斗图展示结果

4. 关系图

关系图用于表示不同元素间的关联关系。

当多个对象之间发生关系时，普通图形大多只能同时显示 2 个数据对象间的关系，而关系图则可以同时显示每个对象与其他对象的关系，尤其适合于展示关联分析结果。例如，用户每次都一起购买哪些商品，代码如下：

```
from  pyecharts. charts  import  Graph                                      # ①
raw_data3 = pd.read_excel('demo.xlsx' , sheet_name =2)                        # ②
node_data = raw_data3[' 前项商品' ].append (raw_data3['后项商品' ])            # ③
```

```
value _count = node_data.value_counts()                                              # ④
nodes = [opts.GraphNode (name=node , symbol_size=int(np.log(value)*10)) for
node , value in zip(value_count.index , value_count.values)]                          # ⑤
links = [opts.GraphLink(source=i , target=j) for i , j in raw_data3[['前项商品', '后项商品' ]].values]   # ⑥
graph = Graph()                                                                       # ⑦
graph.add(" " , nodes , links , repulsion=4000)                                       # ⑧
graph.set_global_opts(title_opts=opts.TitleOpts(title=" 商品关系 "))                  # ⑨
graph.render_notebook()                                                               # ⑩
```

代码①导入关系图所用的 Graph 库。代码②从 demo 文件中读取第 3 个 Sheet。代码③将“后项商品”数据列添加到“前项商品”数据列，形成前、后项目数据列的总列表（series）。代码④调用 value_counts 方法统计合并后的项目中每个项目出现的次数。代码⑤使用列表推导式分别读取 value _count 的 index 和值，并以 node 节点的方法添加到 nodes 对象中，每个 node 通过 opts. GraphNode 方法实现。具体参数如下：name 字符串，表示节点文字信息，symbol_size 为数值型，表示节点大小，通过 np.log 降低不同值的量纲差异。代码⑥使用列表推导式，将 raw_data3 中的“前项商品”和“后项商品”读出，并调用 GraphLink 方法分别作为边的起点和终点添加到 links 中。代码⑦初始化 Graph 对象为 graph，后续的设置与漏斗图类似，在此略过具体细节。其中差异点在于用 add 方法添加时，参数数据系列名称（这里设置为空）、节点列表（nodes）、边列表（links）和节点之间的斥力因子（repulsion 值越大，互斥性越高，节点越散）。执行上述代码后，得到如图 8–9 所示的结果。可以发现 fish、softdrink、freshmeat 的权重很大，表现在节点面积大，说明了其他很多节点都与之发生关系，因此，更重要。

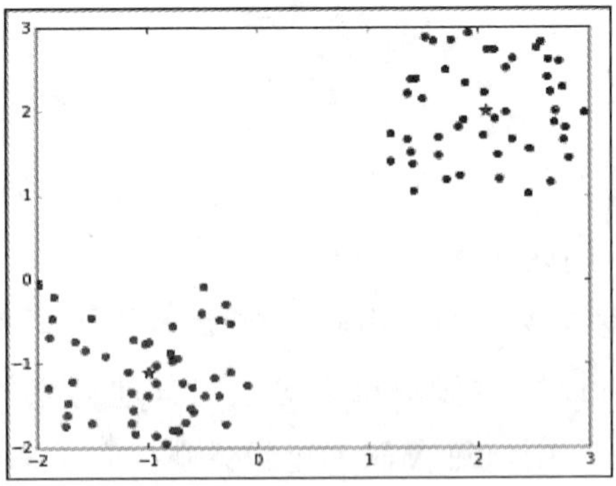

图 8–9　关系图展示结果

5. 雷达图

雷达图用于展示多个元素在不同属性上的差异。雷达图是以从同一点开始、轴上表示 3 个或更多变量的二维图表。雷达图也称为网络图、蜘蛛图、星图、极坐标图等。它相当于平行坐标图，轴径向排列。当要对比的元素多，且对比指标有多个时，雷达图是展示差异非常好的方法。例如，对比高、中、低价值客户在访问量、浏览量、停留时间、订单金额、回购率上的差异，代码如下：

```
# 读取数据及预处理
from  pyecharts. charts  import  Radar                                              #①
radar_gb= raw_data.groupby('CATE' , as_index=False) . mean()                        #②
names = ['AMOUNT' , 'MONEY' , 'VISITS' , 'PAGEVIEWS' , 'STORE1_AMOUNT' , 'STORE2_
         AMOUNT']                                                                   #③
radar_data = radar_gb[names]                                                        #④
max_value , min_value = radar_data.max(axis=0) , radar_data.min(axis=0)             #⑤
cates = [f'CATE_{i}' for i in radar_gb['CATE'].values]                              #⑥
```

代码①导入库 Radar。代码②基于本章开始读取到的 raw_data，基于 CATE 列做分类汇总，汇总计算指标为所有列，计算方式为求均值。代码③指定要保留的字段名称。代码④基于指定的名称保留雷达图所用数据。代码⑤计算各列的最大值和最小值。代码⑥使用列表推导式，从分类汇总的 CATE 列中读取每个值，并生成 cates 列表名。其代码如下：

```
# 展示雷达图
rader = Radar()                                                                     #①
schema = [opts.RadarIndicatorItem(name=i , max_=j*1.05 , min_=k*0.95)for i , j , k in
         zip (names , max_value , min _value)]                                      #②
rader.add_schema(schema=schema , shape='circle' , splitline_Opt=Opts. SplitLine
                 Opts (is_show=True , linestyle_opts=opts.LinestyleOptslopacity=0.23))) #③
colors = ["#0000" , "#061464" , "2d3774" , "#565f93" , "#8691b5"]                   #④
symbols=['circle' , 'rect' , 'arrow' , 'triangle' , 'diamond']                      #⑤
for ind , value in enumerate(cates):                                                #⑥
data = [radar_data.iloc[ind].round(0).tolist()]                                     #⑦
rader.add(value , data , color=colors[ind] , symbol=symbols[ind] ,
         linestyle_Opts=opts.LinestyleOpts(width=ind+1))                            #⑧
rader.set_series_opts(label_opts=opts.LabelOpts(is_show=False))                     #⑨
rader.set_global_opts(title_opts=opts.TitleOpts(title='雷达图对比' ))                #⑩
rader .render_notebook()                                                            #⑪
```

代码①实例化 Radar 对象为 rader。代码②使用列表推导式，依次读取分类汇总后目标列的列名、最大值和最小值，并调用 RadarIndicatorItem 方法设置雷达结构信息。其中，name 为每条轴的名称，max_ 为雷达图每条轴的最大值，min_ 为雷达图每条轴的最小值。为了让图形的最大值和最小值的显示不与极值重合，对最大值和最小值分别设置 0.05 的调整阈值。代码⑧将在代码②中定义的数据结构填加到雷达图中，同时通过 shape='circle' 设置成一个圆形的雷达图，并通过 splitline_opt 设置雷达图坐标轴的颜色透明度为 0.23。代码④定义一个颜色列表，用来显示不同 CATE 值的线条。代码⑤定义一个标记点样式符合，用来标志不同的分类值的标记样式，其中 circle 表示圆形，如 CATE 值 1 的图例；rect 表示矩形，如 CATE 值 2 的图例；arrow 表示箭头，如 CATE 值 3 的图例；triangle 表示三角形，如 CATE 值 4 的图例；diamond 表示菱形，如 CATE 值 5 的图例。代码⑥、代码⑦和代码⑧使用 for 循环，将不同的 cates 名称、数据、颜色和标记点形状，以及线条的样式加入雷达图，并在设置线条颜色时调用了 opts.LineStyleOpts 的函数，其中在函数内部的 width 参数用于设置线条的粗细。代码⑨通过 is_show 参数设置不显示每个雷达图上点的数值。代码⑩和⑪设置标题并展示图形，如图 8-10 所示。从图 8-10 中可以看到不同的 cates 在不同指标上的差异，以及各个值在特定指标上的倾向度和强弱。

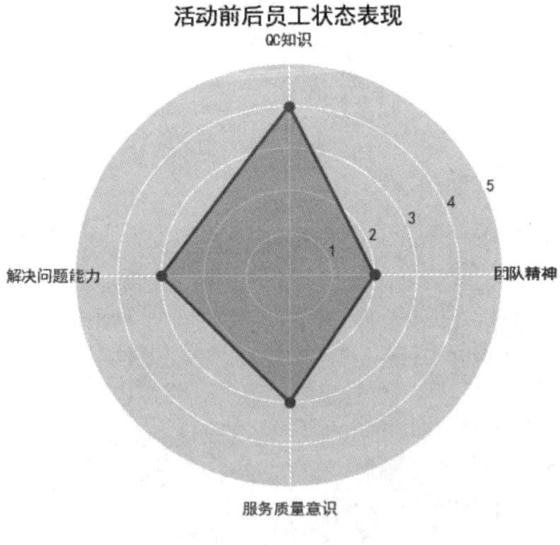

图 8-10　雷达图展示结果

6. 词云图

词云图可以展示众多关键字的分布情况。词云是展示关键字分布的常用方式，通常用来展示用户的评论关键字、搜索关键字、文章标签等容易聚合的关键字。示例代码如下：

```
from  pyecharts. charts  import  WordCloud                                      # ①
raw_data4 = pd.read_excel ('demo.xlsx' , sheet_ name=3)                          # ②
wordcloud_data = raw_data4.to_records(index=False).tolist ()                     # ③
wc=WordCloud()                                                                   # ④
wc.add(" " , wordcloud_data , word_size_ range=[15 , 300])                       # ⑤
wc.set_global_opts(title_opts=opts.TitleOpts(title=" 词云关键字展示 "))           # ⑥
wc.render _notebook()                                                            # ⑦
```

代码①导入 WordCloud 库。代码②从 demo 文件中读取第 4 个 Sheet。代码③将数据转换为列表类型的记录格式。代码④实例化 WordCloud 对象为 wc。代码⑤调用 add 方法添加数据到词云图，其中参数分别为系列名称（这里设置为空）、数据（wordcloud_data）、word_size_range（单词字体大小范围，仅显示值在这个范围内的词）。代码⑥和代码⑦设置标题并展示结果。

代码执行后，得到如图 8–11 所示的结果。从词云可以看出，某些词的重要度（热度）高，如你、我、他、这里、方便、要、会、今天、人等。

图 8–11　词云图展示结果

第三部分　案例应用

第 9 章 文献统计之大数据分析

9.1 提出问题

在线查阅与浏览论文是论文网站的一个重要数据资产，通过对读者行为数据的实时收集与动态分析，能实现对用户行为数据的深入挖掘与安全储存，能够基于数据了解不同读者的不同特性。以知网为例，通过检索其发布的文献论文，研究论文的领域和数量及下载次数，爬取关于电机的文献建立数据库，导入数据库后，以研究方向为主进行分类分析。

1. 文献统计

网络爬虫（crawler）解决了企业信息采集、市场数据分析、信息自动匹配等问题，爬虫是手动打开窗口、输入数据等操作用的程序，用程序获取想要的信息。爬虫的关键是“匹配”“采集”和“自动化”。作为搜索引擎的重要构架，网络爬虫可进行自动收集，即能够对网页数据进行抓取，利用种子 URL，并将其置入需抓取的 URL 中，然后提取需抓取的 URL 后，进行读取、解析、下载。待相关网页下载后，将其存储于专有的网页库中，并使已经下载的网页 URL 置入已爬取的 URL 中，依次循环。

MySQL 是一种数据库管理系统，有高效的检索功能，在 MySQL 数据库中，索引和表、视图、同义词等类似数据库的“对象”，也就是类似于字典的目录。查询数据时，只需要打开 MySQL 的指令窗口，输入密码后选择数据库后输入“select * from data_tb”，就可以查询数据。

电机，俗称“马达”，种类多种多样，因为应用领域和功能不同，所以找到当前电机所发展的前景方向，对电机行业很重要。通过大数据分析学者的文献资料进行分类分析与预测，是一种快速且有效的方式。

2. 文献统计作用

著名经济学家路德维希·冯·米塞斯曾说过：“就今日而言，有很多人忙碌于资料之无益累积，以致对问题之说明与解决，丧失了其对特殊的经济意义的了解。”说明盲目地累计资料是无用且效率低下的。为了研究学者的写作意图，需要对数据进行分析，研究各个类别的占比和趋势。

下载及浏览次数是文献受关注度的一个重要特征指标，人们往往以作者的知名程度和所发表期刊的影响力作为判断标准，对现有的文献进行数据分析，这里以实验、研究、分析、探讨为主要类型，判断该领域学者的侧重点。通过对与电机有关文献的分类分析来判断作者写作意图，为了在线爬取数据，分为以下几个部分：①采集知网上相关的数据放入本地的数据库；②将数据库的文献资料细致分类；③将分类后的数据可视化便于直观分析；④建立模型开展数据分析。

9.2 爬虫程序和数据存取

1. 文献信息爬取

数据分析前须采集数据，采用爬取摘要和关键词的方法来处理。

（1）提取网页程序。网络爬虫技术先会根据自己的需求在整个万维网中找到需要抓取的网站信息，然后通过抓包或其他方式找到所抓取数据的链接请求（URL）。这一部分主要是对知网上关于电机文献的爬取，打开 Web 开发者界面，找到对应的网址并点击，引用 URL 格式，使用已经设置好的 test_t 数据库。示例程序如下：

```
class spiderZhiWang():   # 爬虫程序
    def __init__(self):
        self.conn = pymysql.connect(host='localhost' , port=3306 , user='root' , passwd='laozi1' ,
                                    db='test_t' , charset='utf8' , ssl={'ssl': {}})   # 链接数据库
        self.cursor = self.conn.cursor()
        self.URL = 'https://kns.cnki.net/kcms/detail/detail.aspx?'
        self.quoteURL = 'https://kns.cnki.net/KNS8/manage/APIGetExport'   # 知网引用格式 url
        self.searchURL = 'https://kns.cnki.net/KNS8/Brief/GetGridTableHtml'   # 知网 url
        self.headers = {
                    'User Agent' : 'Mozilla/5.0 (Macintosh ; Intel Mac OS X 10_15_6)
                    AppleWekit/537.36 (KHTML , like Gecko) Chrome/85.0.4183.121
safari/537.36',
                    }
```

（2）抓取网址的程序。该程序主要操作是找到抓取数据的网址，获取链接及引用数，构建 cookie，构建请求头提交数据参数。示例程序如下：

```
def spiderLinks(self):
    cookies = {
        'Ecp_ClientId': '3210320162503529515',
        'Ecp_ClientIp': '117.26.48.185',
        'cnkiUserKey': '653abb17-59d5-e9e0-6864-79287082a0ff',
        'Ecp_IpLoginFail': '210322218.5.166.178',
        'ASP.NET_SessionId': '5uv1wbo4bz3ggr4111yoi105',
        'SID_kns8': '123105',
        'SID_recommendapi': '125142',
        'CurrSortField':'%e5%8f%91%e8%a1%a8%e6%97%b6%e9%97%b4%2f(%e5%8f%91%e8%a
                        1%a8%e6%97%b6%e9%97%b4%2c%27TIME%27)',
        'CurrSortFieldType': 'desc',
        'SID_kcms': '124111',
        'SID_kns_new': 'kns123119',
    }           # 构建 cookie

headers = {
    Connection': 'keep-alive',
    'Accept': 'text/html, */*; q=0.01',
    'X-Requested-With': 'XMLHttpRequest',
    'User-Agent': 'Mozilla/5.0 (Macintosh; Intel Mac OS X 10_15_6) AppleWebKit/537.36 (KHTML,
              like Gecko) Chrome/85.0.4183.121 Safari/537.36',
    'Content-Type': 'application/x-www-form-urlencoded; charset=UTF-8',
    'Origin': 'https://kns.cnki.net',
    'Sec-Fetch-Site': 'same-origin',
    'Sec-Fetch-Mode': 'cors',
    'Sec-Fetch-Dest': 'empty',
    'Referer': 'https://kns.cnki.net/kns8/AdvSearch?dbprefix=SCDB&&crossDbcodes=CJFQ%2CCDMD%2
             CCIPD%2CCCND%2CCISD%2CSNAD%2CBDZK%2CCJFN%2CCCJD',
    'Accept-Language': 'zh-CN, zh; q=0.9',
    'cookie':'Ecp_ClientId=3210320162503529515;
           cnkiUserKey=653abb17-59d5-e9e0-6864-79287082a0ff; Ecp_ClientIp=117.26.48.185;
           Ecp_IpLoginFail=210322218.5.166.178;
           _pk_ref=%5B%22%22%2C%22%22%2C1616416079%2C%22https%3A%2F%2Fwww.
           baidu.com%2Flink%3Furl%3DlefHwZcBlo7OIUmKNDw830q82Ne4w8GX4g1e0ruwlk_%
26wd%3D%26eqid%3De0567074000a9f2e0000000660587af7%22%5D; _pk_ses=*; ASP.NET_SessionId=
kec0t5st3k5pptkeudw1vmuk; SID_kns8=123123;
CurrSortField=%e5%8f%91%e8%a1%a8%e6%97%b6%e9%97%b4%2f(%e5%8f%91%e8%a1%a8%e6%9
            7%b6%e9%97%b4%2c%27TIME%27); CurrSortFieldType=desc;
_pk_id=f1883d37-2bb7-4bb1-8497-136abbabaf02.1616228761.3.1616420031.1616416079.;
SID_kns_new=kns123118'
    }        # 构建请求头
```

（3）采集文献的程序。该程序根据网页的页码来采集文献资料，采集的多少以页码为主，创建字典数据格式，传入页数后解析数据，获取链接与文献引用数，提取后爬取详情，再写入数据库文件。示例程序如下：

```
for page in range(1 , 50):
    print(">>> 正在爬取第 {} 页 ...".format(page))
    self.data = dict()  # 创建字典数据格式
    data['CurPage'] = page  # 传入页数
    response_obj = requests.post(url=self.searchURL , headers=headers , data=data , cookies=cookies ,
                    verify=False).content  # 发送请求
    tree = etree.HTML(response_obj)  # 解析数据
    links = tree.xpath('//div[@id="gridTable"]/table//tr//a[@class="fz14"]/@href')  # 获取链接
    quotes = [str(i).replace('\r\n','') for i in tree.xpath('//td[@class="quote"]//text()') ]  # 获取引用数

        for link , quote in zip(links , quotes):  # 提取网址以及引用数
        url = self.URL+link.split('?')[-1]
        try:
            self.spiderDetail(url , quote)  # 爬取详情信息
        except:
            pass
    with open('data/{}.json'.format(page) , 'a+')as f:  # 写入数据
        f.write(json.dumps(self.data , ensure_ascii=False , indent=4) + ',')
```

（4）文献摘要信息爬取程序。首次筛选文献时，在 Python 语言中建立 3 个 .json 文件夹。其中，one.json 用于大分类，temp.json 用于临时存放数据，而 second.json 则分类存放最后的文件，细分后的数据将会同时放在数据库里以便后续的操作。以“电机”为关键词，只爬取与电机有关的文献资料，以及文献的出处、下载次数、摘要和关键词等内容，一并采集存入数据库，同时也存放在 pycharm 的 3 个 *.json 文件中，只需打开 MySQL 的命令页就可以单独查看存放和在编辑器里浏览。示例程序如下：

```
# 爬取具体信息
def spiderDetail(self , url , quote):
    print(" 正在爬取文献：{}...".format(url))
    r = requests.get(url , headers=self.headers , verify=False).content  # 发送请求获取响应

    tree = etree.HTML(r)  # 解析数据
    artTitle = tree.xpath('//div[@class="wx-tit"]/h1//text()')[0]  # 获取标题
    authorPlace = tree.xpath('//a[@class="author"]//text()')  # 获取发布实验室
    try:
        abstract = tree.xpath('//span[@id="ChDivSummary"]//text()')[0]  # 获取摘要
    except:
```

```
        abstract = tree.xpath('//div[@class="abstract"]//text()')
    keyword = ",".join([i.split(';')[0] for i in tree.xpath('//p[@class="keywords"]/a//text()')])    # 获取关键字
    download = tree.xpath('//p[@class="total-inform"]/span[1]//text()')[0]    # 获取下载数量

    if '' in quote:    # 若引用是空，则为 0
        quote = 0
    else:
        quote = int(str(quote).strip())    # 若有数量，则转化为 int 类型

    if ' 下载 ' in download:
        downloadNum = int(download.split('：')[-1])    # 将下载转化为 int 类型
    else:
        downloadNum = 0
    self.data.update({artTitle: {" 地址 ": authorPlace, " 摘要 ":abstract, " 关键字 ": keyword, " 引用数
                    ":quote, " 下载数 ":downloadNum}})    # 存入字典
    print({artTitle: {" 地址 ": authorPlace, " 摘要 ":abstract, " 关键字 ": keyword, " 引用数 ":quote, "
        下载数 ":downloadNum}})    # 输出数据
```

2. 文献数据库存取操作

（1）数据采集存储程序。数据预处理后，需要把数据将其按照关系型数据库或非关系型数据库存放到数据库。采集数据后会将数据写入数据库并从中读取数据，将数据筛选后保存在数据库文件。示例程序如下：

```
#写入数据库
def writeData(self):
    # 从文件中读取数据
    print(">>> [INFO]：正在写入数据库 ...")
    with open('temp.json' , 'r')as f:
        data = json.loads(f.read())
    count = 1
    for i in data:
        dat = (count , i , ",".join(data[i][" 地址 "]) , data[i][" 摘要 "] , data[i][" 关键字 "] , data[i]["
            引用数 "] , data[i][" 下载数 "])

        sql = "insert into data_tb values {}".format((count , i , ",".join(data[i][" 地址 "]) , data[i][" 摘
            要 "] , data[i][" 关键字 "] , data[i][" 引用数 "] , data[i][" 下载数 "]))
        print(" 数据提交 {}...".format(dat))
        count+=1
        try:
            self.cursor.execute(sql)
            self.conn.commit()
        except Exception as e:
```

```
        print(e)
    print(">>> [INFO]：数据库写入成功 ...")
```

知网存在反爬取现象，无法爬取全部文献资料，只能爬取关键词和摘要，主要工作在于收集用以研究学者对电机的写作意图的数据，关注研究主体和方向，所采集的数据也就可以简化为关键词、出处和下载次数。

在使用 Python 语言时要注意，Python 语言只是语言，有许多库都要自行下载而不是自带的，Python3.8 版本自带库，但是还是需要下载，只是不用去官网下载，只需要在 Python 语言的 command 的指令框里输入 pip install 即可，这段程序中主要涉及的模块是 Ixml、pymysql、requests 这 3 个模块。Lxml 模块是 Python 语言中的数据提取模块，对 html 和 xml 形式的文本，在提取特定内容时就需要使用 lxml 模块，lxml 模块可以用 Xpath 规则语法来定位 html/xml 文档中特定元素及获取节点信息。Pymysql 是在 Python3.8 版本中用于和 MySQL 服务器连接的一个库，requests 库是使用爬虫程序中必备的一个基于 Apache2 协议开源的 Python HTTP 库，号称是“为人类准备的 HTTP 库”，requests 会自动对响应内容编码，可以通过 r.text 取出响应文本其他响应内容则可以通过 r.content 提取出来。同样，也可以通过 r.json 来爬取 json 内容。

（2）文献数据读取程序。该程序是为了读取数据库内容，为下一步的数据分类做准备。有 2 种存放数据的方式：一种是在 pycharm 中建立的 3 个文件：one.json、temp.json 和 second.json，主要是为了后续分类操作。one.json 文件用于大项分类，second.json 是最后细分的文件，temp.json 是一个将数据整合在一起的临时文件。另一种在 MySQL 中，爬下来的数据存放于 MySQL 建立的数据库，可以在 MySQL 的指令窗口中检索查看。示例程序如下：

```
#读取数据库内容
def readData(self):
    print(">>> [INFO]：正在读取数据库 ...")
    sql = "select * from data_tb"   #从数据库查询所有数据

    self.cursor.execute(sql)        #执行 sql 语句
    data = self.cursor.fetchall()   #获取数据
    temp = {
        "实验":{}, "研究": {}, "探讨": {}, "分析": {}, "其他": {},
    }   #数据保存格式

    for dat in data:                #循环每一条数据
```

```
if ' 实验 ' in dat[1]:            # 判断是否有实验再标行
    temp[' 实验 '].update({dat[1]: dat[2:]})       # update 将输入数据添加到字典内
elif ' 探讨 ' in dat[1]:          # 判断是否有实验再标行
    temp[' 探讨 '].update({dat[1]: dat[2:]})
elif ' 研究 ' or ' 检测 ' or ' 方法 ' in dat[1]:          # 判断是否有研究、检测、方法再标行
    temp[' 研究 '].update({dat[1]: dat[2:]})
elif ' 分析 ' in dat[1]:          # 判断是否有分析再标行
    temp[' 分析 '].update({dat[1]: dat[2:]})
else:
    temp[' 其他 '].update({dat[1]: dat[2:]})
```

为了保证在每次使用程序时都不会沿用上次的数据，要编写覆盖程序对数据进行实时刷新，删除上次遗留下来的程序，程序如下：

```
os.remove('one.json')
os.remove('temp.json')
os.remove('second.json')
if not os.path.exists('data'): os.mkdir('data')
if not os.path.exists('data'): os.mkdir('pic')
```

9.3　数据库文献数据的分类

1. 文献分类

通过对采集的数据进行分类，以研究、实验、探讨、分析和其他等 5 类为主要分类，再以电机的种类，即同步电机和异步电机，电机的发展方向，即控制、驱动、转换、效率、可靠性和其他进行细分。示例程序如下：

```
# 读取文件
print(">>> [INFO]：将所有数据分类 ...")
with open('one.json' , 'r')as f:
    data = json.loads(f.read())
# 文件保存格式
temp = {
    " 实验 ": {
        " 电机种类 ": {
            " 异步电机 ":{},
            " 同步电机 ":{}
        },
        " 电机的发展方向 ":{
```

```
            " 控制 ":{}, " 驱动 ":{}, " 转换 ":{}, " 效率 ":{}, " 可靠性 ":{}, " 其他 ":{}
        }
    },
    " 分析 ": {
        " 电机种类 ": {
            " 异步电机 ":{},
            " 同步电机 ":{}
        },
        " 电机的发展方向 ":{
            " 控制 ":{}, " 驱动 ":{}, " 转换 ":{}, " 效率 ":{}, " 可靠性 ":{}, " 其他 ":{}
        }
    },
    " 研究 ": {
        " 电机种类 ": {
            " 异步电机 ":{},
            " 同步电机 ":{}
        },
        " 电机的发展方向 ":{
            " 控制 ":{}, " 驱动 ":{}, " 转换 ":{}, " 效率 ":{}, " 可靠性 ":{}, " 其他 ":{}
        }
    },
    " 探讨 ": {
        " 电机种类 ": {
            " 异步电机 ":{},
            " 同步电机 ":{}
        },
        " 电机的发展方向 ":{
            " 控制 ":{}, " 驱动 ":{}, " 转换 ":{}, " 效率 ":{}, " 可靠性 ":{}, " 其他 ":{}
        }
    },
    " 其他 ": {
        " 电机种类 ": {
            " 异步电机 ":{},
            " 同步电机 ":{}
        },
        " 电机的发展方向 ":{
            " 控制 ":{}, " 驱动 ":{}, " 转换 ":{}, " 效率 ":{}, " 可靠性 ":{}, " 其他 ":{}
        }
    },
}
for i in data:        # 循环每一条数据
    for j in data[i]:
        judge = data[i][j][-3]
```

```
            if " 同步 " in judge:
                temp[i][" 电机种类 "][" 同步电机 "].update({j:data[i][j]})
            if " 异步 " in judge:
                temp[i][" 电机种类 "][" 异步电机 "].update({j:data[i][j]})
            if ' 控制 ' in judge:
                temp[i][" 电机的发展方向 "][" 控制 "].update({j:data[i][j]})
            elif ' 驱动 ' in judge:
                temp[i][" 电机的发展方向 "][" 驱动 "].update({j:data[i][j]})
            elif ' 转换 ' in judge:
                temp[i][" 电机的发展方向 "][" 转换 "].update({j:data[i][j]})
            elif ' 效率 ' in judge:
                temp[i][" 电机的发展方向 "][" 效率 "].update({j:data[i][j]})
            elif ' 可靠 ' in judge:
                temp[i][" 电机的发展方向 "][" 可靠性 "].update({j:data[i][j]})
            else:
                temp[i][" 电机的发展方向 "][" 其他 "].update({j:data[i][j]})

    self.writeToCsv(temp)
    # 将输入写入文件
    with open('second.json' , 'a+')as f:
        f.write(json.dumps(temp , ensure_ascii=False , indent=4))
    print(">>> [INFO]：所有数据分类成功 ...")
```

简便起见，采集了 1 000 篇文献进行判断分析。

2. 查看文献数据库

MySQL 支持的数据类型很多，要获取高性能数据库，选择正确的数据类型起着重要作用。在选择数据类型时要遵循更小原则，这里的小指的是存储大小。例如，使用 tinyint 可以存储数据，就不要再选用 int。为了能够选取特定的文献，在 MySQL 中方便查看，也为了能够对作者所写论文的影响程度做出评判，设定在 MySQL 指令页查找选取的论文资料，在 MySQL 的命令行中输入 “select*from data_tb” 便可以查看数据。在 pycharm 中也可以打开 data 文件进行查看，所有的数据都存放在 data 这个文件夹里，上述 3 个 .json 文件是为了进行分类工作而存在的，data 文件夹里有着数个 .json 的文件来存放数据，MySQL 的数据库是为了建立数据可视化。

9.4 文献数据可视化

1. 文献数据可视化

数据可视化可以促进认知发展、增加反思，以及改进学习行为。文献数据可视化是调查作者写作意图的一个重要参考标准，可以直观地看出各个分类的占比情况，需要 matplotlib 模块，程序如下：

```
#绘制主图
def draw(self):
    #读取文件数据
    print(">>> [INFO]：正在绘制主图 ...")
    with open('second.json'，'r')as f:
        dat = json.loads(f.read())
    oneValues = []
    oneLabel = []
    explodeList = []
    for i in dat:          #循环每一个条数据
        oneLabel.append(i)          #添加标签
        explodeList.append(0.02)          #添加间隔
        count = 0          #计数
        for j in dat[i]:          #循环每一条数据
            for k in dat[i][j]:
                count +=len(dat[i][j][k])          #计算数据条数
        oneValues.append(count)          #将数据条数添加进去
    plt.rcParams['font.sans-serif'] = 'SimHei'          #设置中文显示
    plt.figure(figsize=(20，6.5))          #将画布设定为正方形，则绘制的饼图是正圆
    plt.pie(oneValues，explode=explodeList，labels=oneLabel,autopct='%1.1f%%'，shadow=True，
radius=1,
                    startangle=90)          # 绘制饼图
    plt.title('知网文献饼图')          #绘制标题
    plt.savefig('pic/all.png')          #保存图片
    print(">>> [INFO]：主图绘制成功 ...")
#将数据写入
def write_to_json(self):
    print(">>> [INFO]：将数据汇总 ...")

    files = os.listdir('data')          #获取 data 下所有的文件
    temp = {}
```

```
        for file in files: # 循环每个文件
            try:
                with open("data/{}".format(file) , 'r' , encoding='gbk')as fz:     # 读取文件
                    temp_ = json.loads(fz.read()[:-1])
                for i in temp_: # 将数据重新写入字典
                    temp.update({i: temp_[i]})
            except:
                print(file)
        with open('temp.json' , 'a+')as f:
            f.write(json.dumps(temp , ensure_ascii=False , indent=4))
        print(">>> [INFO]：将数据汇总完成 ...")

    # 绘制其他图片
    def drawSecond(self):
        print(">>> [INFO]：正在绘制饼图 ...")
        # 读取文件
        with open('second.json' , 'r')as f:
            dat = json.loads(f.read())
        # 循环读取每一个文件
        for i in dat:
            for j in dat[i]:
                count = 0
                oneValues = []
                oneLabel = []
                explodeList = []
                for k in dat[i][j]:
                    oneLabel.append(i+"-"+k)        # 添加标签
                    explodeList.append(0.02)        # 添加间隔
                    count += len(dat[i][j][k])      # 添加数据个数
                    oneValues.append(count)         # 数据个数添加入列表

                plt.rcParams['font.sans-serif'] = 'SimHei'     # 设置中文显示
                plt.figure(figsize=(20 , 6.5))    # 将画布设定为正方形，则绘制的饼图是正圆
                plt.pie(oneValues , explode=explodeList , labels=oneLabel , autopct='%1.1f%%' ,
shadow=True , radius=1,
                        startangle=90)         # 绘制饼图
                plt.title(' 知网文献饼图 ')       # 绘制标题
                plt.savefig('pic/{}.png'.format(i+"-"+j))      # 保存图片

        print(">>> [INFO]：所有饼图保存成功 ...")
```

在 pic 文件里查看所绘制的饼图，与 data 文件夹中的 *.json 文件相同，爬取新数据后自动生成新的图片，直观地反映数据类型的占比分类，如图 9–1 所示。

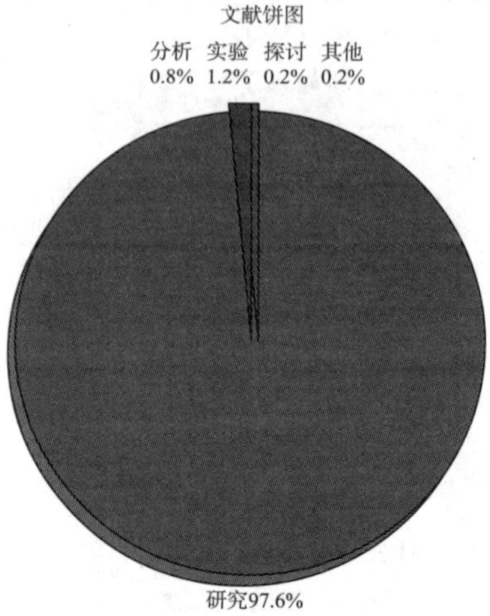

图 9–1　分类图

通过饼图可以直观地判断数据的占比，但如果再细致地分析仍然需要确切的数据，就需要建立表格。将分类好的数据导入 Excel 表格中，再在表格中进行筛选，绘图就可以清楚地看出趋势。通过文献数据的采集和分类分析，数据的可视化和表格化的程序涉及两个模块：一个是 matplotlib 的画图模块；一个是 pandas 的分析模块，可视化程序使用 plt. 设置自变量，运行代码后显示结果。

2. 数据分析与处理

从作者的写作意图判断当下的电机发展趋势，以及研究热点和难点，先以实验、分析、研究、探讨和其他等 5 类进行简单的初步分类，然后再依据控制、驱动、转换、效率、可靠性和其他方面作为最后的细分。这里考虑文献的数量和被引用量，被引用量以下载量来代替，因为只研究当前阶段的电机发展趋势，并没有以时间为单位参考量。

3. 文献统计数据显示

在导入表格的过程中，研究占据多数，故而简略显示，其他项和分析项均没有数据录入，在这里以 0 表示。

（1）采集。电机分类数据见表 9–1，分类占比如图 9–2 所示。

根据图 9–2 中显示的数据占比，可以看出目前的电机领域在实验、分析、研究、探讨和其他等 5 项里，首先以研究为主，总占比达 97.6%，其次是实验和探讨。这里可以直观地判断出现在的电机主流方向是研究为主，下面采用具体分析方法来判断电机的具体发展方向。

表 9–1　电机实验分类数据

	电机的发展方向	引用数	下载数
0	控制	0	13
1	控制	0	127
2	控制	0	8
3	驱动	0	21
4	其他	0	28
5	其他	0	6
6	其他	0	21
7	其他	0	22
8	其他	0	2
9	其他	0	152
10	其他	0	39
11	其他	0	28
12	其他	0	0
13	其他	0	28
14	其他	0	21

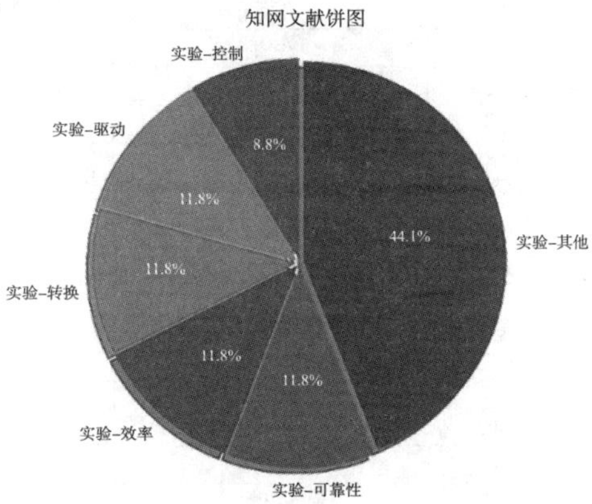

图 9–2　电机分类占比图

（2）分析。因素分析法是综合分析法的一种，目的是运用各种统计综合指标来反映和研究社会经济现象总体的一般特征和数量关系的研究方法。常使用的综合分析法有综合指标法、时间数列分析法、统计指数法、因素分析法和相关分析等。使用分析法可以减小因为数据数量和爬虫程序所选定的条件带来的限制所引起的误差。

根据数据的展示可以直观地看出电机目前侧重点是研究领域，在这些数据中，其他一项可以默认为电机的应用，使用考虑自变量情况的因素分析法来对这些分类进行简单分析。

（3）分类。电机研究分类数据见表 9–2，分类显示如图 9–3 所示。

4. 因素分析法

因素分析法是利用统计指数体系分析现象总变动中各个因素影响程度的统计分析方法，包括连环替代法、差额分析法和指标分解法等。因素分析法通过分析影响因素来解释和预测估测值变化趋势，估测值与因素之间联系紧密，所以通过分析这二者之间的影响可以分析出未来的趋势和现状。

表 9–2　电机研究分类数据

	电机的发展方向	下载数
0	控制	9
1	控制	10
2	控制	6
3	控制	38
9	控制	61
10	控制	13
11	控制	0
12	控制	0
13	控制	36
14	控制	62
15	控制	3
16	控制	15
232	控制	100
233	控制	15
234	驱动	8
235	驱动	25
240	驱动	12
241	驱动	204
242	驱动	13
243	驱动	27
262	驱动	16
263	转换	5
264	效率	0
265	效率	0
266	效率	0
271	效率	29
272	效率	4
273	其他	23
832	其他	5
833	其他	10
834	其他	58
835	其他	6
836	其他	2
837	其他	217
838	其他	11

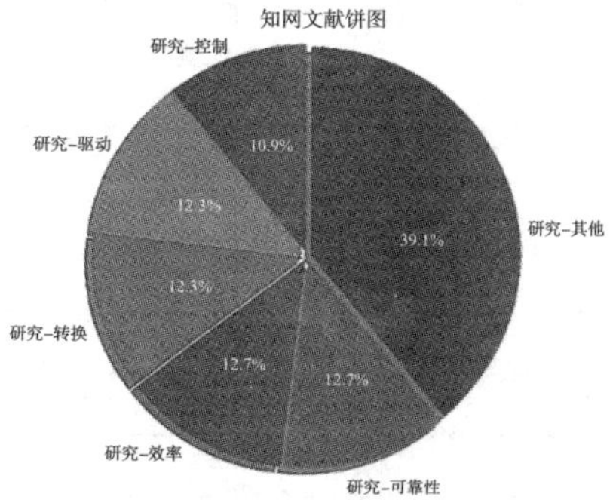

图 9–3　电机研究领域分类图

在使用因素分析法的过程中，将影响小类占比的原因设定为 M，而影响 M 值的因素为下载次数 x，该小类的论文数 y 和论文的总数 z，将 y 与 x 的比值作为参考数据，即小类中的贡献程度，而 y 与 z 的比值可看成当下电机领域各小类对大类的侧重程度或难易程度，计算二者比值 M 用于研究各小类对于相对应大类的关系，计算公式如下：

$$M = x \cdot \frac{z}{y^2} \tag{9-1}$$

（1）实验数据见表 9–3。

表 9–3　电机实验分类处理后数据

分　类	下载总数（x）	对应论文数（y）	对应大分类论文总数（z）	影响值（m）	小类贡献值（x/y）	大类贡献值（y/z）
控制	148	3	15	246.67	49.3	0.2
驱动	21	1	15	315	21	0.067
转换	0	0	15	0	0	0
效率	0	0	15	0	0	0
可靠性	0	0	15	0	0	0
其他	347	11	15	43.017	31.55	0.73

（2）研究数据统计见表 9–4。

表 9–4　电机研究分类处理后数据

分　类	下载总数（x）	对应论文数（y）	对应大分类论文总数（z）	影响值（m）	小类贡献值（x/y）	大类贡献值（y/z）
控制	8256	234	844	127.27	35.28	0.278
驱动	912	29	844	915.25	31.45	0.034
转换	5	1	844	4220	5	0.001 18
效率	43	9	844	448.05	4.78	0.011
可靠性	12	5	844	405.12	2.4	0.005 9
其他	179 93	566	844	47.403	31.79	0.67

从整合后的数据可以看出，两者的差异很大，鉴于数据的有限，可以认为是存在偏差，但是总体的趋势不会变。在实验这一小类中，影响变量的是控制、驱动和其他这三项，而其他可以认为是电机的应用，根据 M 值的数据大小可以看出，实验这一类的主流方向是应用，其他三项——转化、效率和可靠性可以忽略，驱动和控制趋势饱和。

第 10 章　网络课程评价分析

10.1　提出问题

网络课程的发展时间不长，很多方面都有待完善。以大学专业课程范围来说，多门课程陆续由权威性高校以及各校自发地在网络平台中授课，为发掘这些网络课程的目的及其特色，对网络课程的分类分析是有必要的。

网络课程有两种方式：一种是以学校为主；另一种是以相关机构的网络课程为辅助教学。目前我国对网络课程质量评价比较权威的是教育部教育信息化标准委员会制定的《网络课程评价规范》(CELTS—22)，主要从教学设计、课程内容、技术和界面设计四个维度来评价网络课程的质量。这里以中国大学慕课上的课程在线统计数据为主，通过对与相关课程资料的分类分析来判断此类课程的授课评价结果。

课程评价系统整体的目标要求：

- 通过 pip 命令安装如 Pymysql、Pyechatrs、Jieba 等成熟的 Python 第三方库，将各第三方库功能灵活运用于程序中。
- 爬虫部分功能具备良好的伪装性，不易被目标网站识别促发反爬机制。
- 使用 Django 模块，搭建本机构建服务端，使局域网内的用户可通过本地 IP 地址与端口范文本项目。
- 通过 Html+JavaScript+CSS 设计服务端前端展示页面，使整个项目整洁、大气。

10.2　课程信息采集

1. 课程信息的爬取

（1）爬虫操作。为直观显示实时爬取的数据，需借助爬虫网页平台来供有需要的学生查取相关资料，在用户界面注册登入后可进入爬虫网页界面。单击数据查看部分进入课程查取页面，如图 10–1 所示。最重要的搜索选项条件有课程名称、学校名称和授课老师三部分，此外只说明根据课程名称查询的搜索功能。

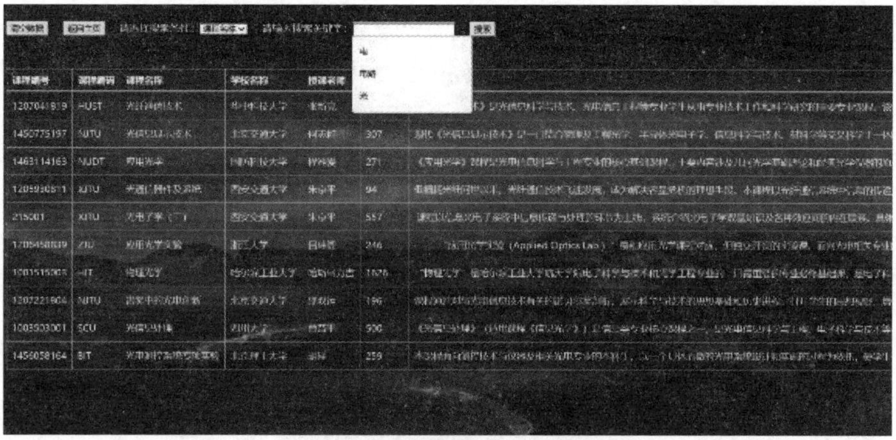

图 10–1　课程查询页面图

在课程名称搜索栏内键入关键字，而关键字定义为课程名称关键字。比如，输入“光”字，搜索结果中的课程名都包含此关键字，屏幕呈现各类相关数据，如图 10–2 所示。

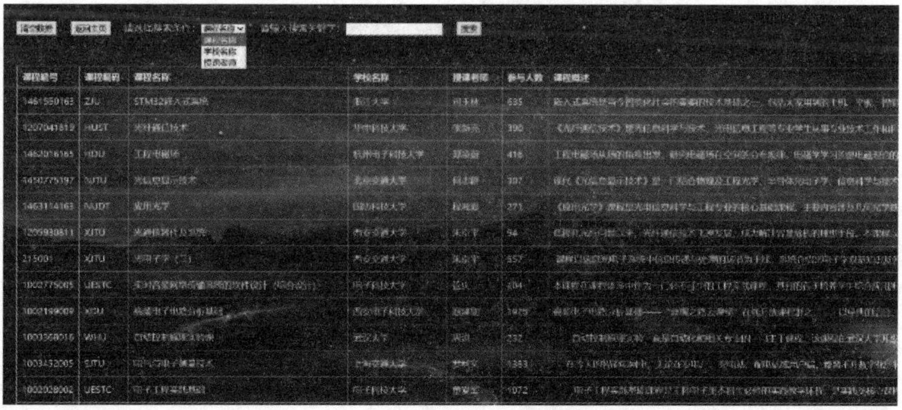

图 10–2　课程查询结果图

（2）爬取过程。互联网是通过各个服务器建立服务端等待客户端的访问，客户端通过不同的网络设备，如路由器设备、网线接口、防火墙和交换机设备等，和许多服务器构建的服务端连接而成，形成数据传输，其形式类似于一张蜘蛛网。日常浏览的大致流程：浏览器开始提交请求→下载相关网页代码→解析以及渲染成页面→获取所需信息。但通过这种方式获取数据的弊端就是时效性极低，而爬虫得到数据的流程：模拟浏览器自行发出请求→下载相关网页代码→只提取需要的数据→在数据库或文件中存放→循环。

（3）网页分类。通过网页搜索到中国 MOOC 电气信息的 URL 地址为 https://www.icourse163.org/channel/3003.htm?cate=1001044007，网页分类如图 10–3 所示。

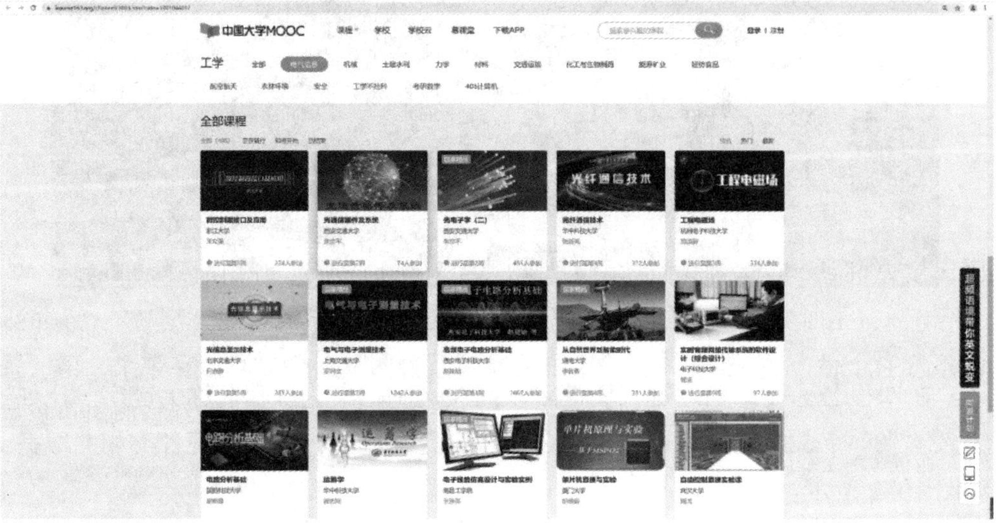

图 10–3　网页分类

课程数据分析系统爬虫，主要目标信息为分析电气信息网络课程相关数据，尝试分析网页的请求方式，打开浏览器的调试模式，查看请求信息。通过浏览器向服务端提交翻页信息，查看网页 URL 地址是否发生了变化和返回的相应信息中是否出现了明文的数据信息。尝试多次翻页后可知 URL 地址没有发生变化，通过以上测试说明此部分网页使用的不是 get 请求，如图 10–4 所示。其中，pageIndex 为控制翻页参数，即 pageIndex=1 为第一页数据，pageIndex=2 为第二页数据。课程网页爬取：

Page1 → https://www.icourse163.org/channel/3003.htm?cate=1001044007

分析 Post 请求，所有请求返回的 Response 数据是通过 Post 请求 API 方式提供。

API 地址为 https://www.icourse163.org/web/j/mocSearchBean.searchCourseCardByChannelAndCategoryId.rpc?csrfKey=e4fb3ef13df9411f9e9d4c25438e5c69；参数为 {"mocCourseQueryVo": '{"categoryId":1001044007, "categoryChannelId":3003, "orderBy":0, "stats":30, "pageIndex":1, "pageSize":20}。

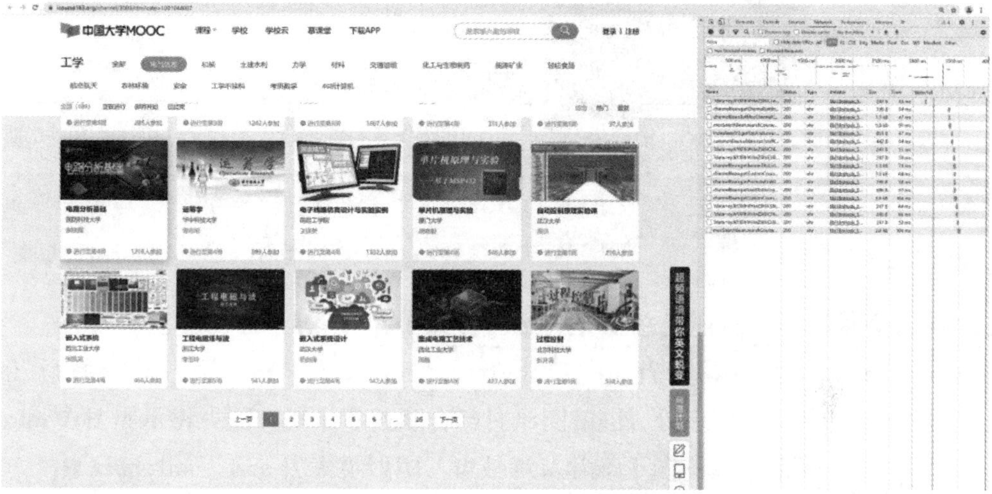

图 10–4　查看浏览器模式请求信息

确定网站请求后，分析相关字段，选取字段的基本要求：字段有解释性、区分度，可用作分析字段。“正在进行”“即将开始”“已结束”等重复性且无意义的字段不必爬虫，而“课程名称”“学校名称”“授课老师”“参与人数”“授课目标”“平均评分”和“评价人数”符合筛选要求。通过查看目标 API 返回的 JSON 信息，与浏览器接收的返回信息进行对比，通过正则表达式或其他方式解析上述描述字段，如图 10–5 和图 10–6 所示。爬取流程如图 10–7 所示。

图 10–5　分析字段

图 10-6　分析字段过程

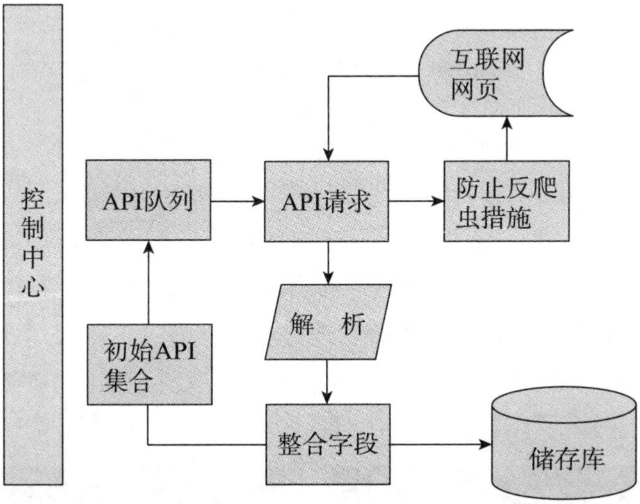

图 10-7　爬取流程

2. 课程数据存储

程序包含用户管理和爬虫数据管理，分为用户数据存储与爬虫数据存储两部分。构建 DB 名称为 big_data，URL 存储编码方式选择 utfm64，big_data 数据库中包含 user_info 和 data_info 表，分别用于管理用户数据与爬虫数据，数据库采用 MySQL。Python 语言可通过简单的命令语句对 MySQL 数据库链接，并进行常规的增、删、改、查等操作。

在 ser_info 表中，Username 为用户名，在程序中 Username 作为主键，程序会通过 Username 限制多个用户间不能有重复的名字；Password 为用户密码；

Lasttime 为用户在本次搭建大数据分析系统中等候操作功能的时间；Lasttime 主要具备两个功能：一是保证用户在访问过程中的登录不会失效，会话一直处于维持状态，不需要重新登录；二是如果用户长时间未通过当前设备与服务端的请求交互，为保证用户安装，会话维持将被中断。Session 用户当前的标记状态，是否需要重新登录。Ip_info 记录当前账号登录数据分析系统的登录 IP，一是限制用户仅能单点登录，即同一用户账号在通过多设备登录时只有最后登陆的设备可以为登录状态；二是若用户更换 IP 地址访问，则均需要重新输入密码。

在 Data_info 表中，记录爬虫字段数据，字段类型为“课程名称”“学校名称”“授课老师”“参与人数”“授课目标”“平均评分”“评价人数”，存储结构如图 10–8 所示。

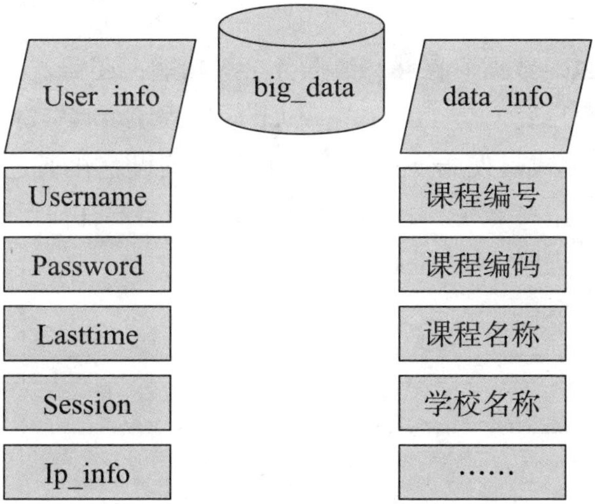

图 10–8　存储结构

3. 课程数据分析与可视化技术

通过爬虫程序提取出核心字段的数据量众多，无法通过直接、简单地查看数据集而得到有效的数据，需要借助有效的数据分析来做判断。数据分析是指正确地选择适用于当前数据的统计等分析方法，整体分析当前大量被收集来的数据集，从当前数据集中提取所需信息。数据分析分类可分为描述性统计分析（统计表、应用统计特征图、统计图等方法，对资料的数量特征及其分布规律进行测定和描述）、验证性统计分析（侧重于对已有的假设或模型进行验证）、探索性统计分析（主动在数据中发现新的特征或有用的隐藏信息）。经过分析得到的结论需要通过良好的展现方式来进行对外输出，输出方式应尽可能简短、精确，不产生任何歧义。图表显示的分析结果是最为直观的表达方式，即可直观、高效地表达复杂的数据和观点，又可发现其中数据本身的规律。

引入数据后，清洗数据，聚合数据结构。每个动态图表模块间的函数与预处理后的对应聚合数据互不影响。

Pyechrts 模块调用 ECharts 开源的图表 API 对每个分析结果进行动态图表输出。ECharts 是一个灵活使用 JavaScript 技术实现全开源的可视化模块，所输出的图表完全能流畅地运行在 PC 和移动设备之间，可以兼容当前绝大部分浏览器，将整个分析报告与 Web 端整合可视化输出。

Jieba 分析程序采用树型结构的全词图普扫描，将整个句子中的字符转换成自组形式，构建有向无环图（DAG），找出基于词频的最大切分组合，做出词云。

4. Web 框架

结合以上爬虫、数据库存储、数据分析等功能，还需要一个能将所有功能进行输出，并与用户发生交互的方式。Web 应用程序可将资源共享实现最大化，将 Web 应用开发完成后发布至网络，所有用户均可直接通过域名使用程序功能，程序迭代无需用户下载，刷新网页即可更新，且与任何系统的 PC 端及移动设备兼容性良好。程序组成如图 10–9 所示。

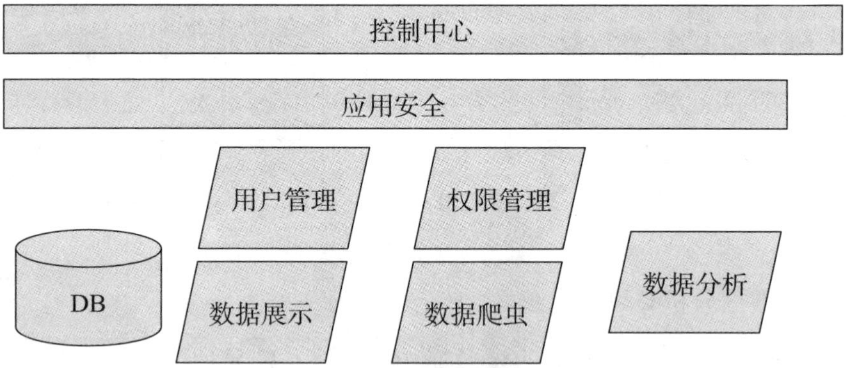

图 10–9　程序结构组成

整个应用主要采用了 Django 模块：作为一个用 Python 语言编写的开源 Web 框架。通过 Python 语言开发 Web 应用选择 Django 模块，可以通过较少量的代码，轻松地完成一个正式网站所需要的大部分内容搭建，完善后可将全功能的 Web 应用服务开发完成。在 views.py 中将不同的功能通过函数形式封装，每一个函数指定返回的前端界面。前端的请求通过 post 请求递交至函数。

其代码结构如下：

```
|   db.sqlite3
|   spider_Func.py   # 爬虫功能封装文件
|   manage.py   # 程序启动文件
|   user_info.sql   #sql 结构文件
|
├── .idea   # 项目管理文件夹
|       encodings.xml
|       misc.xml
|       modules.xml
|       panda_data.iml
|       workspace.xml
|
├── App01
|   |   admin.py
|   |   apps.py
|   |   models.py
|   |   tests.py
|   |   views.py   # 主功能模块
|   |   __init__.py
|   |
|   ├── migrations
|   |   |   __init__.py
|   |   |
|   |   └── __pycache__
|   |           __init__.cpython-37.pyc
|   |
|   └── __pycache__
|           admin.cpython-37.pyc
|           apps.cpython-37.pyc
|           models.cpython-37.pyc
|           views.cpython-37.pyc
|           __init__.cpython-37.pyc
|
├── panda_data
|   |   settings.py
|   |   urls.py   # 程序功能模块与 URL 指向模块文件
|   |   wsgi.py
|   |   __init__.py
|   |
```

```
|     └── __pycache__
|             settings.cpython-37.pyc
|             urls.cpython-37.pyc
|             wsgi.cpython-37.pyc
|             __init__.cpython-37.pyc
|
├── templates
|    |   admin_table.html    # 数据展示 HTML 模板文件
|    |   admin_table_begin.html    # 用户管理 HTML 模板文件
|    |   data.html    # 项目功能主页 HTML 文件
|    |   data_table.html    # 数据展示 HTML 文件
|    |   data_table_begin.html    # 用户管理 HTML 文件
|    |   elephant.html    # 爬虫功能 HTML 文件
|    |   finall.html    # 数据分析 HTML 文件
|    |   login.html    # 注册功能 HTML 文件
|    |   sign_in.html    # 登录功能 HTML 文件
|    |
|    └── static    # 此文件控制着项目中所需 HTML 的图片文件与 CSS 的主样式文件夹
|          |   Figure_1.png
|          |   header.png
|          |
|          ├── css
|          |       base.css
|          |       style.css
|          |       styles.css
|          |       style_1.css
|          |
|          ├── images
|          |       banner.jpg
|          |       tick.png
|          |
|          └── js
|                  anime.min.js
|                  demo.js
|                  index.js
|                  particles.js
|
└── __pycache__
        ddSpider.cpython-37.pyc
        manage.cpython-37.pyc
```

10.3　网络课程数据的分类

1. 选取课程信息

数据分类是 ISO27001 和企业安全管理的重要组成部分。数据分类将为给定的数据类型设置标签和类别，主要介绍电气类网络课程分类的程序，为进一步的数据可视化分析提供依据，数据通过特定的类别进行细化，类别的选择是以当下的大致主要课程的选择方向为主。

为了能够选取特定的网络课程情况，在 MySQL 中方便查看，对所选择课程的参与程度，以及可靠程度做出评判，设定在 MySQL 指令页查找所选取的课程资料，可在 MySQL 的命令行中输入“select*from data_tb”查看相关数据。课程信息浏览与选取过程如图 10–10 所示。

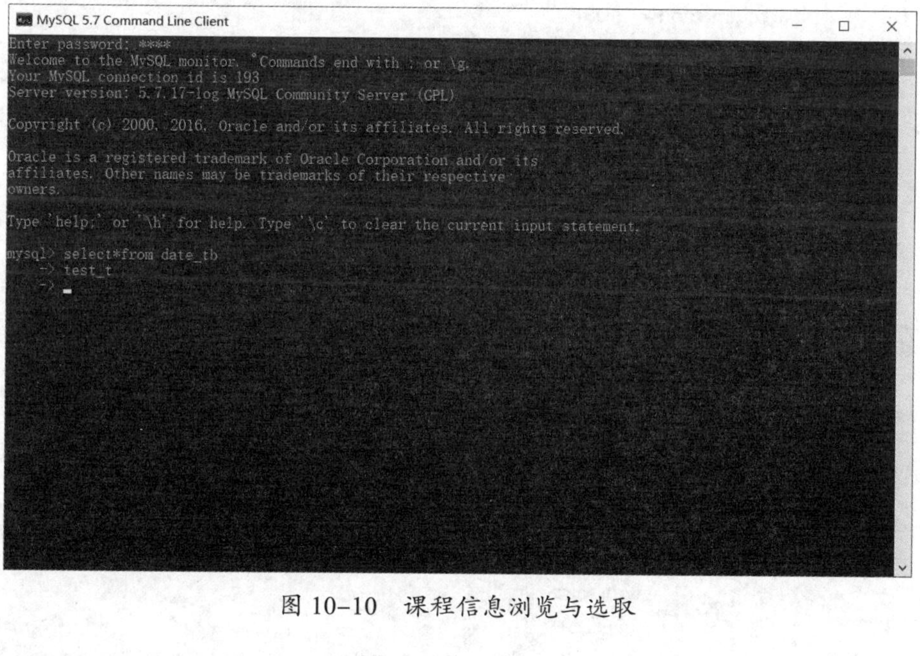

图 10–10　课程信息浏览与选取

2. 爬取课程数据信息

中国大学 MOOC 存在大量反爬设置，无法爬取网络课程的全部相关资料，爬取过程中以“电气信息类”为关键词进行首次筛选，只爬取与电气信息类有关的网络课程资料，它的出处、参与人数和课程概述等内容会一并采集存入 MySQL 数据库。需要单独查看数据时，只需打开 MySQL 命令页即可。爬取程序如下：

```
def data_table(req):
    ip_info = get_ip(req)
    time_out(ip_info)

    connect_info = 'mysql+pymysql://{}:{}@{}:{}/{}?charset=utf8mb4'.format("root", "root",
                    "localhost", "3306", "big_data")
    df = pd.read_sql("SELECT * FROM user_info", connect_info)
    df_1 = df.loc[df['ip_info'] == ip_info]
    df_1 = df_1.reset_index()

    try:
        if df_1['session'][0] == 0:
            return redirect('/sign_in')
        else:
            data_flag = req.POST.get('data_flag', None)
            if req.method == 'POST':
                if data_flag == '清空数据':
                    df = pd.DataFrame([], columns=['课程编号''课程编码''课程名称''学校
                                                   名称''授课老师''参与人数''课程概述''
                                                   授课目标''平均评分''评价人数''辅助编
                                                   码'])      # 字段名称需要修改
                    connect_info = 'mysql+pymysql://{}:{}@{}:{}/{}?charset=utf8mb4'.format("root",
                                    "root", "localhost", "3306", "big_data")
                    df.to_sql(name='data_info', con=connect_info, if_exists='replace',
                              index=False)
                    table_base_data(0,'').render(r'./templates/data_table.html')
                    with open(r'./templates/data_table_begin.html', 'r', encoding='utf8') as f:
                        data = f.read()
                    with open(r'./templates/data_table.html', 'r', encoding='utf8') as f:
                        data_1 = f.read()
                    data_finall = data + data_1[data_1.find('</style>')+ 8:]
                    with open(r'./templates/data_table.html', 'w', encoding='utf8') as f:
                        f.write(data_finall)
                    time.sleep(1.5)
                    return render(req, 'data_table.html')
                elif data_flag == '搜索':
                    data_select = req.POST.get('data_select', None)
                    data_find = req.POST.get('data_find', None)
                    print(data_select, data_find)
                    # ----------------
                    table_base_data(data_select,data_find).render(r'./templates/data_table.html')
                    with open(r'./templates/data_table_begin.html', 'r', encoding='utf8') as f:
```

```
                    data = f.read()
                with open(r'./templates/data_table.html' , 'r' , encoding='utf8') as f:
                    data_1 = f.read()
                data_finall = data + data_1[data_1.find('</style>') + 8:]
                with open(r'./templates/data_table.html' , 'w' , encoding='utf8') as f:
                    f.write(data_finall)
                time.sleep(1.5)
                return render(req , 'data_table.html')
# ----------------
        else:
            table_base_data(0 , '').render(r'./templates/data_table.html')
            with open(r'./templates/data_table_begin.html' , 'r' , encoding='utf8') as f:
                data = f.read()
            with open(r'./templates/data_table.html' , 'r' , encoding='utf8') as f:
                data_1 = f.read()
            data_finall = data + data_1[data_1.find('</style>') + 8:]
            with open(r'./templates/data_table.html' , 'w' , encoding='utf8') as f:
                f.write(data_finall)
            time.sleep(1.5)
            return render(req , 'data_table.html')
    except:
        return redirect('/sign_in')
```

10.4　课程数据可视化分析

1. 网络课程数据分类

爬取电气类网络课程的授课相关信息，以课程平均评分、参与人数、学校课程数量分布、课程概述和授课目标等 5 类词云对采集的数据进行分类。网络课程数据可视化是调查相关课程的授课情况和受欢迎程度的一个重要参考标准，可以直观地看出各个分类的占比情况，判断当下的热门领域，以及授课学校想要研究的主要方向。爬取课程信息代码如下：

```
import os
os.chdir(r'C:\Users\admin\Desktop\mooc')   # 改为自己的路径
import pandas as pd
import re
import jieba
import jieba.analyse
import ast
```

```
from pyecharts import options as opts

df = pd.read_excel(r'out_data.xlsx')
df = df.loc[df[' 评价人数 ']!=' 无人评价 ']
df[' 参与人数 '] = df[' 参与人数 '].astype('int')
df[' 平均评分 '] = df[' 平均评分 '].astype('int')

#----- 参与人数 >1000
data_num = len(df.loc[df[' 参与人数 ']>1000])/len(df)

from pyecharts.charts import Liquid , Page
from pyecharts.globals import SymbolType
def liquid_base() -> Liquid:
    c = (
        Liquid()
        .add(" 参与人数 " , [data_num])
        .set_global_opts(title_opts=opts.TitleOpts(title=" 参与人数超过 1 000 的比例 ") ,
                         toolbox_opts=opts.ToolboxOpts())
    )
    return c
liquid_base().render(r'./Charts_Flie/A 参与人数超过 1 000 的比例 .html')

#----- 学校分布
df_ter = pd.DataFrame(df[' 学校名称 '].value_counts())
from pyecharts.charts import Bar

c = (
    Bar()
    .add_xaxis(list(df_ter.index))
    .add_yaxis(" 数量 " , list(df_ter[' 学校名称 ']))
    .set_global_opts(title_opts=opts.TitleOpts(title=" 学校课程数量分布 ", ),
                     toolbox_opts=opts.ToolboxOpts())
    .render(r'./Charts_Flie/B 学校课程数量分布 .html')
)

#----- 参与人数分布
bins = [-1 , 500 , 1 000 , 1 500 , 2 000 , max(df[' 参与人数 '])]          # 定义分段
group_name = ['0~500' '500~1 000' '1 000~1 500' '1 500~2 000' '2 000+']        # 给分段命名
df['参与人数 _ 分段 '] = pd.cut(df[' 参与人数 '] , bins , labels=group_name)
df_data = pd.DataFrame(df[' 参与人数 _ 分段 '].value_counts())
df_data = df_data.reindex(['0~500' '500~1 000' '1 000~1 500' '1 500~2 000' '2 000+'])

from pyecharts.charts import Pie
```

```
c = (
    Pie()
    .add("" , [list(z) for z in zip(df_data.index , df_data[' 参与人数 _ 分段 '])])
    .set_global_opts(title_opts=opts.TitleOpts(title=" 参与人数 _ 分段 ") , toolbox_opts=opts.Toolbox
Opts())
    .set_series_opts(label_opts=opts.LabelOpts(formatter="{b}:{d}%"))
    .render("./Charts_Flie/C 参与人数分布 .html")
)

#----- 平均评分分布
bins = [-1 , 1 , 2 , 3 , 4 , 5]   # 定义分段
group_name = ['0~1' '1~2' '2~3' '3~4' '4~5']     # 给分段命名
df[' 平均评分 _ 分段 '] = pd.cut(df[' 平均评分 '] , bins , labels=group_name)
df_data = pd.DataFrame(df[' 平均评分 _ 分段 '].value_counts())
df_data = df_data.reindex(['0~1' '1~2' '2~3' '3~4' '4~5'])

from pyecharts.charts import Funnel
c = (
    Funnel()
    .add(" 数量 " , [list(z) for z in zip(df_data.index , df_data[' 平均评分 _ 分段 '])])
    .set_global_opts(title_opts=opts.TitleOpts(title=" 平均评分 _ 分段 "),
                     legend_opts=opts.LegendOpts(is_show=False),
                     toolbox_opts=opts.ToolboxOpts())
    .render("./Charts_Flie/D 平均评分分布 .html")
)

#----- 课程概述词云
cop = re.compile("[^\u4e00-\u9fa5^a-z^A-Z]")
x = []
for line in df[' 课程概述 ']:
    line = cop.sub('' , line)
    x.extend(jieba.analyse.extract_tags(str(line)))

df_1 = pd.DataFrame(x)
df_1 = df_1[0].value_counts()
df_1 = pd.DataFrame(df_1)

words = []
for i , x in zip(df_1.index , df_1[0]):
    words.append((i , x))

from pyecharts.charts import WordCloud
def wordcloud_base() -> WordCloud:
    c = (
```

```
        WordCloud()
        .add("" , words , word_size_range=[20, 100])
        .set_global_opts(title_opts=opts.TitleOpts(title=" 课程概述词云 "),
                         toolbox_opts=opts.ToolboxOpts(),)
    )
    return c
wordcloud_base().render('./Charts_Flie/F 课程概述词云 .html')

#----- 课程概述词云
cop = re.compile("[^\u4e00-\u9fa5^a-z^A-Z]")
x = []
for line in df[' 授课目标 ']:
    line = cop.sub('' , line)
    x.extend(jieba.analyse.extract_tags(str(line)))

df_1 = pd.DataFrame(x)
df_1 = df_1[0].value_counts()
df_1 = pd.DataFrame(df_1)

words = []
for i , x in zip(df_1.index , df_1[0]):
    words.append((i , x))

from pyecharts.charts import WordCloud
def wordcloud_base() -> WordCloud:
    c = (
        WordCloud()
        .add("" , words , word_size_range=[20 , 100])
        .set_global_opts(title_opts=opts.TitleOpts(title=" 授课目标词云 "),
                         toolbox_opts=opts.ToolboxOpts() , )
    )
    return c
wordcloud_base().render('./Charts_Flie/G 授课目标词云 .html')
```

2. 课程数据可视化

数据可视化的实际意义是协助人更好地剖析数据，信息的品质在很大程度上取决于其表达形式。精心策划的图型数据可视化能够形象、生动地展示信息。

通过数据采集和数据分类，找出当前电气类网络课程的授课情况，分析网络课程数据。程序运行获得一批电气类学科网络课程授课的实时数据，相关分类可视化图如图 10–11 所示。

（a）　　　　　　　　　　　　（b）

图 10-11　所有课程的参与人数比例与分布

（a）参与人数超过 1 000 的比例；（b）所有课程的参与人数分布

电气类学校课程数量分布见表 10-1。

表 10-1　电气类学校课程数量分布

课程数量	学校名称
1	首都师范大学、北京化工大学、南京理工大学、哈尔滨工程大学、厦门大学、北京林业大学、西南石油大学、北京邮电大学、广东工业大学、西安工业大学、北京科技大学、西南交通大学、大连理工大学、北京联合大学、福州大学、北京信息科技大学、景德镇陶瓷大学、华东交通大学、南昌工学院、同济大学、武汉理工大学、华北电力大学（保定）、华东师范大学
2	杭州电子科技大学、湖南大学、东北大学、武汉大学、兰州交通大学、上海交通大学、国防科技大学、北京航空航天大学、中国石油大学（华东）、华中科技大学、重庆大学
3	西安交通大学、西安电子科技大学
5	北京交通大学、哈尔滨工业大学、电子科技大学
8	浙江大学

中国大学 MOOC 平台服务于受众对象，学生课程评分同样重要，这部分内容如图 10-12 所示。

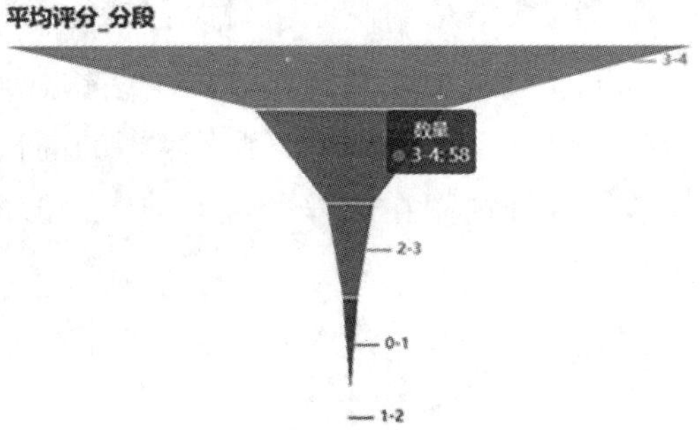

图 10-12　课程平均评分发布

电气类相关课程评分数据见表 10-2。

表 10-2 电气类相关课程评分数据

评分分段	课程数量
0 ～ 1	1
1 ～ 2	0
2 ～ 3	3
3 ～ 4	58
4 ～ 5	12

课程概述部分是为了提供给学生课程所学内容简介。本文从中提取相关词云做可视化分析，可直观地看出大学电气类相关课程的授课目的及意义，编排的顺序：以包含相关词云课程数量为准，居中字体最大，越往边缘越小，如图 10-13 所示。

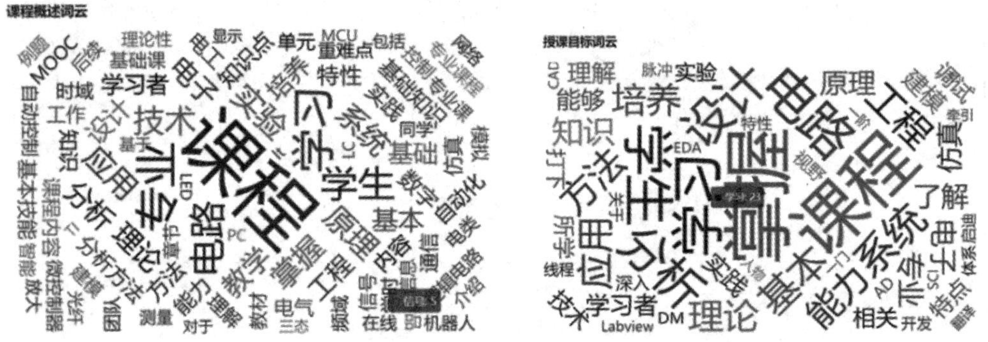

（a）　　（b）

图 10-13 课程词云

（a）课程概述词云；（b）授课目标词云

从直观图可以看到，电气信息类专业网络课程授课学校、受学生欢迎程度从各参与人数可以得出相应的结论，当然也有许多学校在该专业课程取得本校及其他高校的认可，人气较高，质量过硬。越来越多的高校开始重视网络课程，将其作为本科课程教学的基础视频在课程平台上推广，形成具有本校特色与发展理念相结合的课程。

第 11 章　在线评论与销售业绩

11.1　销量相关性问题

网络购物给广大消费者提供了便捷的购物方式，越来越多的人喜欢网购，不仅买服装、鞋子等，也在网上买书，现在有很多网站，如当当网、京东商城、天猫等。虽然线下有很多书店，但是读者会先在网上看书评再决定买不买，图书的在线评论对其销量有一定的影响力。很多消费者会通过在线评论决定是否购买。就如现在的旅游网站，如果一个酒店的好评率高，顾客会选择入住好评率高的酒店，图书也一样。

消费者在购买商品后，会在网站上发布产品评价信息，为其他消费者提供一些相关信息。评论数量是研究在线评论的一个重要指标，评论数量、在线评论内容对消费者是否购买影响显著。

通过导入在淘宝网上相关图书的网址，抓取图书评论数据建立分析模型，对在线评论中的变量进行分析，分析图书在线评论对销售绩效的影响。

11.2　获取在线评论数据

1. 获取评论数据

研究在线评论对销售绩效的影响，需要获得在线评论和销量的相关数据，采集评论信息，即评论数、好评、差评、追评、销量和价格等 5 部分组成。

（1）提取网页源码及 cookie 的程序。先登陆淘宝账号，打开网页 Web 导航界面找到对应网址 cookie，单机后复制粘贴到 txt 里，抓取网址程序如图 11–1 所示。

```
import requests #用来获取网页源码
import json #在文件头部引用json包
import re,time,random #python的随机库，用来获取随即内容
from lxml import etree #导入lxml库中的html模块，用于解析html网页及使用.xpath定位元素

session = requests.session() #requests读取cookies
with open('cookie.txt', 'r') as f:    #cookie存入txt文件
    cookie = f.read()
    cookieDict = {}
    cookies = cookie.split("; ")
    for co in cookies:
        co = co.strip()
        p = co.split('=')
        cookieDict[p[0]] = p[1]
session.cookies.update(cookieDict) #上传cookie参数，用session中get
```

图 11-1 提取网页源码

（2）抓取网址程序。抓取数据的网址（分为协议和浏览器两种版本），打开页面 headers 里的 detail.tmall.com，再找到相关顾客的 ID 以及商品的 ID，进行提取并保存。抓取网址程序如图 11-2 所示。

```
def get_itemid_and_sellerId(url):
    headers={'authority': 'detail.tmall.com', #抓取数据的网址
    'method': 'GET',
    'path': '/item.htm?spm=a230r.1.14.10.799f31d1WAvEAF&id=572620629412&cm_id=140
    'scheme': 'https', #协议和浏览器版本
    'user-agent': 'Mozilla/5.0 (Windows NT 6.1) AppleWebKit/537.36 (KHTML, like G
    text = session.get(url,headers=headers).text
    itemId = re.findall("&itemId=(.*?)&",text)[0]
    sellerId = re.findall("sellerId=(.*?)&",text)[0] #拿出商品ID和顾客ID并保存
    html = etree.HTML(text) #保存网址


    return itemId,sellerId
```

图 11-2 抓取网址程序

（3）评论获取程序。此部分是采集程序中最为重要的模块，定义变量并启动循环，提取网址后利用 session 类中的 get 获取所有评论数值赋值给 text，放入数组 rateTypeText[] 中，循环结束。这段程序提取评论数量和内容，评论分为好评、中评、差评和追评 4 种，对应赋值：1、0、−1、−2。评论获取程序如图 11-3 所示。评论数据存储程序如图 11-4 所示。

```
def get_all_comments(auctionNumId,userNumId): #评论概况，包括4种
    global test
    #好评 1 中评 0 差评 -1 追评 2
    rateTypeText = ['差评','中评','好评','追评'] #定义变量 第一个变量解释代码1和好评的相应关系
    good,common,bad,feedback = [],[],[],[] #第二个变量用来存储评价
    for rateType in range(-1,3): #开启一个大循环
        currentPage = 1 #小循环的控制条件
        while True: #url是抓取评论的地址
            url = 'https://rate.taobao.com/feedRateList.htm?auctionNumId={}&userNumId={}&curren
            headers={'authority': 'rate.taobao.com', #header是该程序和淘宝服务器通信的信息
                    'method': 'GET',
                    'path': url.replace('https://rate.taobao.com',''),
                    'scheme': 'https',
                    'referer':main_url,
                    'user-agent': 'Mozilla/5.0 (Windows NT 6.1) AppleWebKit/537.36 (KHTML, like
            text = session.get(url,headers = headers).text #用session里的get获取数据赋值给txt
            text = text.strip('\r\n\r\njsonp_tbcrate_reviews_list(').strip(')')
            js = json.loads(text) #用json里的loads解码
            test = text
            maxPage = int(js['maxPage']) #评论数
```

图 11-3 评论获取程序

```python
            maxPage = int(js['maxPage']) #评论数
            for comment in js['comments']: #开启小循环 根据评价好坏存入第二个变量
                if rateType == -1:
                    bad.append(comment['content'])
                elif rateType == 0:
                    common.append(comment['content'])
                elif rateType == 1:
                    good.append(comment['content'])
                elif rateType == 2:
                    feedback.append(comment['content'])
            if currentPage == maxPage: #读完所有评论，循环结束
                break
            time.sleep(random.randint(10,14))
            currentPage += 1 #自增1
            if not currentPage % 5:
                print('类型:',rateTypeText[rateType+1],"当前页:",currentPage)
    print('好评数:',len(good),'中评数:',len(common),'差评数:',len(bad),'追评数:',len(feedback))
    return [good,common,bad,feedback]
```

图 11–4　评论数据存储程序

（4）提取价格、销量和评论数量的程序。这部分和第二模块获取顾客 ID 的步骤类似，打开 Web 导航后找到 URL 导入，此处提取 header 中的 detailskip.taobao.com 页面，将价格、销量和评论数量等所需的数据提取出来，提取参数程序如图 11–5 所示。

```python
def get_detail(auctionNumId,userNumId): #爬取评论的详情页
    global test
    headers={'authority': 'detailskip.taobao.com',
    'method': 'GET',
    'path': '/service/getData/1/p1/item/detail/sib.htm?itemId={}&sellerId={}&isvId=3&modules=\dy
xmpPromotion,delivery,upp,activity,fqg,zjys,amountRestriction,couponActivity,soldQuantity,video,
ack=onSibRequestSuccess'.format(auctionNumId,userNumId),
    'scheme': 'https', #从http跳转
    'referer':main_url, #从referer中提取url
    'user-agent': 'Mozilla/5.0 (Windows NT 6.1) AppleWebKit/537.36 (KHTML, like Gecko) Chrome/69

    url = 'https://detailskip.taobao.com/service/getData/1/p1/item/detail/sib.htm?itemId={}&sell
    text = session.get(url,headers = headers).text #抓取的评论get到text
    test = text
    price = '价格:' + re.findall('\"price\"\:\"(.*?)\",',text)[::-1][0] #定义价格保存到text
    tradeCount = '销量:' + re.findall('"confirmGoodsCount":"(.*?)"',text)[0] #定义销量保存到text

    url = 'https://rate.taobao.com/detailCount.do?_ksTS={}_158&callback=jsonp159&itemId={}'.form
    with open('cookie.txt','r') as f:
        headers['cookie'] = f.read()
    text = session.get(url,headers = headers).text
    comments_count = '评论数:' + re.findall('count\"\:(.*?)\}\)',text)[0]
    return price + '\t' + tradeCount + '\t' + comments_count #显示价格，销量，评论数量
```

图 11–5　提取参数程序

（5）调试程序及数据采集。将淘宝店的网址导入后，提取各类数据保存在 txt 文件中。采集器程序如图 11–6 所示。

```python
if __name__ == '__main__': #控制这两种情况执行代码的过程
    test = ''
    main_url = input("输入淘宝（非天猫）宝贝地址:") #操作，输入地址
    main_url = main_url.replace('#detail','')  #获取url里相对应的数据
    auctionNumId,userNumId = get_itemid_and_sellerId(main_url)
    info = get_detail(auctionNumId,userNumId) #取得需要的信息
    comments = get_all_comments(auctionNumId,userNumId) #获得所有评论
    write_in_txt(info,comments) #提取信息到txt
```

图 11–6　采集器程序

编写完程序后，如图 11–7 所示调试程序。调试好评数、中评数、差评数、追评数，如图 11–8 所示。价格、销量和评论数的调试如图 11–9 所示。采集的评价 txt 如图 11–10 所示。

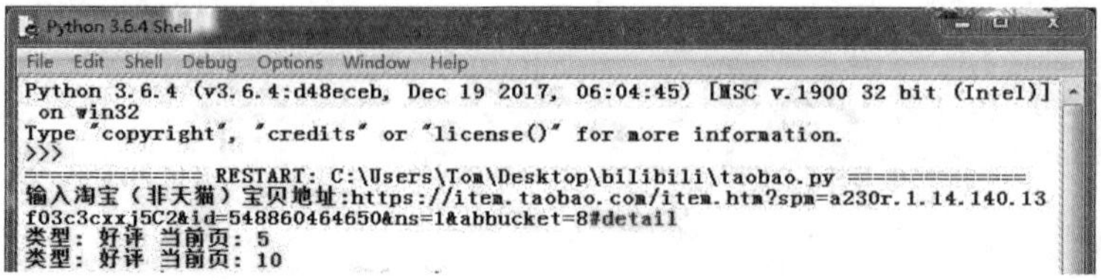

图 11–7　程序调试

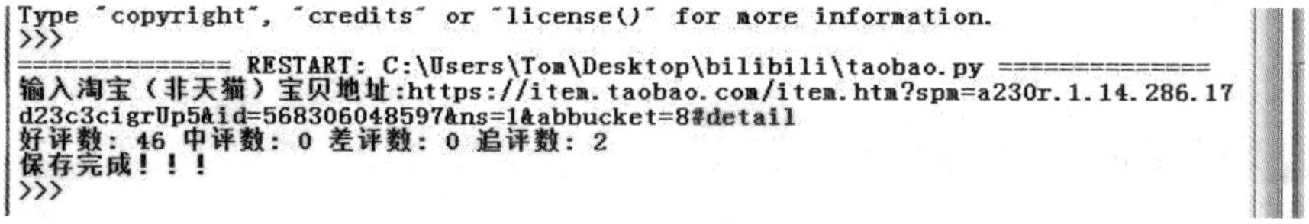

图 11–8　好评数、中评数、差评数、追评数调试

图 11–9　价格、销量、评论数的调试

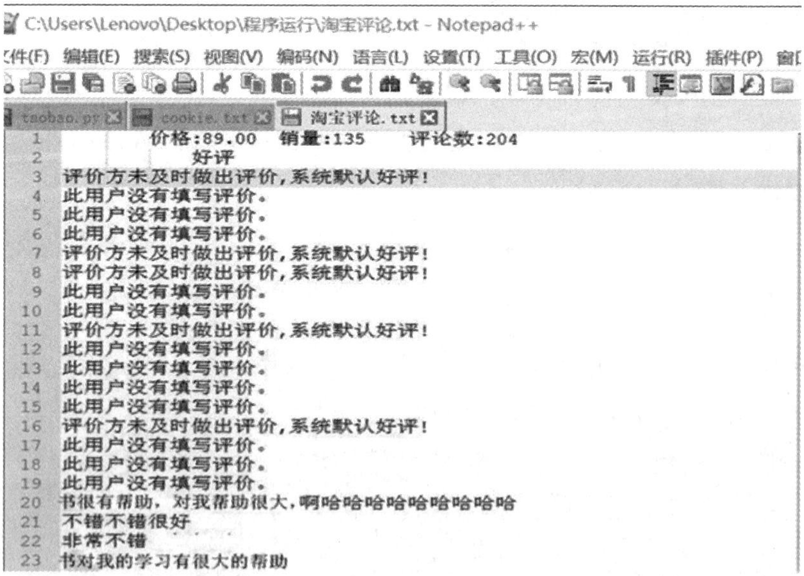

图 11–10　采集的评价 txt

存储程序主要是将评论提取到 txt 文档并保存。存储程序调试如图 11–11 所示。

```
def write_in_txt(info,data):   #讲提取的评论保存到txt文档
    rateType = ['好评','中评','差评','追评']
    with open('淘宝评论.txt','w') as f:
        f.write('\t\t' + info+'\n')
        for i in range(4):
            f.write("\t\t\t"+rateType[i]+'\n')
            for j in range(len(data[i])):
                f.write(data[i][j]+'\n')
            f.write('\n\n')
    print("保存完成！！！")
```

图 11-11　存储程序调试

2. 预测分析

（1）变量的选取。通过评论数量、追评数、好评数、中评数、差评数和商品价格等变量，分析研究图书销量与 6 个变量之间的关系。变量说明见表 11-1。

表 11-1　变量说明

变　量	指标说明
评论总数	截至 2019 年 × 月 × 日商品评论的数量
追评数	截至 2019 年 × 月 × 日用户的追评数量
好评数	截至 2019 年 × 月 × 日用户的好评数量
中评数	截至 2019 年 × 月 × 日用户的中评数量
差评数	截至 2019 年 × 月 × 日用户的差评数量
商品价格	2019 年 × 月 × 日 ~ × 月 × 日每日价格的均值

（2）图书在线评论对销售绩效的影响。从评论数量、追评数、好评数、中评数、差评数、评论字数和商品价格等变量进行预测，预测图书销量与变量之间的关系。预测结果见表 11-2。

表 11-2　预测结果说明

假　设	预　测
评论总数对销售绩效是否有影响？	有
追评数对销售绩效是否有影响？	有
好评数对销售绩效是否有影响？	有
中评数对销售绩效是否有影响？	有
差评数对销售绩效是否有影响？	有
商品价格对销售绩效是否有影响？	无

11.3　相关性模型

1. 分析与建模

（1）描述性分析。描述性分析是社会调查统计分析的第一步，对调查所得的大量数据资料进行初步的整理和归纳，借助数据统计量，如平均值、百分比等进行单因素分析，以发现其中的内在规律，即集中趋势和分散趋势，描述性分析指标见表 11–3，深入指标见表 11–4。

表 11–3　描述性分析指标

名　称	样本量	最小值	最大值	平均值	标准差	中位数
好评数	150	16	3295	278.051	0.198	180
中评数	150	0	94	18.253	0.18	13
差评数	150	0	15	3.051	0.037	2
追评数	150	0	125	17.354	0.21	12
评论总数	150	16	3 413	316.707	0.14	211
销量	150	45	6 689	732.172	0.09	478
价格（取整）	150	12	269	62.697	45.875	52

表 11–4　描述分析的深入指标

名　称	方　差	25 分位数	中位数	75 分位数	IQR	峰　度	偏　度	CV	95%CI（下）	95%CI（上）
好评数	0.015	73	180	341	268	34.51	5.125	14.65%	199.526	356.575
中评数	0.023	5	13	23	18	3.822	1.864	9.135%	14.688	21.817
差评数	0.014	0	2	5	5	1.155	1.39	12.25%	2.31	3.791
追评数	0.024	2	12	23	21	8.14	2.547	12.14%	13.073	21.634
评论总数	0.017	87	211	387	300	30.906	4.764	13.83%	233.992	399.422
销量	0.089	228	478	892	664	18.701	3.865	12.23%	545.796	918.548
价格	0.21	34	52	75	4.611	41	6.806	2.364	53.66	71.734

从表 11–4 可以看出，好评数、中评数、差评数、追评数、评论总数、销量、价格（取整）共 7 项的最大值超过平均值 3 倍，说明数据波动较大，仅有百分比或平均数，不能完全反映客观事物的本质，使用中位数描述整体水平更适合。导

入 150 个样本，通过平均值或中位数的数据分析整体情况。在基础指标上增加深入指标分析：平均值 95%CI、IQR、峰度、偏度、变异系数等 5 个参数。

（2）线性回归模型。常用的普通最小二乘法（Ordinary Least Square，OLS）回归模型，平方损失函数

$$Y_i = \hat{\beta}_0 + \hat{\beta}_1 X_i + e_i \tag{11-1}$$

回归分析用于分析 X 的显著性，研究 X（定量或定类）对 Y（定量）的影响。若表现出显著关系（p 值小于 0.05 或 0.01），则说明 X 对 Y 有影响，再进一步分析影响的方向；还可以结合回归系数 B 值，对比分析 X 对 Y 的影响程度（可选）。

好评数、中评数、差评数、追评数、评论总数、价格（取整）与销量之间的关系参数见表 11-5。

表 11-5　评论和销量之间的关系参数

		非标准化系数		标准化系数	T ($p<0.05$)	p ($p<0.01$)	VIF	R^2	调整 R^2	F 检验	D-W 值
		B	标准误差	Beta							
好评数	常数	126.262	46.26	–	2.729	0.008	–	0.843	0.841	520.598	1.882
	数量	2.179	0.096	0.918	22.817	0.000	1				
中评数	常数	105.13	102.61	–	1.025	0.308	–	0.432	0.426	73.673	1.686
	数量	34.354	4.002	0.657	8.583	0.000	1				
差评数	常数	652.798	122.68	–	5.321	0.000	–	0.011	0	1.048	1.407
	数量	26.02	25.419	0.103	1.024	0.309	1				
追评数	常数	545.588	118.766	–	4.594	0.000	–	0.061	0.051	6.299	1.369
	数量	10.752	4.284	0.247	2.51	0.014	1				
评论数	常数	80.2	48.764	–	1.645	0.103	–	0.835	0.833	489.807	1.882
	数量	2.059	0.093	0.914	22.132	0.000	1				
价格	常数	693.802	162.326	–	4.274	0.000	–	0.001	–0.009	0.085	1.427
	数值	0.612	2.093	0.03	0.292	0.771	1				

其中：B 是回归系数值，$p<0.05$ 时有意义；标准误差是中间计算值，表示 B 值的波动；Beta 是常数为零时的回归系数值；t 值用于计算 p 值；p 值判断分析项是否呈现显著性；VIF 判断共线性问题，小于 5 说明无共线性；R^2 是分析

项 X 对 Y 的影响；F 判断是否所有 X 中至少一个对 Y 产生影响，无则说明 X 对 Y 无影响，有则说明至少一个 X 对 Y 有影响。

从表 11–5 可知，将好评数作为自变量、销量作为因变量进行线性回归分析，模型 R^2 为 0.843，意味着好评数可以影响销量 84.3% 变化的原因。对模型进行 F 检验（F=520.598，p<0.05），说明好评数一定会对销量产生影响。

模型公式：**销量 =126.262 + 2.179 × 好评数。**

好评数的回归系数值为 2.179（t=22.817，p=0.000<0.01），意味着好评数会对销量产生显著的正向影响。

将中评数作为自变量、销量作为因变量进行线性回归分析，模型 R^2 为 0.432，意味着中评数可以影响销量 43.2% 的变化。对模型进行 F 检验（F=73.673，p<0.05），说明中评数会对销量产生影响。

模型公式：**销量 =105.130 + 34.354 × 中评数。**

中评数的回归系数值为 34.354（t=8.583，p=0.000<0.01)，意味着中评数会对销量产生显著的正向影响。

将差评数作为自变量、销量作为因变量进行线性回归分析，模型 R^2 为 0.011，意味着差评数可以影响销量 1.1% 的变化。对模型进行 F 检验（F=1.048，p>0.05），说明差评数并不会对销量产生影响，因而不能具体分析自变量对因变量的影响。

将追评数作为自变量、销量作为因变量进行线性回归分析，模型 R^2 为 0.061，意味着追评数可以影响销量 6.1% 的变化。对模型进行 F 检验（F=6.299，p<0.05），说明追评数一定会对销量产生影响。

模型公式：**销量 =545.588 + 10.752 × 追评数。**

追评数的回归系数值为 10.752（t=2.510，p=0.014<0.05），意味着追评数会对销量产生显著的正向影响。

将评论总数作为自变量、销量作为因变量进行线性回归分析，模型 R^2 为 0.835，意味着评论总数可以影响销量 83.5% 的变化。对模型进行 F 检验（F=489.807，p<0.05），说明评论总数一定会对销量产生影响。

模型公式：**销量 =80.200 + 2.059 × 评论总数。**

评论总数的回归系数值为 2.059（t=22.132，p=0.000<0.01），意味着评论总数会对销量产生显著的正向影响。

将价格（取整）作为自变量、销量作为因变量进行线性回归分析，模型 R^2

为 0.001，意味着价格（取整）可以影响销量 0.1% 的变化。对模型进行 F 检验时发现模型并没有通过 F 检验（F=0.085，p>0.05），说明价格（取整）并不会对销量产生影响，因而不能具体分析自变量对因变量的影响关系。

2. 相关性分析

研究好评数、中评数、差评数、追评数、评论总数、价格（取整）分别和销量之间的相关关系，用 Pearson 相关系数表示关系的强弱，见表 11–6。

表 11–6　各变量对销量的 pearson 值

参　数	好评数	中评数	差评数	追评数	评论总数	价格（取整）
相关系数	0.918	0.657	0.103	0.247	0.914	0.03

从表 11–6 可知，通过模型及部分数据分析，好评数与销量之间相关的数值是 0.918，均表现出显著关系；中评数与销量之间相关的数值是 0.657，均表现出显著关系；差评数与销量之间相关的数值是 0.103，均不会表现出显著关系；追评数与销量之间相关的数值是 0.247，均表现出显著关系；评论总数与销量之间相关的数值是 0.914，均表现出显著关系；价格（取整）与销量之间相关的数值是 0.030，均不会表现出显著关系。

图书的好评数、中评数、追评数、评论总数均对图书销售绩效有较显著的影响，差评数对销售绩效不一定有显著的影响，取决于差评数占总数的数量，而图书价格对图书的销售绩效无影响。其他品牌类同。

第 12 章　公共环境下密接的流调数据分析

12.1　流调数据与爬取

为了判别确诊病例的移动轨迹及密接者，在各地卫健委官网可以爬取流调信息，针对密闭环境、交通场所考虑两种算法。密闭环境下的算法既能判定确诊病例的密接者、次密接者，又能判定交通环境下的密接者、次密接者，确定确诊病例及流调信息中的具体座位号或序号，否则就只能按照密闭环境下的判定算法进行判定。密接关系与算法如图 12–1 所示。

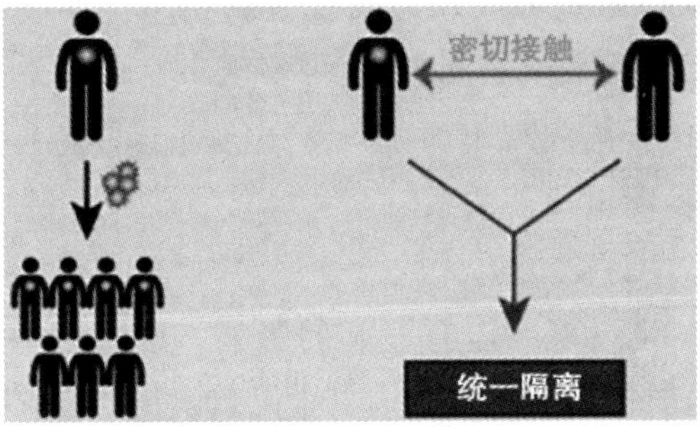

（a）

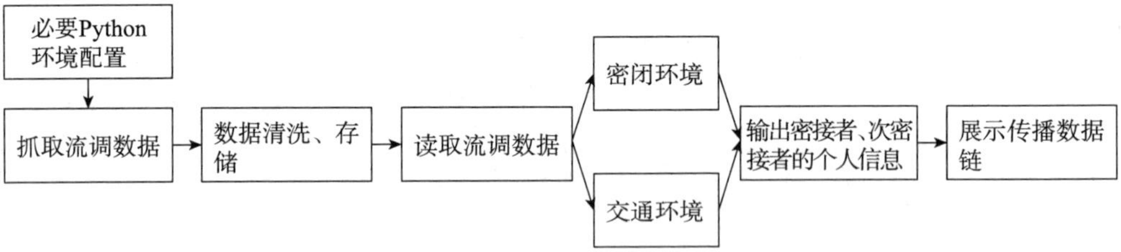

（b）

图 12–1　密接算法示意图

（a）密接关系;（b）密接算法

1. 流调数据来源与 Python 环境配置

这里的流调数据都来自于相关卫健委新闻板块所发布的数据，在实验测试中，只爬取部分地址信息，其他姓名、电话、身份证号码等个人隐私信息均为假设。

2. 流调数据爬取

可以爬取官网发布的确诊病例居住地址，数据内容为确诊病例的移动轨迹、交通轨迹及个人信息，如图 12–2 所示。

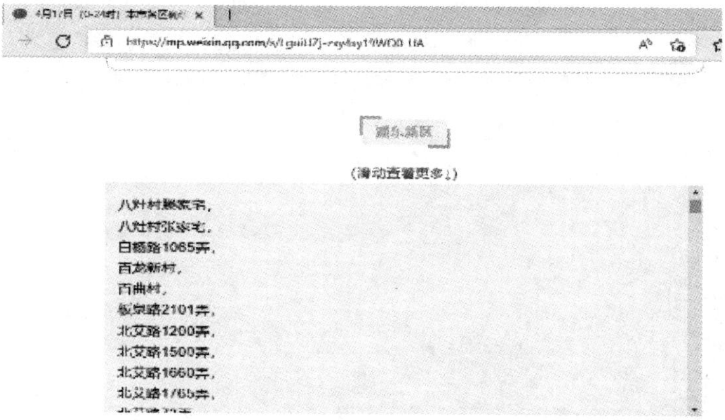

（a）

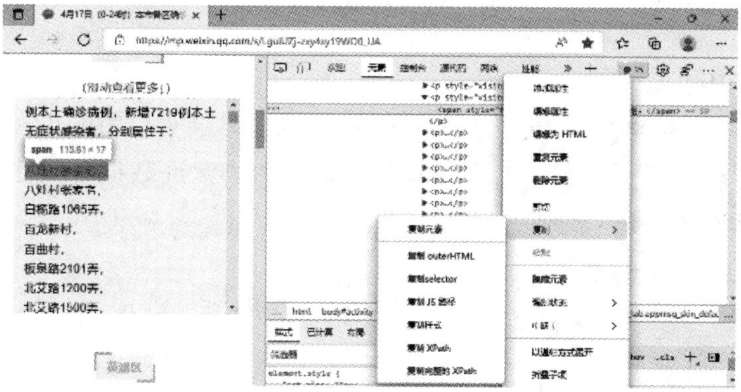

（b）

图 12–2　网页流调数据与爬取

（a）网页流调数据；（b）数据爬取过程

图 12–3 的数据爬取代码，URL 获取流调数据发布的网址，headers 变量模拟浏览器访问网站，res 变量获取页面源代码，res_etree 通过 etree.HTML 语句解析网页数据，result、huanpu、jingan 、xuhui 分别为网站中市内各区流调信息的 xpath。

```
url = 'https://mp.weixin.qq.com/s/Lgui0Zj-zxy4xy19WO0_UA'
#模拟浏览器登录
headers ={'User-Agent': 'Mozilla/5.0 (Windows NT 10.0; WOW64) AppleWebKit/537.36 (KHTML, like Gecko) Chrome/86.0.4240.198 Safari/537.36'}
#获取网页源码
res = requests.get(url=url,headers=headers).text
#
res_etree = etree.HTML(res)
#获取浦东新区感染信息对应xpath
result = res_etree.xpath('//*[@id="js_content"]/section[1]/section/section/section/section[2]/section[3]/section/section/section/p/span/text()
#获取黄浦区感染信息对应xpath
huanpu = res_etree.xpath('//*[@id="js_content"]/section[4]/section/section/section/p/span/text()')
#获取静安区感染信息对应xpath
jingan = res_etree.xpath('//*[@id="js_content"]/section[8]/section/section/section/p/span/text()')
#获取徐汇区感染信息对应xpath
xuhui = res_etree.xpath('//*[@id="js_content"]/section[12]/section/section/section/p/span/text()')
```

图 12–3　流调爬取代码

爬取并输出网页确诊病例的地址信息结果如图 12–4 所示。

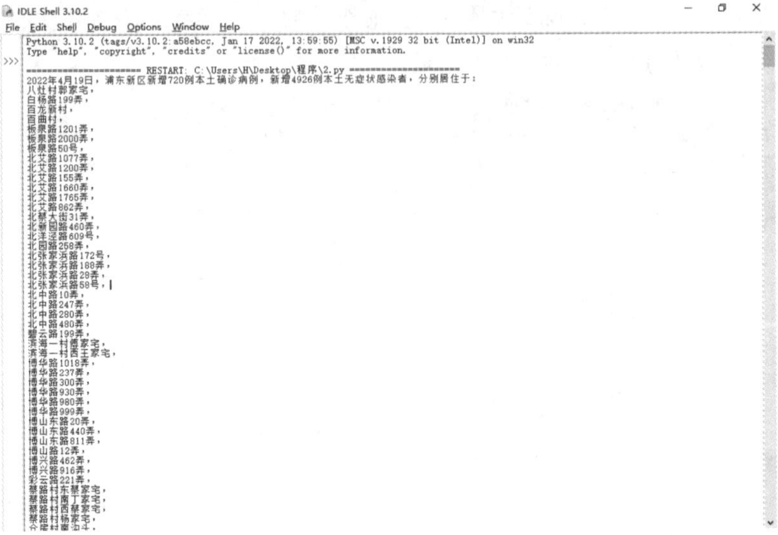

图 12–4　流调数据获取

3. 数据清洗与存储

数据清洗（data cleaning）是对数据进行重新审查和校验的过程，目的在于删除重复信息、纠正错误，处理无效值和缺失值，保证数据一致性等，按照一定的规则把“脏数据”洗掉，代码如图 12–5 所示。

```
# 数据清洗,替换中文逗号，删除空格
def instead(cols: int, values: list):
    global list
    if values is None:
        return []
    values[1] = str(int(values[1]))
    values[2] = str(int(values[2]))
    # print(values[2])
    for i in range(cols):
        if '，' or ' ' in values[i]:
            values[i] = values[i].replace("，", ",")
            values[i] = values[i].replace(" ", "")

    values[4] = values[4].split(',')
    for j in range(len(values[4])):
        if '站' in values[4][j]:
            index = values[4][j].index('站')
            values[4][j] = values[4][j][:index+1]
    values[4] = ','.join(values[4])
    return values
```

图 12–5　数据清洗代码

流调数据爬取成功后，存为 Excel 表格形式，程序如图 12-6 所示。

```
workbook = xlwt.Workbook(encoding='utf-8')
# 创建一个worksheet
worksheet = workbook.add_sheet('My Worksheet')
# 写入excel
# 参数对应行、列、值
for i in range(len(result)-1):
    if i == 0:
        worksheet.write(i, 0, label='住址')
    else:
        worksheet.write(i, 0, label=result[i])
# 保存
workbook.save(r'C:/Users/H/Desktop/python毕业设计程序/Excel_test.xls')
```

图 12-6　数据保存

保存的流调数据 Excel 表如图 12-7 所示。

1	住址
2	八灶村滕家宅，
3	八灶村张家宅，
4	白杨路1065弄，
5	百龙新村，
6	百曲村，
7	板泉路2101弄，
8	北艾路1200弄，
9	北艾路1500弄，
10	北艾路1660弄，
11	北艾路1765弄，
12	北艾路73弄，
13	北艾路862弄，
14	北蔡大街31弄，
15	北新园路350弄，
16	北新园路460弄，
17	北洋泾路609号，
18	北宰村，

图 12-7　流调数据保存

12.2　流调数据处理

读取爬取到的数据 Excel 表格，分别针对密闭环境和交通环境的数据进行分析。因为在密闭环境中，无法通过简单判断确定确诊病例与周围人之间的空间位置，所以将整个密闭环境下的人做打包处理，均判定为密接者。密闭环境下的算法获取确诊病例特征参数变量，筛选有移动轨迹重合的人员信息，表格和程序须在同一目录下。

1. 密闭环境的流调数据处理

密闭环境下的算法如图 12-8 所示。

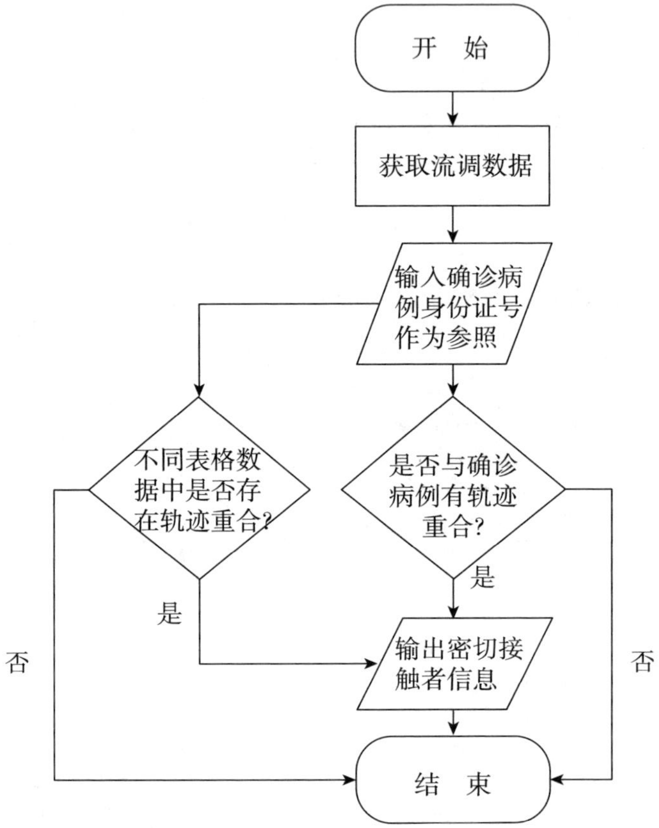

图 12-8　密闭环境下算法流程

流调数据分析以确诊病例的移动轨迹作为参考变量，为了方便，添加身份证号码作为操作变量，在判定次密接者时，只需更改输入的身份证号码后读取对应的表格，即可完成密接者、次密接者的不同判定。spe_id 变量是确诊者的身份证号码，更改 filename 变量内容就可以改变所读取的目标表格。read_sheet(excel，sheet_name) 获取数据表格，find_reference(spe_id，database) 语句根据身份证号码找到传播源，获取确诊病例的移动轨迹，如图 12-9 所示。

```
    # 获取文件名
    # filename = input("请输入正确的文件名：")
    filename = '测试表格.xlsx'
    try:
        # 打开工作表
        excel = xlrd.open_workbook(filename)
        # 获取book中所有工作表的名称
        sheet_names = excel.sheet_names()
        break
    except:
        print("文件不存在，", end='')

# 实例化人对象
# 创建参照者
while True:
    spe_id = input("请输入参照者身份证号：")
    # 读取表格内容
    for sheet_name in sheet_names:
        database = read_sheet(excel, sheet_name)
        # 找到参照者
        spe = find_reference(spe_id, database)

        if spe is not None:
            break
```

图 12-9　获取确诊病例的移动轨迹

根据确诊病例寻找有轨迹交集时，如果是确诊病例本人，就忽略，同时输出轨迹相同的地点，如图 12-10 所示。

```
# 寻找移动轨迹相同的人
def search_trace(self, person):
    flag = 0
    # 如果这个人出行的日期与参照者相同
    if self.move_trace.day == person.move_trace.day:
        # 遍历这个人的移动轨迹
        for point in self.move_trace.trace:
            # 如果这个人的移动轨迹中有与参照者相同的地点就
            if point in person.move_trace.trace:
                # flag = 0
                self.move_trace.cross_trace.append(point)
            else:
                print(point) # 输出与参照者的第一个重合地点
                flag = 1
                break
```

图 12-10　轨迹相同地点的判断

寻找人员轨迹交集结果，展示传播途径或可能的感染地点，如图 12-11 所示。

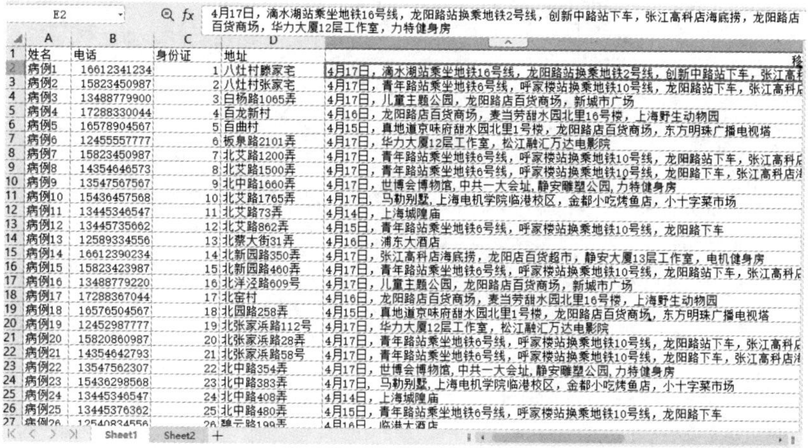
E2　4月17日，滴水湖站乘坐地铁16号线，龙阳路站换乘地铁2号线，创新中路站下车，张江高科店海底捞，龙阳路店百货商场，华力大厦12层工作室，力特健身房

	A	B	C	D	
1	姓名	电话	身份证	地址	移
2	病例1	16612341234	1	八灶村滕家宅	4月17日，滴水湖站乘坐地铁16号线，龙阳路站换乘地铁2号线，创新中路站下车，张江高科
3	病例2	15823450987	2	八灶村张家宅	4月17日，青年路站乘坐地铁6号线，呼家楼站换乘地铁10号线，龙阳路站下车，张江高科店
4	病例3	13488779900	3	白杨路1065弄	4月17日，儿童主题公园，龙阳路店百货商场，新城市广场
5	病例4	17288330044	4	百龙新村	4月16日，龙阳路店百货商场，麦当劳甜水园北里16号楼，上海野生动物园
6	病例5	16578904567	5	百曲村	4月15日，真地道京味府甜水园北里1号楼，龙阳路店百货商场，东方明珠广播电视塔
7	病例6	12455557777	6	板泉路2101弄	4月17日，华力大厦12层工作室，松江融汇万达电影院
8	病例7	15823450987	7	北艾路1200弄	4月17日，青年路站乘坐地铁6号线，呼家楼站换乘地铁10号线，龙阳路站下车，张江高科店
9	病例8	14354646573	8	北艾路1500弄	4月17日，青年路站乘坐地铁6号线，呼家楼站换乘地铁10号线，龙阳路下车，张江高科店海
10	病例9	13547567567	9	北中路1660弄	4月17日，世博会博物馆，中共一大会址，静安雕塑公园，力特健身房
11	病例10	15436457568	10	北艾路1765弄	4月17日，马勒别墅，上海电机学院临港校区，金都小吃烤鱼店，小十字菜市场
12	病例11	13445346547	11	北艾路73弄	4月14日，上海城隍庙
13	病例12	13445735662	12	北艾路862弄	4月15日，青年路站乘坐地铁6号线，呼家楼站换乘地铁10号线，龙阳路下车
14	病例13	12589334556	13	北蔡大街31弄	4月16日，浦东大酒店
15	病例14	16612390234	14	北新园路350弄	4月17日，张江高科店海底捞，龙阳店百货超市，静安大厦13层工作室，电机健身房
16	病例15	15823423987	15	北新园路460弄	4月17日，青年路站乘坐地铁6号线，呼家楼站换乘地铁10号线，龙阳路站下车，张江高科店
17	病例16	13488779220	16	北洋泾路609号	4月17日，儿童主题公园，龙阳路店百货商场，新城市广场
18	病例17	17288367044	17	北宙村	4月16日，龙阳路店百货商场，麦当劳甜水园北里16号楼，上海野生动物园
19	病例18	16576504567	18	北园路258弄	4月15日，真地道京味府甜水园北里1号楼，龙阳路店百货商场，东方明珠广播电视塔
20	病例19	12452987777	19	北张家浜路112号	4月17日，华力大厦12层工作室，松江融汇万达电影院
21	病例20	15820860987	20	北张家浜路28弄	4月17日，青年路站乘坐地铁6号线，呼家楼站换乘地铁10号线，龙阳路站下车，张江高科店
22	病例21	14354642793	21	北张家浜路58号	4月17日，青年路站乘坐地铁6号线，呼家楼站换乘地铁10号线，龙阳路下车，张江高科店海
23	病例22	13547562307	22	北中路354弄	4月17日，世博会博物馆，中共一大会址，静安雕塑公园，力特健身房
24	病例23	15436298568	23	北中路383弄	4月17日，马勒别墅，上海电机学院临港校区，金都小吃烤鱼店，小十字菜市场
25	病例24	13445346547	24	北中路408弄	4月14日，上海城隍庙
26	病例25	13445376362	25	北中路480弄	4月15日，青年路站乘坐地铁6号线，呼家楼站换乘地铁10号线，龙阳路下车
27	病例26	12540834556	26	碧云路199弄	4月16日，临港大酒店

Sheet1　Sheet2

图 12-11　相同轨迹判断

与确诊病例存在地点重合的作为密接者，输出流调数据中有轨迹重合的地点，其中是否是密闭环境或可排序的场所，还需实地考察后，由现场专业流调人员判断，结果如图 12–12 所示。

	A	B	C	D	E	F	G	H	I
1	姓名	电话	地址	身份证	重合轨迹				
2	病例2	158234509	八灶村张家	2	龙阳路站,张江高科店海底捞,龙阳路店百货商场				
3	病例3	134887799	白杨路106	3	龙阳路店百货商场				
4	病例6	124555577	板泉路210	6	华力大厦12层工作室				
5	病例7	158234509	北艾路120	7	龙阳路站,张江高科店海底捞,龙阳路店百货商场				
6	病例8	143546465	北艾路150	8	张江高科店海底捞				
7	病例9	135475675	北中路166	9	力特健身房				
8	病例14	166123902	北新园路3	14	张江高科店海底捞				
9	病例15	158234239	北新园路4	15	龙阳路站,张江高科店海底捞,龙阳路店百货商场				
10	病例16	134887792	北洋泾路6	16	龙阳路店百货商场				
11	病例19	124529877	北张家浜路	19	华力大厦12层工作室				
12	病例21	143546427	北张家浜路	21	张江高科店海底捞				
13	病例22	135475623	北中路354	22	力特健身房				

图 12–12　轨迹相同判断结果输出

2. 交通环境下流调数据的处理

在交通环境下，获取数据的操作与密闭环境下的操作相同，参照防疫间隔 1 m 的要求，前提是病例有确定序号参数，根据确诊病例的座位号，确定其相邻座位乘客的个人信息。

建立一个 5×5 的矩阵模型来模拟交通环境的序号排列情况，当存在确诊病例时，先判定确诊病例乘坐的车次、车厢号，然后按照规则判断相邻位置为密接者，同一车厢内的人就会判定为次密接者。可根据实际需要修改 row_max、row_min、col_max、col_min 变量的值来达到修改矩阵大小的目的，如图 12–13 所示。

File　Edit　Format　Run　Options　Window　Help

```
class Seat:
    row_max = 4
    row_min = 0
    col_max = 4
    col_min = 0

    def __init__(self, seat_id):
        self.seat_id_o = seat_id
        self.colid_o = seat_id[0]
        self.rowid_o = seat_id[1]
        try:
            self.colid = ord(seat_id[0].upper()) - 65
            self.rowid = int(seat_id[1]) - 1
            self.seat_id = [self.colid, self.rowid]
            self.right = [-1, self.rowid]
            self.left = [-1, self.rowid]
            self.back = [self.colid, -1]
            self.front = [self.colid, -1]
            self.neighbor_seat()
        except:
            print('不合规的座位号。')
```

图 12–13　序号排列程序

测试数据排列结果如图 12–14 所示。

交通轨迹
K524，8车厢，C2
K523，8车厢，A1
K524，8车厢，B2
K524，8车厢，C1
K524，8车厢，D2
K524，8车厢，C3
K524，8车厢，A1
K524，8车厢，A2
K523，8车厢，A3
K524，8车厢，A4
K524，8车厢，A5
K524，8车厢，B1
K524，8车厢，B3
K524，8车厢，B4
K524，8车厢，B5
K523，8车厢，A1
K524，8车厢，C4
K524，8车厢，C5
K524，8车厢，D1
K111，8车厢，D1
K524，8车厢，D5
K524，8车厢，E1
K524，8车厢，E2
K524，8车厢，E5
K524，10车厢，E5
K524，6车厢，E5

图 12-14　序号排列结果

如图 12-15 所示为模拟交通工具环境下（可排序环境）的计算坐标算法。

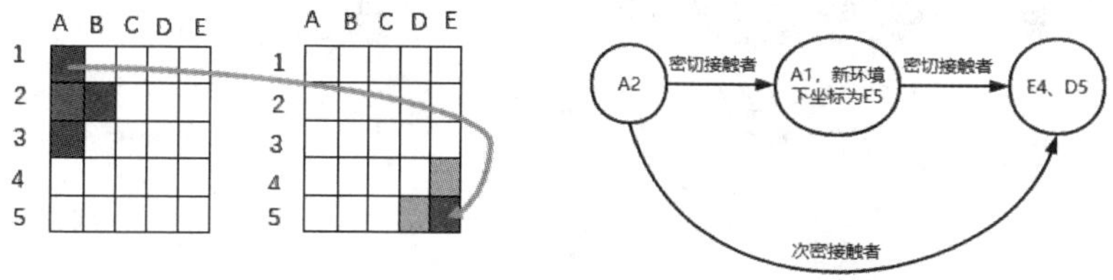

（a）　　　　　（b）

图 12-15　密接、次密接关系图

（a）密接关系图；（b）次密接关系图

例如，当病例座位号为 A2 时，为中间座位 2/3/4 的情况，代码如下：

```
if self.rowid in range(1 , self.row_max):# 是否符合中间座位
    self.front[1] = self.rowid – 1
    self.back[1] = self.rowid + 1# 计算出前排后排座位 A1、A3 的坐标
    elif self.colid == 0:
    self.right[0] = self.colid + 1
    # 计算出右列 B2 的坐标，从而得到相邻座位 B2、A1、A3 的坐标，即为密接者信息
```

当密接者 A1、A2、B3 在一个新的交通工具环境下，如 A1 在新的环境中

坐标为 E5 时，满足最后一排最后一列的情况，代码如下：

```
if self.rowid == self.row_max:
    self.front[1] = self.rowid – 1 ,
elif self.colid == self.col_max:self.left[0] = self.colid – 1
```

计算出 E5 前、左坐标，即 E4、D5 为 A1 在新环境中的密接者，同时 E4、D5 也为 A1 原环境中 A2 的次密接者。

密接者判别结果如图 12–16 所示，病例 1 的座位号为 C2，在车次、车厢号相同的情况下，输出同一车厢的乘客，当车次、车厢、座位号相同时，进行相邻位置判断，即为密接者信息，与设想结果一致。病例 20、25、26 为干扰判断验证程序，符合条件后输出信息，即为次密接的个人信息。同理，在其他环境下新的密接者，即为 C2 的次密接者。

```
与病例1乘坐相同车次，在同一车厢的人：
姓名：病例3 电话：13488779900 地址：白杨路1065弄 身份证号：3 座位号：B2
姓名：病例4 电话：17288330044 地址：百龙新村 身份证号：4 座位号：C1
姓名：病例5 电话：16578904567 地址：百曲村 身份证号：5 座位号：D2
姓名：病例6 电话：12455557777 地址：板泉路2101弄 身份证号：6 座位号：C3
姓名：病例7 电话：15823450987 地址：北艾路1200弄 身份证号：7 座位号：A1
姓名：病例8 电话：14354646573 地址：北艾路1500弄 身份证号：8 座位号：A2
姓名：病例10 电话：15436457568 地址：北艾路1765弄 身份证号：10 座位号：A4
姓名：病例11 电话：13445346547 地址：北艾路73弄 身份证号：11 座位号：A5
姓名：病例12 电话：13445735662 地址：北艾路862弄 身份证号：12 座位号：B1
姓名：病例13 电话：12589334556 地址：北蔡大街31弄 身份证号：13 座位号：B3
姓名：病例14 电话：16612390234 地址：北新园路350弄 身份证号：14 座位号：B4
姓名：病例15 电话：15823423987 地址：北新园路460弄 身份证号：15 座位号：B5
姓名：病例17 电话：17288367044 地址：北宝村 身份证号：17 座位号：C4
姓名：病例18 电话：16576504567 地址：北园路258弄 身份证号：18 座位号：C5
姓名：病例19 电话：12452987777 地址：北张家浜路112号 身份证号：19 座位号：D1
姓名：病例21 电话：14354642793 地址：北张家浜路58号 身份证号：21 座位号：D5
姓名：病例22 电话：13547562307 地址：北中路354弄 身份证号：22 座位号：E1
姓名：病例23 电话：15436298568 地址：北中路383弄 身份证号：23 座位号：E2
姓名：病例24 电话：13445346547 地址：北中路408弄 身份证号：24 座位号：E5
与病例1邻座的人：
姓名：病例3 电话：13488779900 地址：白杨路1065弄 身份证号：3 座位号：B2
姓名：病例4 电话：17288330044 地址：百龙新村 身份证号：4 座位号：C1
姓名：病例5 电话：16578904567 地址：百曲村 身份证号：5 座位号：D2
姓名：病例6 电话：12455557777 地址：板泉路2101弄 身份证号：6 座位号：C3
```

图 12–16 密接者判别结果

第 13 章　垃圾邮件过滤

根据 2021 年垃圾中文邮件，以及网络钓鱼情况总体统计分析，大约有 56% 的电子邮件是垃圾邮件，全球许多企业的员工居家远程办公，一个合格、好用的中文邮件分类筛查软件是非常必要的。

邮件大致分为基于规则的过滤、基于统计的过滤和黑名单过滤三类方法，基于规则过滤技术中的典型代表是决策树算法。这一类邮件分类筛查技术是通过提取邮件特征属性，构造出一个数据库，这样会在规则训练后，通过样本邮件与数据库比对结果来判断垃圾邮件。

对于已经标注好多文本内容的邮件，可以通过统计学方法去判断邮件，算法筛查技术通过抓取用户日常使用的各类数据，进而分析邮件的内容，这里采用朴素贝叶斯算法对中文邮件进行分类，从大量邮件中找出垃圾邮件。

13.1　垃圾邮件过滤算法

1. 决策树

作为基本的分类与回归方法，决策树（descision tree）属于典型的单分类器之一，是一种包含根节点、内部节点、叶子节点的树形结构，如图 13-1 所示。

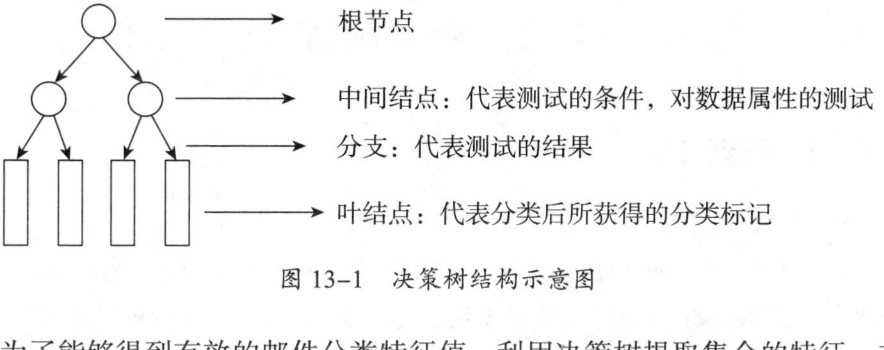

图 13-1　决策树结构示意图

为了能够得到有效的邮件分类特征值，利用决策树提取集合的特征。二分递归分割技术中有一种基于基尼指数的决策树（Classification and Regression Tree，CART）算法。如果给定的样本有 k 类，则计算节点 D 的基尼指数如下：

$$\mathrm{Gini}(D)={}_{k=1}22_{k\neq k}\ PkPk^{kk}=1-2p \qquad (13\text{–}1)$$

式中：Pi 代表了 i 类别的概率；$\text{Gini}(D)$表明随机挑选两组数据类别不一样的可能性。可以看出，$\text{Gini}(D)$值越大，数据集 D 的纯度越低，当$\text{Gini}(D)=0$时，节点的输出变量为同一类别，$\text{Gini}(D)=K(K-1)/2$时为最大值，此时以等概率出现在所有节点中。

2. 朴素贝叶斯与随机森林结合

随机森林（Random Forest，RF）的分类器由一组树状结构分类器组成，基本构成单元是决策树。这种组合分类器是由多种弱分类器集成起来构成了强分类器。在垃圾邮件的训练过程中，需要测量用于分类的数据集中各特征词的重要性，选择影响分类结果的特征词，减少与分类结果无关的特征词影响。结合随机森林和纯贝叶斯的算法，通过设定阈值获得重要的特征词语集合，采用 Naive Bayes 算法计算邮件分类大小。

在构建树的过程中，选择随机森林 GINI 索引法计算各特征值。以下公式用于计算 wiki、%xj 的特性。

$$I_G(f)=\sum_{k=1}^{m}f_i(1-f_i)=\sum_{k=1}^{m}(f_i-f_i^2)=\sum_{k=1}^{m}f_i-\sum_{k=1}^{m}f_i^2=1-\sum_{k=1}^{m}f_i^2 \qquad (13\text{–}2)$$

$$P(X=0)=0.5,\quad P(X=1)=0.5$$

式中：k 表示有 k 个类别；f^2 表示节点 i 中类别 k 所占的比例。

13.2　分类筛查

13.2.1　筛查处理

1. 样本数据的初步处理

系统核心模块是基于邮件内容的分类筛查，选择筛查邮件类别的样本集，进行预处理提取特征，得到训练样本特征词库的概率值，后验概率计算得出测试集的邮件组别。过滤模块框架如图 13–2 所示。

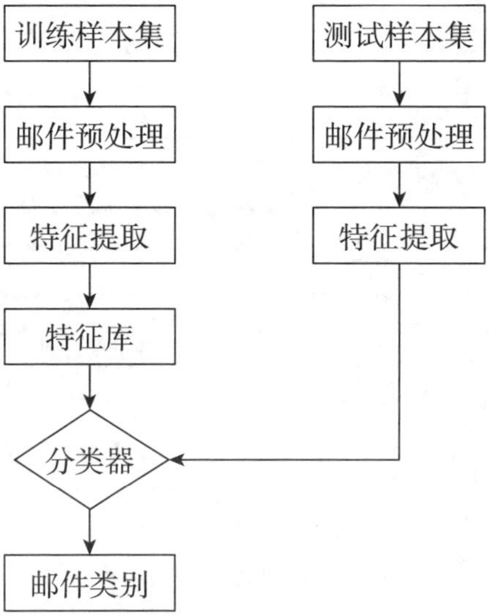

图 13-2　过滤模块框架

利用 trec06c 样本库的中文邮件进行训练。样本库的中文邮件如图 13-3 所示。

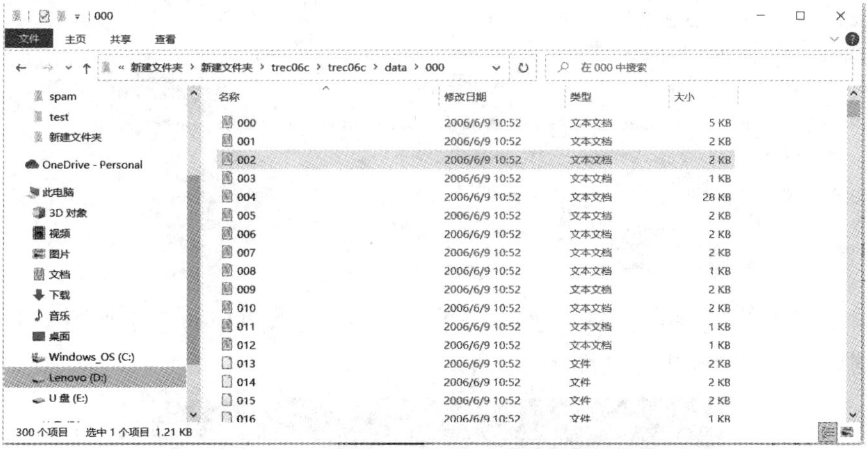

图 13-3　样本库的中文邮件

通过 GitHub 平台上的 IMAP 读取 QQ 文件的程序，将 QQ 邮箱中的邮件作为一个现实样本加入。如图 13-4 所示。

图 13-4　QQ 邮箱网页

打开 QQ 邮箱的设置，在账户中开启 IMAP/SMTP 服务，获得 IMAP 的验证码，程序如下：

```
from datetime import datetime
from imbox import Imbox
mail_host = "smtp.qq.com"
mail_pass= "geoldxsffetqbcgc"
sender=407499148@qq.com'
with Imbox(mail_host，username=sender，password=mail_pass，ssl=True)as imbox:
    all_inbox_messages = imbox.messages()
    for uid，message in all_inbox_messages:
        print(uid，message)
        import sys
```

输入验证码“mail_pass= "geoldxsffetqbcgc"”，就可以将 QQ 邮箱中的邮件读取到记事本 25.txt 中，如图 13-5 所示。

图 13-5　读取邮件内容

2. 数据预处理分类程序

邮件预处理程序，实现文中词汇转换，代码如下：

```
def get_filtered_str(category):
    email_list = []
    translator = re.compile('[%s]' % re.escape(string.punctuation))
    for curDir , dirs , files in os.walk(f'./email/{category}'):
     for file in files:
        file_name = os.path.join(curDir , file)
        with open(file_name , 'r' , encoding='utf-8') as f:
            txt_str = f.read()
            # 小写字符
            txt_str = txt_str.lower()
            # 过滤所有符号
            txt_str = translator.sub(' ' , txt_str)
            # 过滤数字
            txt_str = replace_num(txt_str)
            # 根据换行符把把全体邮件文本中的 string 划分成列表
            txt_str_list = txt_str.splitlines()
            # 把单词句子列表转成字符串
            txt_str = ''.join(txt_str_list)
            # print(txt_str)
        email_list.append(txt_str)
return email_list
```

其中：

```
file_name = os.path.join(curDir, file)    # 读取测试邮件
        file_name = './email/spam/25.txt'    # 读取被测邮件
        translator = re.compile('[%s]' % re.escape(string.punctuation))
        # 过滤文本，先求所有词出现的总和，计算概率
```

3. 获取特征量

邮件去重筛查过程程序如下：

```
all_email_words = []

# 用 set 集合去重
word_set = set()
for email_str in spam_email_list:
    # 把邮件文本转变成单词
    email_words = email_str.split(' ')
    # 把各邮件去重后存入列表
    all_email_words.append(email_words)
```

```
        for word in email_words:
            if(word!=''):
                word_set.add(word)
```

用 set 集合去重，把每个邮件的文本变成单词，把每个邮件去重后的列表存入列表，垃圾单词统计程序，计算每个词出现的次数，“word_dict = {}”创建字典元素，word 是朴素贝叶斯的关键词，代码如下：

```
    for email_words in all_email_words:
        for email_word in email_words:
```

遍历每个邮件，看文本里面是否有该单词，邮件里面先分词后去重，代码如下：

```
        if(word==email_word):
            word_dict[word] += 1
```

将从垃圾邮件中提取的关键词加入字典中，可以自主学习分类垃圾邮件，添加“if word_dict[word]= =N”，循环 N 次再结束。

把每个邮件的文本转换成单词，把分割成的单词存入列表，计算垃圾词的概率，用 set 集合去重，得到垃圾邮件的特征，重复操作。

4. 朴素贝叶斯分类

贝叶斯垃圾邮件特征测试程序如下：

```
    def email_test(spam_w_dict , ham_w_dict):
        for curDir , dirs , files in os.walk(f'./email/test'):
            for file in files:
                file_name = os.path.join(curDir , file)
                print('----------------------------------------------------------')
                print(f' 测试邮件 : {file}')
                # 获取条件概率 p(X|c1)
                p_X_c1 = get_X_c1(spam_w_dict , file_name)
                # 获取条件概率 p(X|c2)
                p_X_c2 = get_X_c2(ham_w_dict , file_name)

                # print(f'\nX_c1={p_X_c1}')
                # print(f'\nX_c2={p_X_c2}')

                ## 注意：Log 之后全部变为负数
                A = np.log(p_X_c1) + np.log(1 / 2)
                B = np.log(p_X_c2) + np.log(1 / 2)
```

```
# 除法会出现问题，-1 / 负分母  结果 < -2/ 同一个分母
print(f'p1={A}，p2={B}')

# 因为分母一致，所以只比较分子即可
if A > B:
    print('p1>p2，是垃圾邮件 .')
if A <= B:
    print('p1<p2，是正常邮件 .')
```

程序通过朴素贝叶斯计算，可以得到概率“p_X_c1 = get_X_c1(spam_w_dict,file_name)”和“p_X_c2 = get_X_c2(ham_w_dict,file_name)”，因为分母相同，只比较分子大小。

13.2.2　分类筛查分析

在进行分类前，先要将通过贝叶斯筛查出来的垃圾邮件样本，放入 e-mail 中的 spam（垃圾邮件）中，将一定数量的正常邮件放入 ham（正常邮件）文件夹中，如图 13–6 所示。

图 13–6　spam 样本

然后将被测的邮件样本放入 test 文件夹中，垃圾邮件筛查分类如图 13–7 所示。

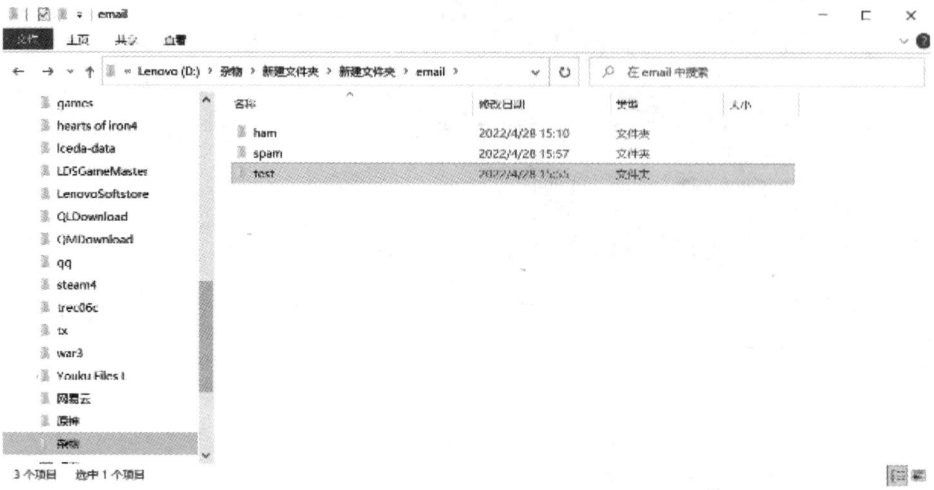

图 13-7 测试样本

贝叶斯过滤筛查过程如下：

（1）生成频率表 g，emailwordsratefilteremail：在正则表达式 cutemail 中过滤邮件正文。

将电子邮件的内容剪切到单词组 Catallemail：剪切所有电子邮件的内容，生成邮件统计信息的字典。

（2）频率词典 processiltable 转换为概率表，修改生成概率表，也就是提取垃圾邮件的特征词汇。

（3）识别新邮件。根据判别条件，CheckOnemail 指定新的电子邮件：从新电子邮件的词汇分类中，查看新电子邮件的词是否在 Emailwordtable 词典中。如果出现了，就推断该邮件是垃圾邮件的概率。

贝叶斯垃圾邮件筛查程序如下：

```
# 贝叶斯过滤筛查程序
#coding: utf-8
import re
import jieba
EmailIndexPath="D:\\trec06c\\trec06c\\full\\index"
EmailWordTable={}# 每个词出现的频次

# 正则表达式过滤所有非中文词汇
def filterEmail(email):
    email = re.sub("[a-zA-Z0-9_]+|\W" , " " , email)
    return email
```

```
# 切割一封邮件为一个词语组的集合，注意不是列表，是用集合
def cutEmail(filename):
    with open(filename, "r", encoding='GB2312', errors='ignore') as f:
        lines=f.read()
        words=jieba.cut(filterEmail(lines))
        return {x for x in words}
# 切割所有邮件
def cutAllEmail():
    SpamCount=0
    HamCount=0
    with open(EmailIndexPath, "r", encoding='GB2312') as f:
        lines = f.readlines()
        for line in lines:
            items=line.split()
            print(items[1])
            EmailSet=cutEmail(items[1])
            if items[0].upper() == "SPAM":
                SpamCount+=1
            if items[0].upper() == "HAM":
                HamCount+=1
            for a in EmailSet:
                if a in EmailWordTable:
                    EmailWordTable[a][0]+=1
                else:
                    EmailWordTable[a]=[1, 0, 0]
                if items[0].upper() == "SPAM":
                        EmailWordTable[a][1]+=1
                if items[0].upper() == "HAM":
                    EmailWordTable[a][2]+=1
    return SpamCount, HamCount
```

垃圾邮件筛查的结果如图 13–8 所示。

图 13–8　垃圾邮件筛查结果输出

由于带有学习能力，因此，程序会从垃圾邮件中提取关键词，并加入字典，作为分类的特征量，分类的标准取决于放入 spam 中的邮件类型，如添加团购、疫情、物流等关键词的邮件后，可以将这一类邮件分类筛查出来。

将选择出的邮件样本放入 test 运行，在 100 封邮件中将 12 封垃圾邮件筛选出来，如图 13–9（a）所示。如果更换 spam 中的样本，结果就会有所变化，改变 spam 样本后在同样的 100 封邮件中只有 5 封邮件依然被认为是垃圾邮件，如图 13–9（b）所示。

（a）

（b）

图 13–9　筛查结果

第 14 章　电影网络数据抓取与可视化

如何在当今大量的网络热点数据流中，精确地把握网络热点及大众口味，成为了电影及文化产业人员急需解决的问题。面对电影的大量数据，挖掘出这些数据并转换成有用的信息，通过可视化加强人们对数据的理解，使数据更为直观。

这里基于 Web 网站，使用 Python 语言的 Flask 框架搭建后端服务，采用 PyQuery 从电影网站的海量数据中爬取电影数据，利用 Bootstrap 等 CSS 框架渲染响应式页面，并运用 jQuery 动态展示，ECharts 数据可视化，使用 NoSQL 数据库的 MongoDB 保存数据，并以 PyQuery 操作数据，方便灵活。具体代码请见链接。

14.1　电影视频展示

1. 视频内容处理

（1）电影与电影数据。近年来数据主导的决策逐渐渗入电影创作及研究中，数据可以很好地被运用于生产符合市场需求的产品，从而最大限度地引导创作者生产优质的电影作品。在大数据时代，数据流动于电影的创作、作品、接受度等各个环节，电影数据大致可分为创作数据、内容数据和渠道数据三个方面。

（2）对电影数据的选取与处理。电影分享社区是电影数据的重要来源，本书选取豆瓣电影作为分析对象，主要基于以下两点原因：首先，豆瓣电影是中国较大的电影分享与评论社区，可以比较准确地反映当下的电影舆情；其次，豆瓣电影也是重要的电影数据开放平台，研究者可以通过豆瓣提供的开放接口或爬虫。基于 Web 抓取豆瓣评分最高的 250 部电影中的地点、导演、演员、年份、类型、评分等数据信息进行分析。

2. 系统功能与设计

（1）MVC 设计模式。MVC 全名是 Model View Controller，即模型—视图—控制器，用业务逻辑、数据、界面显示分离的方法组织代码，将业务逻辑集成到一个部件里面，在改进和个性化定制界面及用户交互的同时，不需要重新编写业务逻辑。MVC 用于映射传统的输入、处理和输出功能，其模式结构如图 14–1 所示。

- 模型：程序员编写程序应有的功能（实现算法等）、数据库专家进行数据管理和数据库设计（可以实现具体的功能）。
- 视图：界面设计人员进行图形界面设计。
- 控制器：负责转发请求，对请求进行处理。

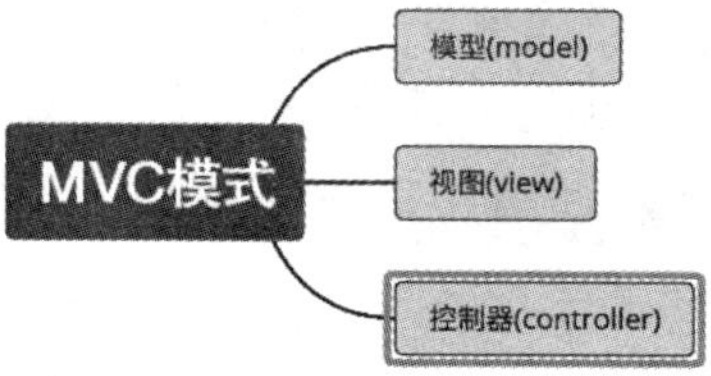

图 14–1　MVC 模式

（2）实现工具。后端使用由 JetBrains 开发的 PyCharm 编辑器，前端使用由 GitHub 开发的 Atom 编辑器，以及 Chrome 检查器进行调试，命令行操作使用 iTerm，MongoDB 可视化使用 Robo 3T，配置虚拟环境使用 virtualenv。View 通过 HTML、CSS、JavaScript 显示，系统流程如图 14–2 所示。

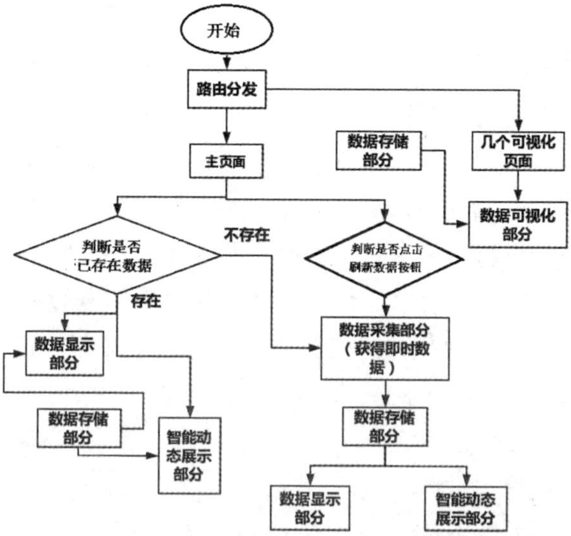

图 14–2　系统流程图

通过 Flask 框架分发路由，路由分别为主页面及若干可视化页面。

14.2　页面渲染与可视化

1. 页面渲染

为了美化项目页面并降低后端压力，使用 HTML、CSS、Bootstrap 框架，JavaScript 和 jQuery 等进行渲染和添加动画，提高查看电影数据的效率。HTML 用于处理各种文字页面、静态图片和表格，文档中包含了标题、文本、表格、列表及照片等内容。

（1）Bootstrap 框架。Bootstrap 来自 Twitter，是一组用于网站和网络应用程序开发的开源前端（所谓“前端”，指的是展现给最终用户的界面。与之对应的“后端”是在服务器上面运行的代码）框架。Bootstrap 提供了比其他框架更多的资源，如多媒体对象。媒体对象一般是成组出现的，一组媒体对象常常包括以下 4 个部分：

①媒体对象的容器常使用 media 类名表示，用来容纳媒体对象的所有内容。

②媒体对象的对象：常使用 media-object 表示媒体对象中的对象，一般为图片。

③媒体对象的主体：常使用 media-body 表示媒体对象中的主体内容，可以是任何元素，一般为图片周围的内容。

④媒体对象的标题：常使用 media-heading 描述对象标题，此部分是可选的。Bootstrap 的多媒体对象如图 14–3 所示。

```
part = `
        <div class="media class-media">
            <a class="pull-left" href="#">
                <img class="media-object class-media-img" src=static/img/cached_img/${ img_name } a
            </a>
             <div class="media-body">
                 <h4 class="media-heading">${ name }</h4>
             </div>
             <div class="media">${ score }</div>
             <div class="media ranking pull-right">${ ranking }</div>
             <div class="media">${ ratings }</div>
             <div class="media">${ director }</div>
             <div class="media">${ year }</div>
             <div class="media">${ area }</div>
             <div class="media">${ type }</div>
             <div class="media-last"><span class="media class-font">评语: </span>${ quote }</div>
        <div>

urn part
```

图 14–3　Bootstrap 的多媒体对象

（2）Foundation 框架。Foundation 框架是响应式前端框架，现已用于许多大型网站，包括 Facebook、Mozilla、Ebay、Yahoo！和国家地理等，框架基础是语义的，可读、灵活、可自定义、具备许多资源，有助于前端开发应用，可以轻松设计美观的响应式网站应用程序等。

使用 Foundation 框架完成分页的渲染，通过 Jinja2 的 if 条件语句与 for 遍历循环传递后端数据，通过 Foundation 框架的 pagination 模块来进行渲染，使分页显示更为美观。Foundation 框架的分页如图 14–4 所示。

图 14–4　Foundation 框架的分页

（3）JQuery 框架。JQuery 是一个快速、小巧、功能丰富的 JavaScript 库，具有可在多种浏览器中易于使用的 API，方便简化 HTML 文档遍历和操作、事件处理、动画和 AJAX 等应用。JQuery 提供了创建插件的能力，实现底层交互与动画、高级效果和主题组件的模块化。

（4）Lodash 框架。Lodash 提供模块化、性能和额外功能的现代 JavaScript 实用库。Lodash 将其大部分功能从 UnStReals.js 中提取出来，很多开源项目都已经使用或转到了 Lodash，如 JavaScript 转译器 Babel、博客平台 Ghost 和项目工具 Yeoman。

Lodash 可以分解成实用程序、简化常见的编程任务，如确定类型、功能绑定、装饰、去抖动和指针前端可视化。Lodash 的应用如图 14–5 所示。

```
const optionForType = function(type) {
    const data = {
        axis: [],
        data: [],
    }
    _.each(type, (v, k) => {
        data.axis.push(k)
        data.data.push(v.length)
    })
    const option = optionForBar(data)
    log('bar', data)
    return option
}

const renderChart = function(d) {
    const data = d

    const type = _.groupBy(data, 'type')
    const typeOption = optionForType(type)
    const bar = chartStore.bar
    bar.setOption(typeOption)
}
```

图 14–5　Lodash 的应用

2. 动态展示

（1）AJAX 技术。AJAX，即 Asynchronous JavaScript and XML（异步的 JavaScript 与 XML 技术），是用于创建快速动态网页的技术。当 AJAX 请求被发送到服务器时，执行基于响应的任务。每当 readyState 改变时，就会触发 onreadystatechange 事件。readyState 属性存有 XMLHttpRequest 的状态信息。XMLHttpRequest 对象的三个重要的属性：onreadystatechange、readyState、status。分页的后端数据、数据可视化模块提供的数据都是通过 AJAX 来进行传递的。AJAX 状态表如图 14–6 所示。

属性	描述
onreadystatechange	存储函数（或函数名），每当 readyState 属性改变时，就会调用该函数。
readyState	存有 XMLHttpRequest 的状态。从 0 到 4 发生变化。 • 0: 请求未初始化 • 1: 服务器连接已建立 • 2: 请求已接收 • 3: 请求处理中 • 4: 请求已完成，且响应已就绪
status	200: "OK" 404: 未找到页面

图 14–6　AJAX 状态表

（2）展示。一个智能显示电影排名前列的轮播图，可自动循环播放电影封面，通过左右两边的“<”“>”按键，可手动跳转至上或下一电影封面，如需跳转指定电影封面，亦可通过下方圆点控制。智能动态展示部分如图 14–7 所示。

图 14–7　智能动态展示部分

（3）事件委托。事件委托就是把一个元素响应事件（如 click、keydown 等）的函数委托到另一个元素，当事件响应到需要绑定的元素时，会通过事件冒泡机制触发它的外层元素绑定的事件，然后在外层元素执行。在智能动态展示中，对其按钮和小圆点都使用了事件委托。其展示流程如图 14–8 所示。

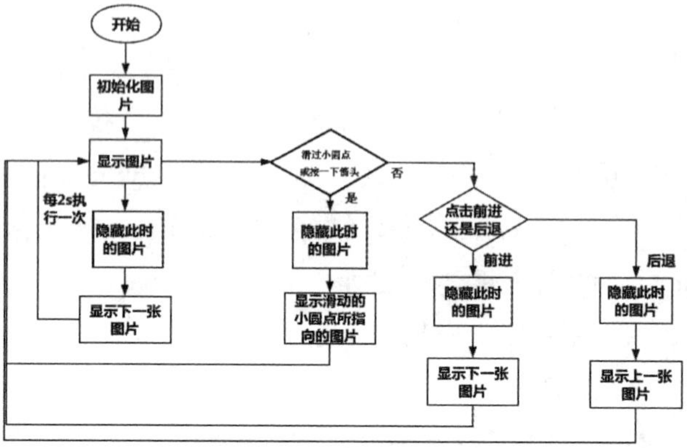

图 14–8　动态展示流程

从后端获取排行前 4 的电影封面图片，通过 CSS 的 dataset 获得图片的序号（电影排名），使用 JavaScript 增删一个“display=none”的 CSS 类名，使前一张图片消失，后一张图片出现来达到图片切换的目的。

3. ECharts 可视化

ECharts 兼容当前绝大部分浏览器（如 Chrome、Firefox、Safari 等），底层依赖轻量级的矢量图形库 ZRender。ECharts 的特点：开源免费社区活跃，拥有丰富的可视化类型，多种数据格式无须转换而直接使用，移动端优化，跨平台使用多渲染方案，深度的交互式数据探索，多维数据的支持，丰富的视觉编码手段，动态数据及绚丽的特效。通过 ECharts 框架完成多种类型的可视化。ECharts 可视化型如图 14–9 所示。

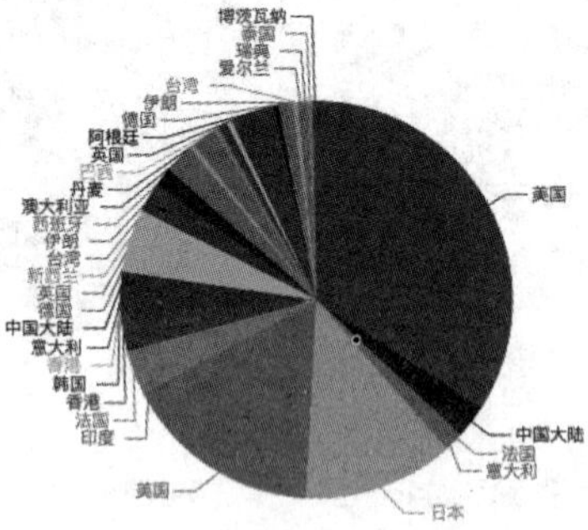

图 14–9　ECharts 可视化型

（1）页面分页显示。页面分页显示部分能使用户看得到页面总数，自由切换页面。通过使用 Python 语言的 Flask 框架封装好的装饰器来形成与静态路由相对应的动态路由，并从数据库 MongoDB 取得数据，将取得的数据根据动态路由的变量进行切分从而形成多个 API 接口，最后在前端使用 AJAX 引用这些 API 得到 JSON 数据，从而实现分页的功能。

对于一致性差的数据格式，使用遍历字符串变换等方式获取数据；对于少数一致性差的数据，使用 try...except 修改。最后通过 jinjia2 模板遍历数据中的此页元素传入前端，显示出爬取的电影信息。数据显示部分流程如图 14–10 所示。

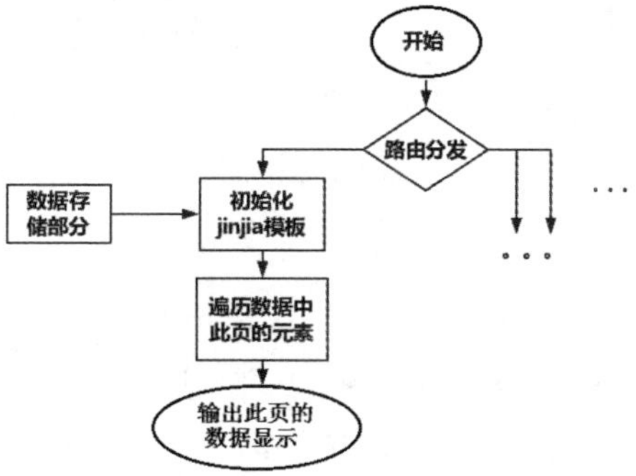

图 14–10　数据显示部分流程

（2）数据可视化。使用 Model 中类的方法操作 PyMongo 读取数据，并转换为 JSON 格式创建 API 接口输出，使用 ECharts 框架将其可视化。数据可视化流程如图 14–11 所示。

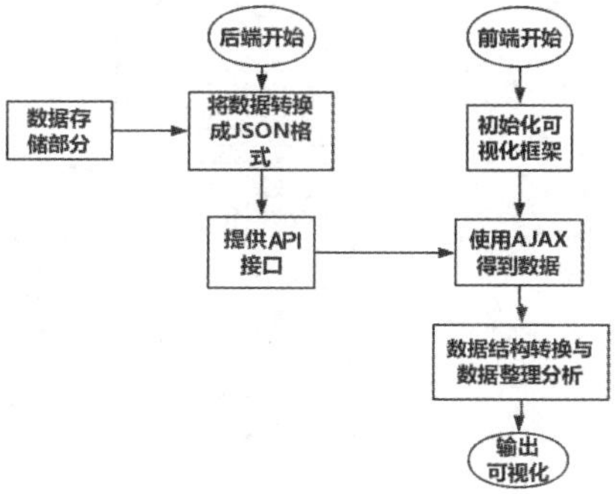

图 14–11　数据可视化流程

（3）数据采集。

1）数据采集的功能。一个是当加载页面数据库中的数据为空时，数据采集部分开始对设定爬取的网页进行爬取，将采集到的电影数据放到数据库中，通过页面展示部分或数据可视化部分来显示数据；另外，当按下“更新数据按钮”

时，删除数据库中已有的数据，并对设定爬取的网页重新进行爬取。爬取的数据如图 14–12 所示。

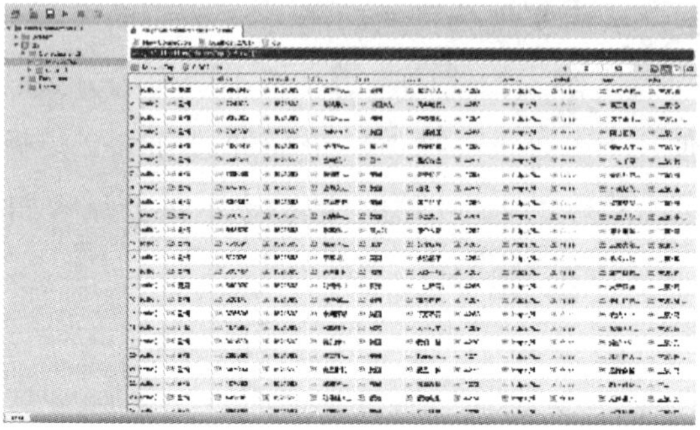

图 14–12　爬取的数据

2）网络爬虫的实现。爬虫使用的语言是 Python 语言。PyQuery 框架用于解析 HTML 网页等，它的语法与 JQuery 几乎完全相同，通过对页面的拆分提取需要的元素。先寻找电影评分网站分页 URL 中显示的数据，然后通过 for 循环遍历分页网址，提取页面数据。使用 Python 语言作为后端语言，模板引擎使用 Jinjia2。爬取流程如图 14–13 所示。

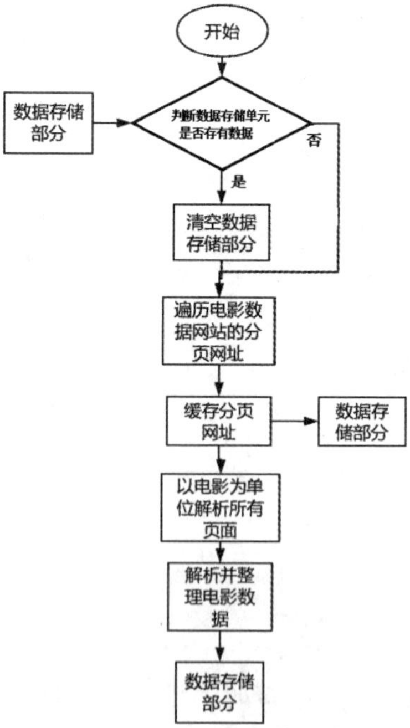

图 14–13　爬取流程

14.3　数据的存储与测试

1. 系统数据存储设计

分别使用 Python 语言的 PyMongo 模块和 OS 模块将采集的数据存储在数据库文件中。数据采集存储流程如图 14–14 所示。

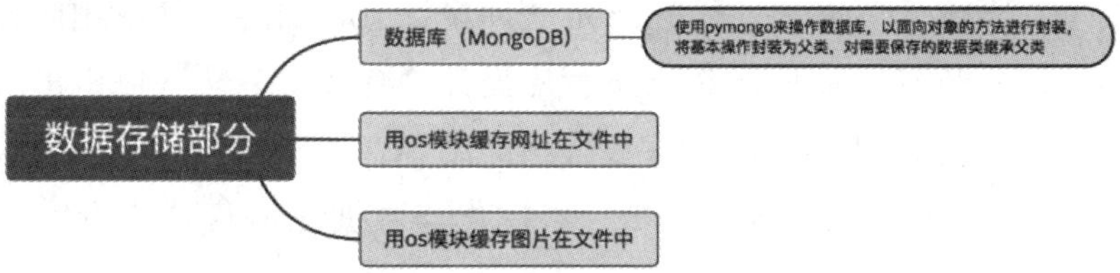

图 14–14　数据采集存储流程

通过 OS 模块，使用 .join 函数拼接路径文件名，并判断此文件是否存在，若不存在，则使用 Python 语言的 with 语句以二进制形式完成写入文件。

2. 系统日志与测试

使用函数将 print 语句进行封装，输出 print 时的时间、待检测变量，使用追加模式保存在设定好的日志文件中。当发生错误时，使用 try...except 处理执行过程中出现的异常数据，只要检查日志，即可快速定位问题。

参考文献

[1] 董付国 .Python 程序设计 [M].2 版 . 北京：清华大学出版社，2016.

[2] 江红，余青松 .Python 程序设计与算法基础教程 [M].2 版 . 北京：清华大学出版社，2019.

[3] 叶明全，伍长荣，谢飞，等 .Python 程序设计 [M]. 北京：科学出版社，2018.

[4] 王学军，胡畅霞，韩艳峰 .Python 程序设计 [M]. 北京：人民邮电出版社，2018.

[5] 梁武，文习明 .Python 语言程序设计与应用 [M]. 北京：中国铁道出版社，2020.

[6] 宋天龙 .Python 数据处理、分析、可视化与数据化运营 [M]. 北京：人民邮电出版社，2020.

[7] 何敏煌 . 信息社会必修的 12 堂 Python 通识课 [M]. 北京：清华大学出版社，2021.

[8] 张玉皓 .Python 数据分析：零基础入门到实战开发 [M]. 北京：中国铁道出版社，2020.

[9] 黄蔚，熊福松，钱毅湘，等 . Python 程序设计 [M]. 北京：清华大学出版社，2020.

[10] 王硕，董文馨，张舒行，等 . 你也能看得懂的 Python 算法书 [M]. 北京：电子工业出版社，2018.

[11] 范晖，于长春，张文胜 .Python 大数据基础与实战 [M]. 西安：西安电子科技大学出版社，2019.

[12] 袁梅宇 . 机器学习基础：原理、算法与实践 [M]. 北京：清华大学出版社，2018.

[13] 黄昕，赵伟，王本友，等 . 推荐系统与深度学习 [M]. 北京：清华大学出版社，2018.

《Python 网络消费行为分析》

网络行为虚拟　案例真实精彩

内容丰富多样　实用高效贴切